재미있는

법률
여행

2

재미있는 법률여행 2

민법:가족법

초판 1쇄 발행 1992. 7. 5.
개정판 1쇄 발행 2014. 11. 14.
개정판 7쇄 발행 2023. 11. 1.

지은이 한기찬

발행인 고세규
편집 조혜영 | 디자인 안희정
발행처 김영사
등록 1979년 5월 17일 (제406-2003-036호)
주소 경기도 파주시 문발로 197(문발동) 우편번호 10881
전화 마케팅부 031)955-3100, 편집부 031)955-3200 팩스 031)955-3111

값은 뒤표지에 있습니다.
ISBN 978-89-349-6931-0 04360
       978-89-349-6929-7 (set)

홈페이지 www.gimmyoung.com   블로그 blog.naver.com/gybook
인스타그램 instagram.com/gimmyoung   이메일 bestbook@gimmyoung.com

좋은 독자가 좋은 책을 만듭니다.
김영사는 독자 여러분의 의견에 항상 귀 기울이고 있습니다.

재미있는

법률여행

민법
가족법

2

한기찬 지음

김영사

머리말

《재미있는 법률여행》 제2편에 해당하는 '가족법'은 1,200여 개의 조문을 갖고 있는 우리나라 최대의 법률인 민법 중 친족 편과 상속 편을 일컫는 용어입니다. 이 책 출간 이후 몇 차례 개정이 되었는데, 그 개정의 폭이 포괄적이어서 부분적 개정이 아니라 거의 '제정'에 가까울 정도입니다.

따라서 종전의 책 개정이 불가피해졌습니다. 가족법 중 일반 독자들이 꼭 알아두었으면 하는 제도와 원리를 임의로 선정한 다음 이를 재미있게 사례화하고, 이어서 이를 쉽게 풀이하는 방식은 종전과 변함이 없으나, 개정된 가족법의 내용으로 바꾸어 풀이하고, 사례를 더 추가하였습니다.

법률가들에게도 가족법은 그다지 친숙하지도 않고 비교적 난해하다고 알려지고 있으며, 일반 독자들이 이 가족법 전부를 공부하여야 하는 것은 아닙니다. 인내심을 가지고 제가 안내하는 가족법의 주요 제도들에 대한 이해만 하셔도 충분할 것이라고 믿습니다.

모쪼록 저와 김영사가 안내하는 법률여행의 묘미를 즐기시길 바라며, 그 과정에서 독자 여러분에게도 엔도르핀이 샘처럼 솟았으면 좋겠습니다.

2014년 11월

한기찬

차례

머리말

법률여행을 시작하려는 당신에게

가족법에 관하여

PART 1 친족

친족에 관한 기초적 설명

약혼

PART 2   상속

상속에 관한 기초적 설명

법률여행을 시작하려는 당신에게

1. 이 책은 실제로 어떤 법률문제에 부딪혀서 당장 실용적인 해답을 구하려는 분에게는 어울리지 않습니다.

그런 분은 여행에 나설 것이 아니라, 서점에 산처럼 쌓여 있는 법률상담집을 구해 보거나 변호사 사무실의 문을 두드리는 것이 더 빠르고 옳은 길입니다.

2. 이 책은 전문적인 법률 서적이 아닙니다.

'재미있는'이라는 수식어가 암시하고 있듯이 전적으로 법률을 전공하지 않은 일반 시민들의 법률 공부(여행)에 도움을 주기 위한 것입니다.

3. 이 책은 법률 퀴즈 문답집이 아닙니다.

퀴즈 문답집이라면 해답만 필요하고, 구태여 해설까지는 필요치 않을 것입니다.

4. 이 책은 민법의 가족법 분야에서 중요하고도 기본적인 개념이나 제도 중 120여 개를 선정해서 사례화하고, 사례마다 3개 정도의 문항을 제시한 뒤 정답을 해설하고 있습니다.

• '사례'는 전부 우리 사회에서 실제로 일어나는 사건들입니다. 여

러 번 읽어 사례의 내용과 질문의 취지를 충분히 파악해보십시오. 사례에는 때로 함정도 파놓았습니다.

- 그다음, 제시된 해답 중에서 당신의 상상력과 상식을 총동원하여 정답을 구해야 합니다. 이때 이러한 수고를 생략하고 곧바로 뒷장의 정답을 찾는다면 당신은 법률여행에 동참할 자격이 없습니다. 여행의 진가는 스스로 고생해보는 데 있으니까요.

- 뒷장의 정답에서 당신이 틀렸다고 하더라도 부끄러워할 필요는 전혀 없습니다. 여행은 알지 못하던 미지의 세계에 대한 노크이기 때문입니다. 그러나 정답은 즐거운 여행의 기억처럼 오랫동안 기억해야만 합니다. 실제 상황이 벌어졌을 때 남아 있는 기억이 당신을 구원할 수도 있습니다.

- 해설은 충분히 음미해보시기 바랍니다. 정답을 확인한 것에 만족하고 해설을 음미하는 수고를 빠뜨린다면, 당신은 진짜 여행을 다녀온 것이 아닙니다.

5. 여행을 마치고 나면 법률에 대한 당신의 인식이 바뀌기를 기대해봅니다. 법률도 인간을 위해 존재하는 것이고, 인간이 만들고 해석하고 적용하는 것입니다. 산이 등산가만을 위해 존재하는 것이 아닌 것처럼 어려운 법률도 당신의 노력 여하에 따라 친구가 될 수 있습니다.

6. 끝으로 저와 김영사가 안내하는 다른 법률의 여행지에서 당신과 다시 만날 수 있기를 바랍니다.

가족법에 관하여

1. 가족법이란 어떤 법인가?

모든 사람에게는 저마다 이름이 있고, 모든 자동차에는 번호가 있듯이, 국회에서 제정되거나 개정되는 법률에도 모두 번호가 있습니다. 가령 1958년 2월 22일 제정된 〈민법〉은 제정 당시 법률 제471호였으나, 그 후 21차례에 걸쳐 개정되었는데, 최근 2013년 7월 1일 개정된 민법의 법률 번호는 제11728호입니다.

그런데 우리가 흔히 말하는 '가족법'은 이렇게 독자적인 법률 번호를 갖고 있는 법률이 아니라, 민법의 일부인 제4편 친족, 제5편 상속을 가리키는 말입니다. 아시다시피 1,118개조에 달하며 우리나라 법에서 가장 방대하다고 할 수 있는 민법은 다섯 편으로 구성되어 있습니다. 구체적으로는 민법의 제1편은 총칙, 제2편은 물권, 제3편은 채권, 제4편은 친족, 제5편은 상속이라는 이름이 부여되어 있습니다.

민법학자들은 편의상 제2편과 제3편은 사람의 재산 관계를 규율하고 있다고 해서 '재산법'이라고 부르고, 제4편과 제5편은 사람의 신분 관계(특히 약혼, 결혼, 이혼, 친자, 양자, 친족, 호주, 상속 등)를 규율하고 있다고 해서 '가족법(家族法, family law)'이라고 부르는데, 사회에서도 이를 그대로 받아들여 가족법이라고 부르고 있는 것입니다.

그러므로 우리가 가족법이라는 말을 할 때는, 그러한 명칭과 법률 번호를 갖는 독자적인 법률이 존재하는 것이 아니라, 민법 중 제4편과 제5편을 편의상 가족법이라고 부른다는 점을 염두에 두어야 할 것입니다(참고로 우리나라의 가족법에 관한 입법 방식은 독일이나 프랑스와 같이 가족법을 민법의 일부로 편입하는 방식을 취하고 있는데, 스웨덴·노르웨이·덴마크·핀란드 등의 유럽에서는 가족법을 민법전의 일부에 포함시키지 않고 별도의 단행법으로 하는 방식도 있음을 첨가합니다).《재미있는 법률여행》에서도 이러한 사회적 쓰임새에 따라 제1권을 '재산법'으로, 제2권은 '가족법'으로 명명하였습니다.

2. 가족법은 어떻게 구성되어 있는가?

1) 친족

가족법에 해당하는 민법의 제4편은 '친족'이라는 이름으로 되어 있고, 이 친족 편은 모두 여섯 개의 장으로 구성되어 있는데, 이를 개괄하면 아래와 같습니다(제6장과 제8장은 개정으로 삭제되었습니다).

제1장: 총칙(제767조~제777조)

제2장: 가족의 범위와 자의 성과 본(제779조~제781조)

제3장: 혼인(제800조~제843조)

     제1절 약혼

     제2절 혼인의 성립

     제3절 혼인의 무효와 취소

제4절 혼인의 효력

제5절 이혼

제4장: 부모와 자(제844조~제927조)

제1절 친생자

제2절 양자

제3절 친권

제5장: 후견(제928조~제959조)

제1절 미성년 후견과 성년 후견

제2절 한정 후견과 특정 후견

제3절 후견 계약

제7장: 부양(제974조~제979조)

2) 상속

가족법에 해당하는 민법의 제5편은 '상속'이라는 이름으로 되어 있고, 이 상속 편은 모두 3개의 장으로 구성되어 있는데, 이를 개괄하면 아래와 같습니다.

제1장: 상속(제997조~제1059조)

제1절 총칙

제2절 상속인

제3절 상속의 효력

제4절 상속의 승인 및 포기

제5절 재산의 분리

제6절 상속인의 부존재

제2장: 유언(제1060조~제1111조)

　　제1절 총칙

　　제2절 유언의 방식

　　제3절 유언의 효력

　　제4절 유언의 집행

　　제5절 유언의 철회

제3장: 유류분(제1112조~제1118조)

이상과 같은 개괄을 통해서 가족법의 내용은 주로 사람의 '신분 관계'를 규율하려는 것임을 금방 알 수 있을 것입니다.

3. 민법 이외에 가족에 관한 법률은 또 무엇이 있는가?

민법 중 가족법은 그 조문이 350여 개조에 달하는 방대한 것이기는 하나, 이것만으로는 충분하다고 할 수 없습니다. 민법(의 가족법) 이외에도 '사람의 신분 관계에 관한 법률'은 적지 않습니다.

예를 들면 가족관계의 등록 등에 관한 법률, 혼인신고특례법, 국적법, 국제사법, 보호시설에 있는 미성년자의 후견 직무에 관한 법, 입양특례법, 주민등록법, 아동복지법, 소년법, 부재선고에 관한 특별조치법 등이 실례이고, 가족법의 규정을 받는 신분 관계 소송에 대처하기 위한 절차법인 가사소송법, 민사조정법 등도 넓은 의미에서 가족에 관한 법입니다.

4. 우리나라 가족법의 이념과 특색은 무엇인가?

1) 가족법이 규율하는 사람의 신분적 생활 관계는 한 사회의 전통과 관습의 영향력이 가장 강하게 표출되는 분야라고 할 수 있습니다. 그러나 시민 혁명을 경험하고 성립한 근대적 시민법은, 과거의 불합리한 전통과 관습의 영향을 배제하고 가족법의 영역 내에서도 개인의 존엄과 가치, 그리고 남녀의 실질적인 평등을 구현하려 하고 있습니다. 말하자면 완고한 과거의 전통과 관습을 고수, 보존하려는 경향과 근대적 시민법의 이상이 가족법 도처에서 충돌하고 있다고 할 수 있습니다.

이 점은 우리나라의 경우도 예외가 아닙니다. 유교 사회의 역사 속에서 정착된 봉건적 가부장제 및 남계 혈통 중심의 가족 질서와 이에 저항하려는 근대적 시민법의 개인 인권 존중, 남녀평등 이념과의 충돌은 아직도 극복되지 않고 있습니다.

1958년 제정된 민법에서도 완결을 보지 못한 이러한 대결상은, 그후 21차례에 걸친 민법(대부분 가족법)의 개정을 통하여 '시민법의 승리'라는 방향으로 나아가고 있는 것 같습니다. 특히 1990년의 가족법 개정은 오랜 숙원인 개인의 존엄과 가치, 실질적인 남녀평등이라는 근대법과 민주주의 이념에 충실하려는 일대 개혁이었다고 할 수 있습니다. 그리고 그 이후에 이루어진 가족법 분야의 개정은 이러한 근대법적 성격을 분명히 하려는 개정으로 평가됩니다.

2) 우리나라 가족법의 특색은 신분 행위에 관해서 엄격한 요식성(要式性)을 요구하고 있다는 점일 것입니다. 예를 들어 혼인, 이혼, 입양, 파양, 인지, 한정 승인, 상속 포기 등의 신분 행위는 법률이 정하는 바에 의하여 신고하지 않으면 법률상의 효과를 부여하지 않고 있습니다.

이것은 사람의 신분이 재산적 생활 관계의 기초가 되는 것이고, 따라서 이러한 신분의 변동은 재산법상으로 매우 중대한 영향을 미치는 것이기 때문에 이를 외부에 널리 알리기 위해서 공적 신고를 요구하는 것입니다. 가족법을 공부할 때에는 이러한 점을 유념해야 합니다.

PART 1
친족

● 친족에 관한 기초적 설명

1. 친족 편의 구성

우리나라 민법의 제4편에 해당하는 친족 편에는 모두 230개에 달하는 조문이 배당되어 있습니다. 또한 다음과 같이 여섯 개의 장(章)으로 세분되어 있습니다.

제1장 총칙

제2장 가족의 범위와 자의 성과 본

제3장 혼인

제4장 부모와 자

제5장 후견

제6장 친족회(삭제)

제7장 부양

제8장 호주 승계(삭제)

민법 제4편의 제목이 '친족'이긴 하나, 실제로 친족(친족의 정의, 범위, 발생 원인, 촌수의 계산 등)이라고 할 때 우리 머리에 떠오르는 일가친척에 관한 조문은 그렇게 많지 않고, 그보다는 약혼·혼인·이혼·부모와 자 등 개인의 신분에 관한 조문이 대부분입니다.

2. 친족 편 각 장의 내용 요약

제1장 총칙

대개 법률에서 총칙이라는 제목 아래 배정되는 조문은 그 법률의 전 내용에 공통으로 적용되는 일반적 원칙이나 원리 또는 전제를 규정하는 것이 보통이나, 여기서는 오히려 친족·혈족·인척이란 무엇인가가 정의 되고, 나아가 친족의 범위가 어디까지인가가 밝혀지며, 이러한 친족과 인척 관계는 어떻게 발생되고 어떤 원인으로 소멸되는가를 정해놓고 있 습니다.

제2장 가족의 범위와 자의 성과 본

2005년 3월 31일 가족법이 개정되어 민법 제정 이래 유지되어오던 호 주 제도가 폐지되었습니다. 그리하여 제2장에는 가족의 범위에 관한 1개 조문과 자(子)의 성과 본에 관한 1개 조문만 남아 있게 되었습니다.

제3장 혼인

혼인은 남녀의 결합입니다. 남녀가 결합하기 위해서 그 전 단계로서 약 혼이란 무엇이고, 어떠한 경우에 약혼을 해제할 수 있는가, 해제의 효과 는 무엇인가를 제1절에서 다루고 있습니다. 제2절에서는 혼인할 수 있는 연령, 금지되는 혼인의 내용, 혼인의 성립 요건을 다루고 있으며, 제3절에 서는 어떠한 경우에 혼인이 무효나 취소가 되는가를, 제4절에서는 혼인 하면 당연히 생기는 효력이나 의무를 다루고 있습니다. 제5절에서는 일 단 성립한 혼인은 어떠한 경우와 어떤 사유에 따라 해제될 수 있는가, 즉 이혼이 다루어지며, 그 밖에 이혼하게 되면 발생하는 효력에 대해 규정하 고 있습니다.

제4장 부모와 자

혼인한 부부가 낳은 자식을 친생자라고 하는데, 제1절에서는 어떠한 경우에 친생자가 되는가, 친생자가 아니라고 다툴 수 있는 사유와 절차는 무엇인가? 또 혼인 관계가 없는 상태에서 낳은 아이는 어떤 절차로 자기 자식이라고 승인하는가 등이 다루어지고 있습니다. 제2절에서는 양부모와 양자가 양친자 관계를 설정하는 입양의 요건과 효과, 그리고 양친자 관계를 해소하는 파양의 사유와 절차가 다루어지고 있습니다. 제3절에서는 부모가 자식에 대해 갖는 권리인 친권의 내용과 효력, 친권의 행사 방법, 친권의 남용과 상실 제도가 다루어집니다.

제5장 후견

부모가 없거나 부모가 친권을 행사할 수 없게 된 미성년자, 또는 질병, 장애, 노령 등으로 사무 처리 능력이 결여되거나 부족한 사람에 대해서는 이를 대행할 후견인이 필요합니다. 이 장은 후견인이 되는 자격과 순위, 후견인의 임무, 후견인의 임무 종료 사유 등이 규정되어 있습니다.

제6장 친족회

가족법은 미성년자, 금치산자, 한정 치산자 등과 같은 행위 무능력자를 위해 친족회라는 기구를 인정하고 있었습니다만, 2011년 3월 7일 가족법의 개정으로 친족회 제도가 폐지되어 제6장 부분은 전부 삭제되었습니다.

제7장 부양

부부와 친족 간에는 서로 부양할 의무가 있습니다. 제7장은 부양 의무가 발생되는 경우, 부양의 순위, 부양의 방법과 정도에 관해 규정하고 있습니다.

제8장 호주 승계

1990년의 가족법 개정에서도 살아남았던 호주 제도가 2005년 3월 31일 가족법 개정으로 폐지되었습니다. 이에 따라 제8장의 호주 승계에 관한 규정도 삭제되었습니다.

3. 친족 편의 올바른 이해를 위하여

사람은 누구나 살아가면서 겪게 마련인 약혼, 혼인, 이혼 등에 관해 기초적인 지식을 갖고 있다고 할 수 있습니다. 그러나 친족 편이 규정하고 있는 사항은 이러한 단편적이거나 기초적인 지식을 훨씬 초월합니다. 워낙 상세하고도 방대하며, 동시에 그 내용이 복잡하고 어려워, 심지어 법률가라고 할지라도 깊이 공부하지 않으면 그 전모를 정확히 알 수 없을 정도입니다.

따라서 친족 편의 규정과 그 해석은 우리의 빈약한 상식을 뛰어넘는 것이라는 점을 먼저 염두에 둘 필요가 있습니다.

뿐만 아니라 친족 편의 규정은 살아 있는 우리 모두에게 언젠가는 적용되기 마련입니다. 예컨대 혼인할 나이가 되어 혼인하게 되면 최소한 혼인의 요건은 무엇인지를 알아야 하며, 혼인 신고의 방법과 절차도 알아두어야만 실제로 문제가 생겼을 때 당황하지 않고 대처할 수 있는 것입니다.

《재미있는 법률여행》 시리즈 제2편(가족법)은 실제의 사회생활에서 반드시 경험하게 되는 인생사, 즉 신분 행위 중 발생 빈도가 높은 사례를 중심으로 하여 해설을 시도하였으므로, 해답을 찾는 것에 만족하지 말고 해설을 충분히 음미하여야 할 것입니다. 이러한 수고 후에도 더 깊고 넓으며 정확한 지식을 얻고자 하는 욕구가 생긴다면, 그때에는 학자들이 집필한 전문 서적을 구해서 공부해야 할 것입니다. 이 책은 여러분의 그러한 노력을 희망하며 펴내는 징검다리인 셈입니다.

1. 로미오와 줄리엣의 비극

　이탈리아 베로나의 명문 몬터규가(家)의 로미오와 캐풀렛가의 줄리엣은 무도회에서 만나 첫눈에 반한다. 열렬히 사랑하게 된 그들은 약혼을 하였으나, 양가의 오래된 반목 때문에 둘의 사랑은 법적으로 인정받지 못하고 비극적인 죽음으로 끝난다. 여기까지는 우리 모두가 잘 아는 셰익스피어의 희곡《로미오와 줄리엣》이야기다.

　그렇다면 16세였던 그들의 약혼은 법적으로 정당한가? 법적으로 효력이 있겠느냐는 말이다.

　① 유효하다. 만 16세에 달한 남녀는 부모의 동의 없이도 자유롭게 약혼할 수 있다.

　② 사후에 부모의 동의를 얻는 조건으로 유효하다.

　③ 무효이다. 약혼은 연령과 관계없이 부모의 동의를 얻어야만 한다.

　④ 사전에 부모의 동의를 얻어야 하는데, 이를 얻지 못했으므로 무효이다.

약혼이란, '장래에 결혼을 하고자 하는 남녀 당사자 간의 계약'이다. 법률상으로는 '혼인의 예약'이라고 하는데, 이 혼인의 예약을 줄인 말이 약혼이다.

약혼은 남녀가 부부로서 결혼 생활을 하는 '혼인'의 전 단계인데, 그렇다고 해서 혼인하기 위해 반드시 약혼 단계를 거쳐야 하는 것은 아니다. 그러나 많은 경우 혼인에 앞서 장차 혼인을 하고자 하는 의사 표시의 합치인 약혼이 선행한다고 할 수 있다.

따라서 약혼의 본질은 장래에 혼인하고자 하는 의사 표시의 합치, 즉 계약인 것이다. 그러므로 약혼은 남녀 당사자의 합의만 있으면 이루어지는 것이고, 약혼식이라든가 예물의 교환과 같은 외적 형식이 약혼의 요건은 아니다. 또 당사자의 합의가 아닌 제3자 간의 합의, 예컨대 부모들의 합의는 약혼이 아니다.

약혼이 신분상의 계약이라고 한다면 약혼 행위에도 당연히 행위 능력이 있어야 한다. 즉 미성년자는 단독으로 약혼이라는 계약을 체결할 능력이 없다. 그래서 우리 민법은 성년에 달한 자는 자유로이 약혼할 수 있다고 하고 있고(제800조), 18세가 된 사람은 부모의 동의를 얻어 약혼할 수 있다고 규정하고 있다(제801조).

'18세'가 된 사람이 부모 등의 동의를 얻어 약혼할 수 있다는 의미에서 이들 연령을 '약혼 연령'이라고 한다. 부모의 동의는 물론 사전의 동의를 말한다. 약혼 연령에는 도달하였으나 부모 등의 동의를 얻지 못한 경우, 이 약혼은 부모 등이 취소할 수 있게 된다.

결론

로미오와 줄리엣은 만 16세에 불과하므로 부모의 동의가 있어야 약혼할 수 있다.

2. 변심한 이 도령

전라북도 남원의 고을 사또 자제 이몽룡은 퇴기 월매의 딸 춘향이와 신분을 초월하여 약혼한 바 있다. 게다가 일시 동거까지 하였다. 그런데 임기가 끝난 아버지를 따라 한양으로 올라간 이 도령은 한양 사대부 집 요조숙녀들과 연애하느라 시골구석의 춘향이는 까맣게 잊어버렸다.

아무리 기다려도 일자 소식조차 없게 되자 화가 날 대로 난 춘향이는 이 도령을 상대로 전주지방법원 남원지원에 '약혼에 따른 혼인의 의무를 이행하라'는 소송을 제기하였다. 춘향이가 이 소송에서 이길 수 있을까?

① 약혼한 자는 혼인할 의무가 있다. 따라서 이길 수 있다.

② 법정 대리인의 동의가 없는 미성년자 간의 무효 약혼이므로, 이 도령이 혼인 의무를 이행하지 않는다고 하더라도 이길 수 없다.

③ 약혼자가 마음이 변하면 법률도 혼인할 것을 강제하지 못한다. 따라서 이길 수 없다.

앞에서 약혼의 본질이 계약이라고 하였다. 모든 계약은 상대방이 임의로 이행하지 않을 때 법원에 강제 이행을 청구할 수 있도록 되어 있다. 그러면 약혼을 한 당사자 중 일방이 그 약혼대로 혼인하지 않을 경우에 다른 일방은 혼인의 강제 이행을 청구할 수 있는 것일까?

답은 "그렇지 않다"이다. 약혼만큼은 강제 이행을 청구할 수 없다(제803조). 그 이유는 혼인의 본질이 남녀 간의 육체적·정신적 결합일진대 이미 혼인을 할 의사가 없는 자를 법이 개입하여 강제로 혼인하도록 할 수도 없거니와, 가령 강제할 수 있다고 하더라도 뜻이 전혀 없는 자가 부부로서 동거하고 협조하고 부양해가며 혼인 공동체를 이루어 살아갈 수 있다고 기대할 수 없기 때문이다.

"말을 강가로 끌고 갈 수는 있어도 물을 강제로 먹게 할 수는 없다"라는 속담이 있다. 짐승도 그러하거늘 하물며 인간에게 혼인하도록 법이 강제할 도리가 없다는 것은 너무도 당연한 것이다.

그렇다고 해서 약혼을 한 뒤 혼인하지 않아도 된다는 것은 절대 아니다. 약혼한 자가 정당한 이유 없이 혼인의 의무를 이행하지 않을 때 상대방은 일방적으로 그 약혼을 해제, 즉 파혼할 수 있고, 또 손해 배상 책임이라는 제재가 준비되어 있다.

Q 결론

춘향이와 이 도령이 약혼한 것은 틀림없으나, 이 도령이 혼인할 의무를 이행하지 않는다고 하더라도 춘향이가 혼인의 강제 이행을 청구할 수는 없다. 다만, 춘향이에게는 약혼 불이행으로 인한 손해 배상 청구권이 있다.

3. 아득한 사랑의 미로여

직장 동료인 유들한 군과 최진이 양은 같은 부서에 근무하다가 서로 좋아하게 되어 가끔 잠자리를 같이했다. 이로 인해 최진이 양은 한 번의 임신 중절도 했다.

이런 관계가 2년 동안 계속된 뒤 유들한 군은 장가가라는 집안의 성화에 못 이겨 다른 여자와 선을 보게 되었다.

이 사실을 알게 된 최진이 양이 유들한 군에게 "어떻게 할 거냐?"라고 따졌다. 그러나 유들한 군은 태연하다. "서로 좋아서 즐겼을 뿐인데, 왜 남의 일에 간섭하느냐?"라면서 말이다.

최진이 양은 유들한 군과의 관계가 결혼을 전제로 한 것이었고, 그 때문에 좋은 혼처가 있어도 마다했는데….

'유들한 군과 최진이 양은 약혼하였다'라고 볼 수 있을까?

① 볼 수 없다. 간헐적인 육체관계가 있다고 해도 혼인을 예약한 것은 아니다.

② 볼 수 있다. 둘의 관계는 약혼을 전제로 한 것이다.

③ 두 사람의 진의의 해석에 달렸는데, 유들한 군의 태도로 보아 약혼한 것으로 볼 수는 없다.

거듭 강조하지만, 약혼은 '장래 혼인하기로 하는 당사자 간의 합의(계약)'다. 즉 부부가 되기로 하는 계약의 예약이다. 약혼은 성인 남녀가 자유롭게 교제하다가 사후에 합의할 수도 있고, 미리 합의하고 교제를 진행할 수도 있다. 어느 경우든 이 합의가 자유롭고 진지하고 성실하고 명시적이어야 함은, 약혼이나 혼인의 사회적 의미와 중대성에 비추어볼 때 당연한 요청이다.

그런데 '성인 남녀가 서로 좋아서 2년 동안이나 간헐적으로 잠자리를 같이한 관계'를 약혼이라고 볼 수 있을까? 약혼의 본질, 건전한 사회 통념에 비추어볼 때 이를 '약혼하였다'고 볼 수는 없을 것이다.

두 사람의 교제 기간 동안 일방은 혼인을 염두에 두었다고 해도 나머지 일방이 동의하지 않은 이상, 그래서 쌍방이 합의에 도달하지 않은 이상, 비록 육체관계가 있었거나 심지어 아이를 출산하기에 이르렀다 해도 그것을 법률상 유효한 약혼이라고 간주할 수는 없는 것이다. 그러므로 이 사건에서도 최진이 양과 유들한 군의 관계를 '약혼'이라고 볼 수 없다는 것이 해답이다.

그러면 약혼으로 간주되지 않는다고 하더라도, 최진이 양은 유들한 군이 자기를 농락했다고 하여 가령 손해 배상 책임을 물을 수 있을까? 이 질문의 대답도 부정적이다. 약혼에 이르지 않은 상태에서 남녀 간의 육체관계가 존재하는 경우, 그것은 전적으로 자기 책임하에 이루어지는 것이며, 따라서 상대방에게 법률상 책임을 지울 수는 없다.

⌕ 결론

자유롭고 진지하고 성실하며 나아가 명시적인 의사 표시의 합치가 없는 상태에서의 남녀 간의 육체관계는 약혼이라고 볼 수 없다.

4. 동거녀의 착각과 유부남의 배신

코리아 무역상사 여사원인 동정녀는 직장 상사인 박 과장이 본부인과 사이가 안 좋아 별거 중일 때, 처음에는 동정을 하다가 그만 어찌하다 보니 그와 애정 관계로까지 사이가 발전하였다.

그래서 남몰래 동거하게 되었는데, 당시 박 과장은 "본부인과 이혼하는 대로 혼인하겠다"며 몇 번이고 다짐을 하였다. 그러나 본부인이 이 관계를 알고는 한사코 이혼을 반대하여, 박 과장도 동정녀와의 관계를 청산하지 않을 수 없었다.

이런 경우 동정녀에게 법적인 권리가 있는가? 있다면 내용은 무엇인가?

① 약혼 불이행으로 인한 손해 배상 청구권이 있다.

② 사실혼의 부당 파기로 인한 손해 배상 청구권이 있다.

③ 정조의 침해로 인한 손해 배상 청구권이 있다.

④ 위험한 불장난이었으므로 법적으로 아무런 권리가 없다.

배우자가 있는 사람(유부남 또는 유부녀)의 약혼은 당연히 무효다. 즉 약혼으로서의 효력이 생기지 않는다(제810조).

그러나 반드시 일률적으로 무효라고 단정할 수 없는 경우도 있다. 예를 들면 유부남이라고 하더라도 본부인과 장기간 별거 상태여서 사실상 이혼 상태이고, 그래서 본부인과 이혼을 하고 혼인하겠다는 약속이 진실한 것이라면 약혼으로 간주할 수도 있을 것이다.

그런데 그런 것이 아니라, 지금의 본부인을 내쫓겠으니 자기와 약혼하자는 유부남의 약속을 믿고 약혼을 하게 된 것이라면, 이 약혼은 반사회적인 행위로서 역시 무효라고 해야 하며, 나중에 그 유부남이 약혼을 이행하지 않는다고 하더라도 약혼 불이행을 이유로 하는 법적 권리는 없게 된다.

우리 사회에는 본처가 있는 유부남과의 약혼이 적잖다고 할 수 있다. 약혼을 이행하지 않는다며 여자가 유부남을 상대로 한 위자료 청구 소송에서 법원은 '유부남이 본처와 이혼할 것을 조건으로 하는 약혼은 반사회적 행위'라고 보고, 약혼 불이행을 이유로 하는 위자료 청구를 기각한 사례가 있다(1965년, 서울가정법원).

다만 위 사건에서 유부남과의 약혼이 무효라고 하더라도, 유부남이 본처가 있는 것을 숨기고 독신이라고 속이거나 본처와 이혼하였다고 속인 경우에, 이를 모르고 진실이라고 믿었던 상대방의 보호를 위해서 불법 행위로 인한 위자료 청구는 인정하고 있다.

🔍 결론

본처와 이혼하고 혼인하겠다는 유부남의 약속을 선뜻 믿어서는 안 된다. 모름지기 약혼 당사자는 약혼 전에 건강 진단서나 가족관계등록부에 관한 증명서를 반드시 상대방에게 건네주어야 할 것이다.

5. 약혼 여행을 가자고 하는데

심청희 양은 태어나자마자 어머니를 여의고 홀로 된 아버지를 봉양하느라 혼기를 놓쳤다. 그러다 나이를 어지간히 먹게 되자, 주위의 성화로 중매에 의하여 보통 남자 최경솔 군과 약혼을 하게 되었다.

약혼식을 마치자 최경솔은 심청희에게 약혼 기념으로 제주도 여행을 가자고 하는 것이 아닌가? 그러나 심청희가 결혼식 전까지는 순결을 지키고 싶어 거절하였더니, 최경솔은 화를 내면서 "곧 부부가 될 텐데 잠자리를 함께하는 것이 뭐가 이상하냐"면서 계속 강요한다. 그래도 불응하자 파혼할 기세다. 약혼을 하면 잠자리를 같이할 의무가 있는가?

① 그렇다. 약혼하면 결혼한 부부의 동거 의무에 준하는 동거 의무가 있다.

② 그렇다. 약혼자는 모두 제3자에 대하여는 순결을 유지할 의무가 있지만, 약혼자 간에는 그렇지 않기 때문이다.

③ 천만의 말씀이다. 약혼했다고 해서 잠자리를 같이해야 한다는 법적 의무는 없다.

약혼을 하면 다음과 같은 법적 의무가 생긴다.

1. 성실한 교제 의무

약혼자는 서로 인격과 예의를 지키며 성실히 교제할 의무가 있다. 약혼은 결혼의 전 단계로서 결혼을 위한 준비 기간인 것이다. 이 기간에 서로의 가정 환경, 친족 관계, 교우 관계, 성격, 소질, 능력, 장단점 등을 파악하고 이해해야 하며, 장래의 가정 경제, 가족계획, 생활 방식, 주거, 혼수, 결혼식, 신혼여행 등의 일정과 목표를 합의해서 수립해야 한다. 그리고 무엇보다도 서로의 사랑의 정도와 깊이를 파악하고 서로가 서로를 원하는가를 확인해야 한다.

2. 가까운 시기에 혼인을 성립시킬 의무

약혼은 장난이 아니다. 따라서 약혼자들은 가급적 가까운 시기에 혼인 단계까지 도달하여 부부 공동체, 혼인 공동체를 성립시킬 의무가 있다.

3.약혼과 동거 의무 여부

약혼은 혼인의 예약이지, 혼인은 아니다. 따라서 엄격히 말한다면 약혼자는 법적으로는 남남인 것이며 부부는 아니다. 따라서 약혼자 간에는 혼인한 부부가 부담하는 의무인 '동거 의무'는 없다. 그러므로 약혼자는 상대방에게 잠자리를 같이하자고 요구할 권리도 없고, 또 응해야 할 의무도 없다.

🔍 결론

이상의 설명을 통해 약혼자 간에는 동거 의무가 없음을 알았다. 그러므로 소위 '약혼 여행'은 매우 위험천만하다. 상당 사례를 보더라도 신중하고 사려 깊지 못한 약혼 중의 동거는 파혼이라는 불행으로 이어질 가능성이 많다는 것을 경고하고 싶다.

6. 청춘을 돌려다오

호동 왕자와 낙랑 공주가 사실(史實)과 달리, 우여곡절 끝에 양가 부모와 친지 들의 축복을 받으며 혼인하게 되었다(고 가정한다).

두 사람은 고구려 호텔에서 성대한 약혼식을 거행하고 결혼은 꽃피는 봄이 오면 하기로 하였다. 서로 교제를 하면서 수차례 육체관계를 맺었는데, 그 후 마음이 변한 호동 군이 일방적으로 파혼을 통고해왔다.

물론 낙랑 양에게는 호동 군에 대한 약혼 불이행으로 인한 손해 배상 청구권이 있다. 그러면 별도로 정조(처녀성) 상실의 대가(위자료)도 청구할 수 있을까?

① 없다. 약혼 기간 중의 육체관계는 특별한 사정이 없는 한 자기 책임에 속하는 것이다.

② 있다. 처녀의 정조를 유린하고 일방적으로 파혼을 하면 이에 대한 책임(위자료)도 져야 한다.

③ 상대방을 사기죄로 형사 고소하여 처벌을 받게 한 뒤 위자료를 청구할 수 있다.

약혼의 본질은 혼인이 아니라 혼인의 예약이고, 약혼자는 부부가 아님에도 불구하고 현실 세계에는 약혼자 간에 육체관계를 맺는 일과 동거하는 일이 엄연히 존재한다.

그 후 혼인으로 골인한다면 약혼 기간 중(또는 동거 기간 중)의 육체관계는 법적인 시빗거리가 되지 않겠지만, 약혼이 혼인으로 이어지지 못하고 깨진 경우에는 법적 분쟁이 발생하게 되는 것이다.

약혼 불이행으로 인한 손해 배상 청구 소송이나 형사 고소 사건의 발생이 그 실례이다. 그런데 이 법적 분쟁의 대상으로서 여자가 남자에게 정조 상실의 대가, 즉 위자료도 청구할 수 있는가가 논의될 수 있을 것이다.

이 문제는 약혼한 남자의 진의가 무엇이었는가에 따라 해결의 실마리가 풀릴 수 있다. 처음부터 혼인할 의사도 없이 약혼한 상태를 이용하여, 또는 강압적인 방법으로 육체관계를 맺는 경우에는 약혼녀가 정조 상실의 대가를 청구할 수 있다고 본다.

그러나 그런 것이 아니고 약혼 기간 중의 육체관계가 쌍방의 자유로운 의사에 따라 이루어진 경우에는, 설사 그 약혼이 깨졌다 해도 이를 정조권의 침해라는 이유로 정조 상실의 대가를 청구할 수 없다고 해야 한다.

왜냐하면 약혼 상태 또는 약혼 기간 중의 자유의사에 의한 성행위는 원칙적으로 법의 보호권 밖의 일이기 때문이다.

♀ 결론

이 사건은 호동 왕자가 약혼 상태를 이용하거나, 또는 사기나 강박에 의한 방법으로 육체관계를 맺은 것으로는 볼 수 없으므로, 낙랑 공주는 정조권 침해를 이유로 하는 정조 상실의 대가를 청구할 수 없다고 보아야 할 것이다.

7. 개나리꽃이 필 무렵에

인간 행동 예측학이라는 첨단 학문을 공부하기 위해 미국 유학 중인 주봉진 군은 장가부터 가라는 노부모의 성화에 못 이겨 일시 귀국하여, 여대 졸업반인 노자연 양과 선을 보고 약혼을 한 다음 다시 미국으로 들어갔다. 결혼은 박사 학위를 따게 될 내년 봄, 즉 개나리꽃이 필 때 하기로 하고.

그러나 주봉진 군은 박사 학위를 따고도 귀국하지 않을 뿐만 아니라, 귀국 시기도 명백히 밝히지 않은 채 이런저런 핑계로 귀국을 미루고 있다.

그동안 개나리꽃은 두 번이나 피고 졌는데, 이렇게 약혼자가 결혼을 지연할 때 노자연 양 측에서 일방적으로 파혼할 수 있을까?

① 결혼을 1, 2년 미룬다는 이유만으로 파혼할 수는 없다.

② 상대방의 의사를 확인하지 않고는 파혼할 수 없다.

③ 상대방이 정당한 이유 없이 결혼을 미루면 일방적으로 파혼할 수 있다.

약혼한 당사자 간에 일방이 정당한 이유 없이 혼인을 거절하거나 시기를 지연할 때에는 상대방은 약혼을 해제, 즉 파혼할 수 있다. 약혼은 강제 이행은 청구할 수 없지만, 해제할 수는 있는 것이다.

민법이 약혼을 해제할 수 있는 사유로 규정한 것은 다음과 같다(제804조).

① 약혼 후 자격 정지 이상의 형의 선고를 받은 때.

② 약혼 후 성년 후견 개시나 한정 후견 개시의 심판을 받은 경우.

③ 성병, 불치의 정신병, 기타 불치의 병질(病疾)이 있는 때.

④ 약혼 후 타인과 약혼 또는 혼인한 때.

⑤ 약혼 후 타인과 간음한 때.

⑥ 약혼 후 1년 이상 그 생사가 불명한 때.

⑦ 정당한 이유 없이 혼인을 거절하거나 그 시기를 지연한 때.

⑧ 기타 중대한 사유가 있는 때.

민법이 규정한 약혼 해제 사유는 모두 당사자 일방의 책임 있는 사유를 열거한 것이다. 물론 책임이 없는 당사자가 상대방에게 약혼 해제 사유가 있다고 해서 반드시 이를 해제해야만 하는 것은 아니다. 예를 들면 정당한 사유가 없는 혼인의 거절 또는 시기의 지연에도 불구하고 그 상대방을 설득하고 기다려서 혼인할 수 있는 것이다.

'기타 중대한 사유'에 해당하는 실례로는 사기나 강박에 의한 약혼, 가족 부양 능력이 없을 정도의 재산 상태 악화, 상대방이나 부모로부터의 모욕과 냉대, 상대방의 불성실, 행복한 혼인 가능성의 상실 등을 들 수 있다.

약혼을 해제하는 방법은, 상대방에게 그 의사 표시를 하면 된다.

🔍 결론

노자연 양은 일방적으로 파혼을 할 수 있다.

8. 마담뚜의 농간

 강남의 김활달 여사는 속칭 '마담뚜'이다. 마담뚜가 무엇이냐고? 바로 '사설 결혼 중매업자'가 아닌가?

 그 김활달 여사가 고구려물산 박 회장으로부터 의사 사위를 중매해달라는 부탁을 받고, 수소문 끝에 홀어머니의 외아들인 A대 의과대학 졸업반인 나효자 군을 중매하였다.

 이 과정에서 김활달 여사는 막대한 사례비를 챙길 욕심으로 박 회장에게 "신랑 측에서는 아무 요구 조건이 없고, 시어머니는 모시지 않아도 된다"고 이야기하였다. 그리하여 성대한 약혼식까지 치렀는데, 막상 결혼일이 가까워지자 나효자 군은 "결혼하면 어머니를 모셔야 한다"는 것이 아닌가?

 김활달 여사가 쌍방을 속인 것이다. 박 회장은 딸의 장래를 위해 물론 파혼하였다. 이 경우 중매쟁이에게 법적 책임이 있는가?

 ① 있다. 형사상 사기죄가 된다.

 ② 있다. 손해 배상 책임을 져야 한다.

 ③ 없다. 속담대로 '뺨이 석 대'일 뿐이다.

약혼이나 결혼은 당사자의 연애와 교제로도 이루어지고, 제3자에 의한 소위 '중매'로도 이루어진다. 옛날에는 모두 중매에 의한 혼인이 대부분이었을 것이다. 그리하여 혼인이라는 대사에는 중매쟁이라는 제3자의 개입과 노력이 필연적이었다. 그런데 옛날 중매쟁이의 보수는 '잘되면 술이 석 잔, 못되면 뺨이 석 대'라는 말 그대로 보잘것없었고, 또 중매 그 자체가 영리 목적의 '업'일 수는 없었다.

현대는 그렇지 않다. 오늘날의 대도시에는 결혼 상담이나 중매 행위를 업으로 하는 결혼 상담소가 성업 중이며, 허가를 받은 중매업 외에도 허가를 받지 않은 결혼 중매업자도 허다하다. 바로 '마담뚜'라 불리는 전문 중매업자(?)가 바로 그들이다.

어쨌거나 허가를 받았든 안 받았든 중매 행위를 업으로 하는 사람이 중매 과정에서 고의로 혼인하고자 하는 당사자의 혼인 조건, 직업이나 학력을 속여서 약혼이나 혼인이 이루어지고, 사후 이런 사실로 인하여 약혼이 해제되거나 이혼까지 하게 된 경우에 중매업자에게도 그 책임을 물을 수 있는 것인가가 문제될 수 있다.

직업적 중매쟁이에게도 성실한 중매 의무가 요청되고, 중매 과정에서 고의로 혼인 조건을 과장하거나 은폐한 경우, 성실하게 정보를 제공하였다면 혼인하지 않았으리라는 사정이 인정된다면, 중매쟁이에게도 '불법 행위로 인한 손해 배상 책임'을 물을 수 있다고 해석하는 것이 옳을 듯하다.

Q 결론

이 사건에서도 위와 같은 조건이 충족된다면 중매쟁이에게 손해 배상 책임을 물을 수 있다. 다만 신부 측에도 적극적으로 혼인 조건을 조사·확인하지 않은 과실이 있다.

9. 알고 보니 플레이보이

근대건설 조 회장의 막내아들 건달 군과 한성대학교 최 교수의 장녀 암전 양이 중매로 약혼을 하게 되었다. 재벌의 아들을 사위로 맞게 된 신부 집에서는 무리를 해서 약혼 선물을 해주었다. 그 예물은 이른바 '호화 혼수'였던 것이다.

그런데 약혼 후 교제를 해보니 조건달은 유명한 플레이보이였고, 약혼 후에도 여러 여자와 사귀고 있는 것이 아닌가? 그래서 신부 집에서는 고민 끝에 파혼하기로 하고 그 사실을 통지하였다. 그렇다면 조건달 군에게 해준 약혼 선물은 어떻게 되는가?

① 약혼 선물은 일종의 '증여'이므로, 파혼했어도 반환을 청구하지 못한다.

② 파혼하면 반환받을 수 있으나, 그 대신 파혼한 쪽에서도 상대방으로부터 받은 예물을 반환해야 한다.

③ 상대방의 책임 사유로 파혼한 경우 해준 예물은 반환받을 수 있고, 또 상대방으로부터 받은 예물은 돌려주지 않아도 된다.

　약혼 또는 혼인 당시 상대방과 서로 예물을 주고받는 것이 우리 사회의 보편적 관습임은 부정할 수 없다. 이 예물이 지나치게 호화롭고 많을 때 '호화 혼수'라고 하여 사회적 지탄의 대상이 되고 있지만… .

　그런데 약혼 예물의 법적 성질은 '증여'다. 즉 무상이다. 뿐만 아니라 약혼 예물은 혼인까지도 예정한 증여이고, 혼인하지 않으면 주지 않았을 증여라는 특수성도 있다. 그런데 약혼 후 예물까지 주고받았으나, 이 약혼이 혼인에 이르지 못하고 중간에 깨진 경우 약혼 예물은 어떻게 처리하여야 할까?

　민법은 이에 관한 명백한 규정을 두고 있지 않다. 파혼의 사정에 따라 예물의 처리는 달라진다.

　첫째, 쌍방이 합의해서 약혼을 해제한 경우에는 받은 예물은 서로 반환해야 할 것이다.

　둘째, 약혼 당사자 일방의 책임 있는 사유(제804조)에 의하여 파혼된 경우에는 그 반대 당사자인 상대방은 유책 당사자에게 준 예물은 반환받을 수 있고, 자기가 받은 예물은 반환하지 않아도 된다.

　셋째, 쌍방의 책임 있는 사유로 파혼된 경우는 첫째 처리 예에 준해, 그리고 과실 상계의 원리에 따라 피차 반환의 범위를 결정해야 할 것이다.

　넷째, 약혼 당사자가 혼인까지 이르게 되면 예물 반환의 여지는 없으나, 극히 짧은 기일 내에 혼인이 해소된 경우에는 혼인 불성립의 경우에 준하여 책임 있는 당사자는 반환하여야 하고, 책임 없는 당사자는 자기가 받은 예물을 반환하지 않아도 된다고 해야 신의 성실의 원칙에 충실한 해석이 될 것이다.

🔍 결론

이 사건에서 파혼은 약혼한 남자의 책임에서 기인한 것이므로, 여자의 입장에서 해준 예물은 돌려받을 수 있고 받은 예물은 돌려주지 않아도 된다.

10. 없었던 일로 할 수는 없습니다

의사의 아들인 소심한 군은 법대생이었다. 고시 공부를 하던 중 하숙집의 맏딸인 허순진 양과 연인 사이가 되었다. 소심한 군은 그 후 당당히 고시에 합격하였고 허순진 양을 부모에게 소개하여 혼인 승낙을 받았다. 약혼 후 그들은 설악산으로 여행을 다녀왔는데, 그 후 문제가 생겼다.

가업을 잇기 원하는 소심한 군의 부모는 끝내 아들에게 강요하여 허순진 양과의 약혼을 파혼하도록 하고, 여의사 나졸지 양을 중매받아 성대한 약혼식을 거행하였다.

소심한 군은 허순진 양에게 사정을 설명하고 둘의 과거는 "없었던 일로 하자"고 하였다. 물질적 배상은 얼마든지 요구하는 대로 주겠다고 하면서….

졸지에 파혼당한 허순진 양을 위한 그대의 법적 조언은 무엇인가?

① 소심한 군에게 손해 배상 책임과 형사 책임을 추궁할 수 있다고 말하겠다.
② 인간 같지도 않은 소심한 군을 단념하고 새 삶을 찾으라고 말하겠다.
③ 소심한 군과 그의 부모에게는 손해 배상 책임을 물을 수 있다고 말하겠다.

약혼을 하게 되면 약정한 시기에, 약정이 없었으면 가급적 가까운 시기에 혼인을 성립시킬 의무를 갖게 된다. 또 약혼 후 당사자 일방이 약혼이 해제되지 않았는데도 제3자와 약혼하는 것은 허용되지 않는다. 그리고 약혼자에게 민법 제804조가 정한 사유가 있으면 약혼을 해제할 수 있게 된다.

그렇다면 자기의 잘못으로 약혼을 해제당한 당사자가 상대방에게 지게 되는 법적 책임의 구체적인 내용은 무엇인가?

첫째, 약혼 불이행으로 인한 손해 배상 책임이다. 이 책임은 주로 정신적 고통에 대한 대가로서 위자료이지만, 그 밖에도 약혼 비용의 배상, 약혼 예물의 반환 책임도 있을 수 있으며, 약혼 후 육체관계가 있었을 때 경우에 따라서는 정조권 침해로 인한 손해 배상 책임도 부담하게 된다. 이상의 책임은 민사상 책임이다.

둘째, 과거에는 형사상 책임을 지게 되는 경우도 있었다. 약혼한 상태에서 혼인을 빙자하여 간음한 경우에는 형법상의 혼인 빙자 간음죄의 형사 책임도 지게 된다. 그런데 혼인 빙자 간음죄는 2009년 11월 26일 헌법재판소의 헌법 불합치 결정이 내려졌고, 2012년 12월 18일 형법이 개정되어 폐지되었다.

🔍 결론

이 사건은 약혼한 소심한 군의 부모가 나졸지 양과 약혼을 하게 하고, 허순진 양과의 약혼을 일방적으로 파기한 사건이다. 이 경우 소심한 군 측의 일방적 약혼 파기는 불법 행위가 된다고 볼 수 있다. 따라서 허순진 양으로서는 소심한 군과 그 부모를 상대로 약혼 불이행 또는 불법 행위를 이유로 하는 손해 배상 책임을 지울 수 있다.

11. 어느 독신주의자들의 착각

미국에서는 '동거 계약'이 유행(?)했다고 한다. 즉 성인 남녀가 결혼은 부담스럽다는 이유로 회피하면서 일정한 기간을 정하여 동거하되 기한이 끝나면 자유롭게 헤어진다는 것이다.

우리나라에서도 독신주의자인 독고탁과 조슬기가 결혼은 싫고 그러나 어떤 필요성 때문에 2년 동안 동거하기로 계약을 맺었다고 가정하자. 물론 이들은 동거 중 서로 마음에 들면 결혼까지 하자는 묵시적 의사도 있었다. 기한이 끝나자 조슬기는 독고탁이 대단히 마음에 들었는데 독고탁은 그렇지가 않았다.

그렇다면 결혼을 원하는 조슬기의 입장에서 볼 때 동거 계약과 2년간의 동거 상태를 '약혼'이라고 주장할 수 있을까?

① 할 수 있다. 성인 남녀가 동거한다는 약정은 혼인 예약, 즉 약혼인 것이다.

② 약혼의 본질은 육체적 동거에 있지 않고 부부가 되기로 하는 것이므로, 동거 계약은 약혼이 아니다.

③ '마음에 들면 혼인까지 한다'라는 묵시적 의사 표시의 합치가 있어서 약혼으로 보아야 하나, 일방이 변심하였으므로 강제 이행을 청구하거나 책임을 지울 수는 없다.

인류가 지구 상에 출현한 이래 그 종(種)이 끊어지지 않고 오늘까지 이어져 내려온 것은 결혼이라는 제도에 힘입은 바가 절대적이라고 할 수 있을 것이다. 그래서 사람들은 때가 되면 짝을 구해 결혼을 하게 된다.

결혼은 결코 개인적인 사건은 아니다. 남녀의 결합은 동시에 사회 제도의 한 형태이며, 사회 질서를 이루는 것이기 때문이다. 그래서 혼인은 '제도'이기도 하다. 그러나 세상에는 제도의 편입을 거부하는 사람들도 있다. 결혼을 거부하거나 기피하는 독신주의자가 바로 그들이다. 결혼은 타자에 구속되는 것이고 번거롭고 비용이 들며 고통스럽다는 생각 때문이다.

그런데 사회에는 결혼이라는 제도는 거부하면서, 즉 백년해로하는 부부가 되는 것은 거부하면서도, 어떤 필요성에 의해 육체적 결합만을 목적으로 하는 '동거 계약'을 맺고 기한부로 동거하는 새로운 형태가 출현하고 있다. 이러한 동거 계약과 그에 기초한 동거를 법률적으로는 어떻게 보아야 할까? 그것은 혼인의 예약인가, 아니면 사실혼 상태인가?

대답은 그 어느 것도 아니라는 것이다. 왜냐하면 약혼의 본질은 '부부가 되기로 하는' 계약인데, 동거 계약은 부부가 된다는 핵심이 빠져 있고, 또 사실혼에는 비록 혼인 신고는 결여되어 있으나 부부가 되기로 하는 의사의 합치와 부부로서 생활한다는 실체가 존재하고 있는데, 동거 계약에 의한 동거는 이러한 합의와 실체를 구비하지 못하였다고 봐야 하기 때문이다. 따라서 선진국에서 유행하는 동거 계약은 기존의 약혼과 혼인 제도라는 틀을 벗어난 새로운 풍습이거나 유행에 불과하다.

Q 결론
동거 계약은 약혼도 사실혼도 아니다. 새로운 풍속(?)에 불과하며, 그것은 신성한 약혼과 혼인에 대한 모독일 수도 있다.

1. 영혼과의 혼인

황진이가 기생이 되기 전의 일이다. 그녀를 열렬히 사모하던 동네의 김 도령은 황진이가 자기의 사랑을 받아주지 않자, 그만 한을 품고 죽고 말았다.

김 도령의 상여가 황진이의 집 앞을 지날 무렵, 상여가 꼼짝도 하지 않아 부득이 황진이가 나가서 그 넋을 달래줌으로써 상여가 움직이기 시작하고 장례를 마칠 수 있었다고 한다.

그 일로 충격을 받은 황진이가 기생이 되었다는 이야기가 전해져오지만(?), 만약 황진이가 충격을 받고 죽은 김 도령과 혼인을 하겠다고 결심한다면 어떻게 될까? 영혼과의 혼인도 가능한가?

① 가능하다. 사망한 자의 처로 혼인 신고하고 시집에 들어가 살겠다는 것을 막고 있는 법은 없다.

② 불가능하다. 혼인은 살아 있는 사람끼리 부부가 되기로 하는 신분상의 계약인데, 당사자가 없으면 혼인 신고가 수리되지 않는다.

③ 법원의 허가를 얻어 사망한 자의 배우자로 신고하는 것은 가능하다.

'혼인'이란 무엇일까?(사회적 용어로는 '결혼'이라고 하지만, 법률적 용어로는 '혼인'이라고 한다.) 다시 말하면 혼인의 본질이란 무엇이며, 어떠한 요건을 갖추어야 적법하고 정당한 혼인이 되는가?

이 문제에 대한 이해가 있어야 영혼, 즉 죽은 자와의 혼인도 가능한가에 대답할 수 있을 것이다.

1. 혼인의 본질

혼인이란 부부(夫婦)가 된다는 것이고, 부부가 된다는 것은 법이 정한 일정한 적령기에 이른 남녀가 자유롭고 진지한 의사 결정에 따라 그리고 서로의 애정, 인격, 신뢰에 기초하여 정신적·육체적으로 결합하여 부부 공동체, 혼인 공동체를 탄생시키는 것이다. 따라서 혼인은 부부가 된다는 의사의 합치로 출발하며, 이 합의는 일종의 계약인 것이다.

혼인은 부부가 되기로 하는 남녀의 개인적인 사건인 동시에 사회의 질서와 제도 속에 편입되는 사회적 행위이기도 하다. 따라서 혼인은 동시에 사회 제도인 것이며, 적법한 혼인은 법률에 의하여 보호되는 것이다. 혼인은 또 일회적인 것이 아니다. 부부가 되기로 하는 합의에서 출발하여 탄생된 부부 공동체는 사망, 이혼과 같은 사유로 해소되기까지는 서로 협력하고 책임을 다하여 유지해가야 하는 전 생애적인 과정인 것이다.

혼인은 지구의 수많은 동물 중 인류라는 호모 사피엔스만이 창설, 발전시켜온 위대한 유산이고, 그래서 보존되어야 하는 것이다. 또 혼인은 국가 권력과 법률에 의해 보호되고 있다는 점에서 신성한 것이기도 하다. 또 혼인은 성장 환경, 사고방식, 개성, 신체적 조건, 능력이 서로 다른 남녀의 결합이고 그 결합을 선택하였다는 점에서 인생 최대의 결단이자 모험이며 도박인 것이다.

2. 혼인의 성립 요건(실질적 요건)

① 혼인은 당사자끼리 혼인 의사의 합의가 있어야 한다. 합의가 없는 부모끼리의 정혼(定婚), 혼인하더라도 육체적 결합은 갖지 않는다는 부동거결혼(不同居結婚), 부부 공동체 형성의 목적이 아닌 다른 목적을 가장한 가장 결혼(假裝結婚), 당사자 일방에게만 혼인 의사가 있는 일방적 혼인 신고, 자유롭고 진정한 의사 결정에 기초하지 않은 사기 결혼과 강제 결혼은 정당한 혼인이 아니고 모두 무효이다.

② 당사자가 혼인 적령에 도달하였어야 한다. 민법상 혼인할 수 있는 최저의 연령을 '혼인 적령(婚姻適齡)'이라고 하는데, 즉 만 18세 이상이어야 한다. 혼인 적령에 달하지 않은 사람은 혼인할 수 없다. 연령의 계산은 사실상의 나이가 아니라 가족관계등록부의 나이를 기준으로 하게 된다. 또 혼인 적령에 달하였다고 하더라도 성년, 즉 만 19세에 달하지 않은 사람이 혼인하기 위해서는 반드시 부모의 동의가 있어야 한다.

③ 당사자가 서로 근친이 아니어야 한다. 근친 간의 혼인을 금지하는 것은 비단 우리나라뿐만 아니고, 세계 각국의 공통적인 입법 현상이다. 다만 혼인이 금지되는 근친의 범위는 나라마다 다르다.

④ 중혼(重婚)이 아니어야 한다. 우리 민법은 일부일처제를 혼인의 기본 질서로 삼고 있다. 따라서 기혼자는 현재의 혼인 관계가 해소되지 않은 상태에서 중복해서 혼인할 수 없다(제810조). 이에 위반하여 기혼자가 혼인하는 경우에는 기존의 배우자로부터 이혼 사유가 될 것이고, 새 혼인은 혼인 신고가 수리되지 않을 것이므로 새 혼인 당사자와의 관계는 법률상 보호받는 법률혼이 아니라, 사실혼 관계에 불과할 것이다. 우리 민법은 일부일처제를 지향하면서 혼인의 형식적 요건으로 혼인 신고를 요구하고 있으므로 기혼자가 하는 혼인 신고는 수리되지 않겠지만, 어쩌

다가 수리된다고 하더라도 나중의 혼인은 '취소할 수 있는 혼인'이 된다 (제816조).

3. 혼인의 형식적 요건

혼인은 원칙적으로 '가족관계의 등록 등에 관한 법률'이 정하는 바에 따라 신고하여야 법률상으로 성립한다('법률혼주의'). 예외적으로 법원의 '조정'과 '재판'에 의한 혼인 신고도 있다.

Q 결론

그렇다면 죽은 사람과의 혼인(신고)은 가능한가? 혼인의 본질이 부부가 되기로 하는 합의이고, 이 합의는 당연히 살아 있는 사람과의 합의나 계약이므로 죽은 사람과의 혼인은 있을 수 없다.

이 원칙은 더 나아가서 혼인 신고서의 제출 전 또는 도달 전에 혼인 당사자 일방이 사망한 경우에도 관철되어야 하지만 '가족관계의 등록 등에 관한 법률' 및 '혼인신고 특례법'에 의한 두 가지의 예외가 인정되고 있다. 즉 가족관계의 등록 등에 관한 법률은 혼인 당사자의 생존 중에 우송한 신고서는 그 사망 후라도 이를 수리하여야 한다고 되어 있고, 혼인신고특례법 제1조, 제2조는 전쟁 또는 사변에 있어서 전투에 참가하거나 전투 수행을 위한 공무에 종사함으로 인하여 당사자 쌍방이 혼인 신고를 하지 못하고 그 일방이 사망한 경우에는 생존하는 당사자가 법원의 확인을 얻어 단독으로 혼인 신고할 수 있다고 규정하고 있다.

이러한 특별한 법률상의 예외를 제외하고 영혼, 즉 죽은 사람과의 혼인은 있을 수 없는 것이다. 아무리 사랑이 숭고하여도 영혼과의 혼인은 사회 제도로서의 혼인에 대한 모독이다.

2. 냉수만 떠놓고 한 결혼식

삼룡이와 삼월이는 원래 이조 판서댁 노비였다. 둘은 남몰래 사랑에 빠졌고, 결혼하면 그들의 아이도 노비가 된다. 그래서 자식만큼은 노비가 되게 하지 않으려고 두 사람은 어느 날 밤 몰래 먼 곳으로 도망쳤다.

도망이 자유민의 허가장은 아니지만, 화전민이 된 그들은 마냥 행복하였다. 그들은 부부가 되는 데에도 최소한 어떤 형식은 갖추어야겠다고 생각하고, 달 밝은 밤 냉수만 떠놓고 천지신명께 백년해로를 맹세하였다.

냉수만 떠다 놓고 한 그들의 결혼식도 '혼인의 요건'을 충족하였다고 할 수 있는가?

① 그렇다. 혼인의 의사 표시의 합치와 어떤 형태로든지 의식만 거행하면 혼인이 되는 것이다.

② 아니다. 결혼식은 공개되고 증인이 있어야 한다.

③ 결혼식은 올리지 않아도 혼인 신고만 하면 된다.

앞의 문제에서 살펴보았듯이 우리나라에서 법률상 유효한 혼인이 되기 위한 형식적 요건은 혼인 신고이다. 오늘날 일부일처제가 세계 대부분의 나라에서 혼인 제도의 정석(定石)처럼 되었지만 남녀의 결합을 사회가 공인하는 방법, 즉 혼인의 형식적 요건은 나라마다 차이가 있다.

동서고금을 막론하고 이처럼 혼인에 관하여 외적 형식을 요구하는 것은 공통적인 현상이라고 할 수 있는데, 그 이유는 그것을 통하여 그 사회가 공인할 수 있는 혼인과 그렇지 않은 혼인을 외부에 널리 알리기 위한 것이다. 그렇기 때문에 혼인은 남녀의 결합이라는 개인적 차원을 넘어 사회적 관계, 제도, 질서를 이루는 것이다.

그러면 참고로 외국에서의 혼인 요건을 살펴보고 우리나라가 요구하는 혼인 신고의 내용과 절차를 알아보기로 하자.

1. 혼인의 외적 형식의 유형

① 의식혼주의(儀式婚主義): 이것은 혼인의 성립을 외부에 알리기 위해서 반드시 일정한 의식을 거행할 것을 요구하고, 그 의식의 거행을 혼인의 요건으로 하는 방식이다.

기독교 및 교회가 혼인에 대해 절대적인 지배권과 발언권을 갖고 있었던 중세의 서구에서는 교회에서의 혼례 의식이 필수적이었다. 그러나 프랑스 대혁명 이후 프랑스에서는 공무원의 면전에서 식을 거행하는 것으로 족하게 되었다. 오늘날의 미국은 주(州)마다 차이는 있으나, 대부분의 주가 성직자 앞에서의 혼례식이나 판사 앞에서의 간단한 예식을 혼인의 성립 요건으로 하고 있는데, 이는 과거의 의식혼주의가 여전히 그 의미를 갖고 기능한다는 증거다.

② 법률혼주의(法律婚主義): 사회가 복잡해지고 변화함에 따라 제한된 인

원과 공간에서의 혼례 의식만으로는 외부에 널리 알리는 공시력(公示力)이 약화되었다. 그래서 국가가 혼인 당사자에게 일정한 신고 절차의 이행을 혼인의 요건으로 요구하게 되었다.

이처럼 혼인 당사자에게 국가가 요구하는 신고 절차를 마칠 것을 혼인의 요건으로 채택하는 방식을 법률혼주의 또는 신고혼주의(申告婚主義)라고 한다. 국가는 신고된 혼인 신고서를 기초로 가족관계등록부라는 공적 증명부를 마련하여 여기에 혼인 당사자를 기록함으로써 부부임을 공인 또는 공시하게 된다. 현재 세계 모든 나라가 법률혼주의를 채택하고 있고, 우리나라도 여기에 속한다.

③ 사실혼주의(事實婚主義): 이것은 일정한 혼례의 의식이나 공적인 등록 또는 신고를 요구하지 않고, 혼인 당사자가 혼인의 합의에 따라 동거하고 있다는 사실만으로 부부임을, 또는 혼인하였음을 인정하는 방식을 말한다. 미국의 몇몇 주에서만 채택하고 있다.

2. 혼인 신고

① 우리나라에서는 가족관계의 등록 등에 관한 법률이 정하는 혼인 신고를 마쳐야만 국가가 혼인으로 공인하고 부부로서 인정한다.

② 혼인 신고는 시·읍·면사무소에 비치된 혼인 신고서에 기재 사항을 빠짐없이 기재하고 혼인 당사자가 날인하여 제출하면 된다. 혼인 신고는 본적지에서는 물론 주소지에서 할 수도 있으며, 우송할 수도 있고 다른 사람에게 제출을 부탁해서 할 수도 있다.

③ 해외에 나가 있는 우리나라 사람끼리 외국에서 혼인하는 경우에는 그곳의 대사관, 공사 또는 영사에게 신고하면 되고(제814조), 그러한 혼인 신고는 외무부 장관을 경유하여 본국의 가족관계등록부 담당 공무원이

수리함으로써 신고 절차가 완료된다.

④ 혼인 신고를 제출받은 가족관계등록부 담당 공무원은 신고된 혼인이 혼인 적령에 달했는지의 여부, 미성년자의 혼인인 경우 부모의 동의가 혼인 신고서에 표시되었는지의 여부, 근친혼인지의 여부, 기혼자의 혼인인지의 여부를 심사할 수 있고, 또 혼인 신고서 기재 사항의 누락 여부나 필요한 등본 등이 첨부되었는지의 여부를 형식적으로만 심사할 수 있으나, 그 자신이 혼인의 가부를 판정할 실질적 심사권은 없다.

⑤ 혼인 당사자의 혼인 의사가 명백히 기재된 혼인 신고서의 제출로 혼인은 성립하는 것이나, 상대방의 비협조나 거부 시에는 혼인 당사자 일방이 법원에 조정을 신청하거나 재판을 걸어 단독으로 혼인 신고를 하는 방법도 있다.

🔍 결론

유효한 법률혼이 성립하는 요건은 혼인 신고다. 그러므로 혼인 당사자의 결혼식이 아무리 거창하고 화려했어도, 또 축복하려는 축하객이 제아무리 구름같이 몰려왔어도, 신혼여행을 유럽으로 다녀왔어도, 결혼해서 아이를 낳고 행복하게 살고 있어도, 혼인 신고서 한 장을 제출하지 않으면 이것은 '법률혼'이 아니라 '사실혼'에 불과해진다. 따라서 형편과 사정이 허락하지 않아 결혼식은 올리지 못했어도, 부부가 되기로 한 두 사람이 혼인 신고서만 제출하면 그것은 훌륭한 법률혼인 것이다. 혼인을 하려는, 혼인을 앞에 둔 젊은 남녀들이 이 점을 명심했으면 좋겠다.
그건 그렇고, 우리의 삼룡이와 삼월이는 비록 냉수만 떠놓고 혼례식(?)을 올렸지만, 그 이튿날 혼인 신고서를 제출한다는 것을 조건으로 법률상 부부라고 인정하기로 하자.

3. 너무나 사랑했기에

　송도삼절의 하나인 명기 황진이가 기생이 되기 전의 일이다.

　옆집 사는 방쇠는 그녀를 열렬히 짝사랑하였다. 방쇠는 황진이를 자기 사람으로 만드는 확실한 방법은, 시집을 못 가게 하는 것뿐이라고 믿고 서류를 위조하여 일방적으로 혼인 신고를 하였다. 하루아침에 황진이는 유부녀가 된 셈이다.

　이러한 신고도 효력이 있는가? 단, 황진이도 방쇠가 자기를 짝사랑하는 줄은 알고 있었다.

① 무조건 무효이다.

② 피해자(?)인 황진이가 그 사실을 알고도 즉시 이의를 제기하지 않으면 실제 부부로서 동거하는 것은 별 문제이나, 신고 자체는 유효하다.

③ 원칙적으로 무효이나, 그 사실을 안 날로부터 3년 안에 무효 소송을 제기하지 않으면 그 후부터는 유효하게 된다.

우리나라의 혼인 제도에 있어서 혼인 신고는 '혼인의 형식적 성립 요건'이다. 그러나 혼인 신고가 있다고 해서 모두 유효한 혼인이 되는 것은 아니다. 왜냐하면 혼인은 혼인 신고라는 형식적 요건에 선행하여 혼인 당사자 간의 혼인 의사의 합치가 있어야 하기 때문이다. 또 혼인의 합의는 혼인 신고서를 작성할 때까지는 물론, 신고서가 수리될 때까지도 유지되지 않으면 안 된다.

그런데 우리나라에서의 혼인 신고는 그 절차가 간단하기 때문에, 혼인의 합의가 없는 당사자 간 일방적인 혼인 신고가 가능하다고 할 수 있다. 즉 혼인 신고는 혼인 신고서에 필요한 사항을 기재하고 혼인 당사자 쌍방이 서명, 날인한 뒤 성년자인 증인 두 명이 연서(連署)한 서면으로 하면 된다. 혼인 신고는 대리로 할 수 없으나 부부 중 1인이 질병 등으로 출석할 수 없는 경우에는 다른 1인이 대리 신고를 할 수 있다. 완성한 혼인 신고서는 우편으로 발송할 수도 있고 그 제출은 남에게 시킬 수도 있다.

이처럼 혼인 신고가 매우 간단한 절차로 가능하기 때문에, 이 사건과 같은 일방적 혼인 신고가 발생할 여지가 많은 것이다. 이러한 일방적 혼인 신고는 혼인의 핵심이라고 할 수 있는 혼인 의사의 합치가 없기 때문에 두말할 것도 없이 무효이다(제815조 제1호).

즉, 황진이와 방쇠는 법적인 부부로 간주할 수 없다. 부부가 아니므로 동거하거나, 서로 부양하거나, 성적 순결을 유지해야 하는 법적인 의무가 없다.

🔍 결론

일방에게만 혼인 의사가 있고 상대는 전혀 혼인 의사가 없는데, 일방이 단독으로 한 혼인 신고는 무조건 무효다.

4. 얼마나 사랑했으면

건넛마을 최 진사댁에 딸이 셋 있는데, 칠복이는 그중 가장 예쁜 셋째 딸 미희 양을 짝사랑하고 있었다. 미희 양의 혼담이 진행 중이라는 소문을 들은 칠복이는 서류를 위조하여 미희 양과 혼인한 것처럼 몰래 혼인 신고를 하였다.

이 일이 드러나게 되어 졸지에 유부녀가 된 미희 양의 혼담이 깨진 것은 물으나 마나 한 일이겠지만, 칠복이가 일방적으로 혼인 신고한 것을 어떻게 원상회복하여야 하는가?

① 일단 혼인 신고가 이루어진 것은 어쩔 수 없으므로 칠복이를 상대로 '이혼 소송'을 하여야 한다.

② 일방적인 혼인 신고는 무효이므로 '혼인 무효 확인 소송'을 하여야 한다.

③ 동의 없는 혼인 신고이므로 '혼인 취소 소송'을 하여야 한다.

④ 칠복이를 '문서 위조죄'로 형사 고소하여야 한다.

앞의 사건에서 설명하였듯이 혼인의 합의가 없는 일방적인 혼인 신고는 무효이다. 그리고 이 무효를 바로잡는 방법은 '혼인 무효 소송'이다. 이 무효 소송을 제기하는 데에는 시효의 제한이 없다. 따라서 언제라도 제기할 수 있다.

무효 소송은 일방적으로 혼인 신고를 하여 배우자가 되어 있는 상대방을 피고로 한다(가사소송법 제24조 제1항). 무효 소송의 판결이 확정되면, 확정된 날로부터 1개월 이내에 판결의 등본과 확정 증명서를 첨부하여 가족관계등록부의 정정 신청을 시·읍·면사무소에 하여야 한다. 이것이 무효인 혼인 신고를 바로잡는 방법이라고 할 수 있다.

그러나 피해자의 가족관계등록부에는 누구의 배우자로 혼인이 되었다가, 법원의 판결로 혼인 무효가 되었다는 기재가 남게 된다. 즉 무효인 혼인 신고라고 해서 가족관계등록부에서 그 기재 자체가 말소되거나 삭제되는 것이 아니다. 그러므로 피해자가 완전히 구제되는 것은 아니다. 혼인 전력이 남게 되어 장차 혼인할 당사자로부터 의심을 받을 수도 있고, 시비의 대상이 될 소지도 있게 된다.

그래서 대법원은 피해자의 보호를 위해서 이런 경우 잘못된 혼인 기록이 남아 있는 가족관계등록부 대신 새로운 가족관계등록부를 발급해주게 하고 있다. 혼인 사실이 잘못 기재된 가족관계등록부는 폐기되지는 않지만 '발급불가'라는 표시를 해서 별도로 보존된다. 타당한 조치가 아닐 수 없다.

♀ 결론

제3자의 일방적 혼인 신고로 피해를 당한 사람은 혼인 무효 소송을 통해 가족관계등록부를 원상회복시킬 수 있고, 동시에 상대방에게 손해 배상도 청구할 수 있다.

5. 조강지처는 내치는 법이 아니오

한양 사는 이 도령과 전라도 광주 사는 정 진사댁 장녀가 서로 혼인을 하였다. 혼인한 지 3년이 지났건만 이 도령은 혼인 신고를 하자는 아내에게 "과거에 급제할 때까지 기다려달라"고 하면서 차일피일 미루고 있다.

아내는 이 도령이 과거에 급제한 날, 조강지처인 자기를 버릴 것 같아 친정 동생을 시켜 혼인 신고를 했다. 이 도령은 이 사실을 알고도 아무 소리가 없었고, 그 후로도 계속 부부로서 살아가고 있다.

이 도령, 아니 이 서방의 아내는 일방적인 혼인 신고가 은근히 켕기는데, 효력은 어떠한가?

① 남편이 알고도 아무런 이의가 없었으므로 유효이다.
② 일방적인 혼인 신고는 언제나 무효이다.
③ 혼인 신고 당시 혼인의 합의가 없었으므로 무효이다.

법적으로 유효한 혼인(법률혼)의 성립 요건은 당사자 간에 혼인 의사의 합치가 있고, 또 혼인 신고까지 마치는 것이다.

그런데 혼인의 합의가 있고, 여기에 기초하여 결혼식을 올리거나 부부로서 동거하는 혼인의 실체가 유지되고 있는데도, 당사자 일방이 혼인 신고를 기피하거나 지연하는 경우 나머지 당사자가 일방적으로 한 혼인 신고도 유효하다고 볼 것인가가 문제될 수 있다(물론 혼인 신고서는 당사자 중 일방이 제출할 수도 있으나, 이런 경우에는 상대방이 혼인 신고서의 제출에 동의, 양해하거나 의뢰한 경우에는 아무런 문제가 되지 않는다. 또 혼인 당사자가 혼인 신고서를 작성, 완료하고 이를 제3자에게 부탁하여 제출하는 경우에도 효력은 문제가 없다). 왜냐하면 혼인의 합의는 혼인 신고서의 작성, 제출 시까지도 유지되지 않으면 안 되기 때문이다.

이 문제에 대하여 우리나라 대법원은 '혼인의 실체는 갖추었으나 혼인 신고가 되어 있지 않은 관계에서 당사자 일방의 부재중 혼인 신고가 이루어졌다고 하여도, 당사자 사이에 기왕의 관계를 해소하기로 합의하였거나 일방이 혼인 의사를 철회하였다는 등의 특별한 사정이 없는 한, 그 신고에 의하여 이루어진 혼인을 당연히 무효라고 할 수는 없다'라고 하여(1980. 4. 22, 1984. 10. 10.) 유효성을 인정하고 있다.

🔍 결론

이 사건에서 이 도령 부부가 혼인의 실체를 갖추고 있음은 분명하고, 남편은 아내의 일방적 신고를 알고도 아무 이의 없이 혼인 생활을 계속하고 있다면, 비록 아내가 일방적으로 혼인 신고를 하였다고 하더라도 이 신고는 유효하다고 보아야 한다.

6. 사랑에는 국경이 없다

한일대학교 일어과 졸업반인 김논개 양은 아르바이트로 일본인들의 우리나라 관광 가이드를 하게 되었다.

그런데 아리랑여행사의 일본 지사 책임자인 나카무라 씨와 업무상 자주 접촉하다가 그만 사랑에 빠지게 되었다. 나카무라 씨는 그녀에게 반하여 아예 한국 지사장으로 부임하였고, 그녀와 혼인하게 되면 한국에 귀화할 결의까지 표명하였다.

독립운동가 집안인 김논개 양의 부모는 "국제결혼, 그것도 일본인과의 결혼은 절대 안 된다"라며 펄쩍 뛴다. 그러나 그녀는 23세이므로 부모 동의 없이 혼인할 수 있다.

그녀가 나카무라 씨와 혼인을 강행한다면 이들의 혼인 신고는 어느 나라 법에 의해야 하고, 또 어디에서 해야 하는가?

① 결혼식을 거행하는 장소가 있는 국가의 법에 의한다.

② 남편의 일본법에 의하여야 하고, 주한 일본 대사관에 신고한다.

③ 각자의 본국법에 의한다.

④ 부부 쌍방이 합의하여 선택한 국가의 법률에 따른다.

교통·통신의 발달, 개방과 교류의 확대로 세계는 하나가 되었고, '지구촌'이라는 말이 낯설지 않게 된 지 오래다. 자연히 국제결혼의 수효도 증가하고 있다. 그러나 사랑에는 국경이 없을지 모르나 혼인법에는 엄연히 국경이 있다. 국제결혼에 따르는 문제는 혼인의 요건과 절차, 혼인의 방식, 혼인의 효과, 국적의 변경 등 많은 법률관계를 발생시킨다.

국적을 달리하는 남녀의 결합은 우선 어느 나라의 법을 적용할 것인가의 문제에 부닥치게 된다. 국민의 대외적 생활 관계에 관하여 적용할 법, 즉 준거법을 정하기 위한 목적으로 제정된 '국제사법'은 '혼인의 성립 요건은 각 당사자에 관하여 그 본국법에 의한다'라는 간단한 조문을 두고 있을 뿐이다(제36조 제1항). 그러나 그 구체적인 절차는 우리나라의 혼인 당사자가 여성인가 남성인가에 따라 다르고, 또 상대방도 어느 나라 사람인가에 따라 다르다고 할 수 있다. 이 사건과 같이 '우리나라 여성이 일본 남성과 국제결혼'을 하는 경우에는 각자의 본국법이 정한 절차에 따른다.

가령, 일본 남성이 일본에서 우리나라 여성과의 혼인 신고를 마쳤다면, 우리나라 여성은 주한 일본 대사관에서 '혼인 사실 증명원' 3부를 발급받고 각자의 가족관계등록부에 관한 증명서를 함께 첨부해 시·읍·면사무소에 혼인 신고서를 제출하면 된다. 일본 남성이 아직 일본 법에 따른 혼인 신고를 하지 않았다면, 우리나라 여성은 주한 일본 대사관에서 일본 남성의 '혼인 요건 구비 증명원'을 발급받고 각자의 가족관계등록부에 관한 증명서를 함께 첨부해 시·읍·면사무소에 제출한 다음, '국제 혼인 신고 접수 증명서'를 주한 일본 대사관에 제출하면 된다.

Q 결론

국제사법에 따라 국제결혼의 혼인 신고는 혼인 당사자 각자의 본국법에 의한다.

7. 배는 불러오는데 혼인 신고는 왜 안 해주나?

옥황상제의 노여움이 풀려 견우와 직녀가 드디어 결혼을 하게 되었다. 신랑, 신부가 워낙 유명 인사인지라 결혼식장에 하객이 구름같이 몰려들었고, 만인의 축복 속에 둘은 새 가정을 꾸렸다. 견우는 특기를 살려 큰 목장을 경영하게 되었고, 직녀는 살림하는 아내가 되었다.

그런데 직녀의 배가 점점 불러오건만 견우는 어찌된 셈인지 혼인 신고할 생각을 않고 있다. 직녀가 "곧 아기를 낳게 되면 출생 신고도 해야 하는데 빨리 혼인 신고를 해야 하지 않느냐?"라고 다그쳤더니 견우는 듣는 둥 마는 둥이다.

직녀는 어찌해야 할까?

① 남편을 상대로 해서 법원에 사실혼 관계에 있음을 확인해달라고 청구하면 된다.

② 결혼식을 올리고 부부로서 동거하고 있으므로, 일방적으로 혼자 혼인 신고를 해도 된다.

③ 결혼식 주례자의 확인서를 받아 이를 첨부하여 혼자 혼인 신고를 하면 된다.

혼인의 의사가 있고 부부로서 동거하고 생활하는 혼인의 실체가 있으나, 혼인 신고를 하지 못한 경우를 '사실혼'이라고 한다.

그리고 혼인 의사는 혼인 신고서를 제출할 때에도 있어야 하므로, 상대가 혼인 신고서의 제출을 미루고 있을 때 일방적으로 신고를 했다고 해도 가족 관계등록부 담당 공무원이 이를 수리하기 전에 거부하거나 상대방의 혼인 의사가 없음을 고지하면 그 신고는 무효가 된다.

그렇다면 혼인 신고를 거부하거나 미룬다고 언제까지 기다려야만 하는 가? 그사이 변심해서 다른 사람과 혼인 신고를 하게 되면 이쪽은 닭 쫓던 개 지붕 쳐다보듯 될 것은 뻔하다. 이럴 때, 사실혼 관계에 있는 배우자가 혼인 신고를 안전하게 할 수 있는 방법이 바로 '사실혼 관계 존재 확인 소송'이다.

이 소송은 현재도 사실혼 관계에 있다는 내용이 대부분이겠으나, 경우에 따라서는 과거 한때에 그런 관계가 있었다는 내용으로 제기하는 것도 가능하다. 상속과 같은 이해관계가 엮여 있을 수 있기 때문이다.

이 소송은 법원의 '조정'을 먼저 거치게 되어 있다. 조정이 성립되면 신청자가 1개월 이내에 단독으로 혼인 신고를 할 수 있다. 조정이 되지 않아 재판까지 가더라도, 재판에서 승소하면 확정된 날로부터 1개월 이내에 법원으로부터 판결문과 확정 증명서를 받아 이를 첨부하여 단독으로 혼인 신고를 할 수 있다. 이렇게 혼인 신고가 되면 사실혼은 법률혼으로 승격, 공인된다.

결론

견우와 직녀는 사실혼의 부부다. 남편인 견우가 혼인 신고를 차일피일 미룬다고 해서 한숨만 쉴 필요는 없다. 법원에 '사실혼 관계 존재 확인 소송'을 하면 된다.

8. 나를 버리고 가시는 임은

시골에 사는 갑돌이는 집안 형편이 어려워 소꿉친구 이쁜이와 결혼식은 올리지 못했지만 부부가 되었다. 먹는 입이 하나 더 늘어 생계가 막연해지자 갑돌이는 서울로 올라와 공장에 취직하였다.

몇 달 동안은 시골의 아내에게 생활비를 부치더니, 같은 공장의 동료 여사원과 가까워지면서 생각이 달라지게 되었다. 갑돌이가 자기를 버리고 딴 여자와 결혼할 것이라는 소문을 듣게 된 이쁜이는 불안해져 혼인 신고부터 해야겠다고 마음먹고 갑돌이를 상대로 법원에 사실혼 관계 존재 확인 청구를 했다.

재판은 몇 달 걸릴 터인데, 그사이에 갑돌이가 딴 여자와 혼인 신고를 하게 되면 어떻게 될까? 이것을 막을 수 있을까?

① 있다. 법원에 갑돌이가 제3자와 혼인 신고를 하지 못하도록 청구한다.

② 없다. 일단 마음이 변한 갑돌이가 제3자와 혼인하는 것은 그의 자유이고, 이 혼인의 자유를 법이 금지할 수 없다.

③ 갑돌이를 설득하는 한편, 재판을 서둘러 이기면 그때는 혼인 신고를 일방적으로 할 수 있다.

혼인 신고를 하지 않은(또는 못한) 사실혼 관계에 있는 부부 중 한 명이 단독으로 혼인 신고를 하는 방법은, 법원에 사실혼 관계 존재 확인 청구를 하는 것뿐이다. 이 사실혼 관계 존재 확인 청구는 재판에 앞서서 조정(調停)이라는 절차를 거치게 되고, 만일 조정이 성립되지 않으면 재판 절차로 넘어가게 된다.

그런데 재판은 다 알다시피 상당한 시간이 걸린다. 이미 혼인 신고를 거부하는 사람을 상대로 재판까지 하게 될 정도에 이르렀다면, 혼인 신고에 성의가 없거나 마음이 달라진 사람이 그 재판 도중 무슨 짓을 할지는 아무도 모른다. 다른 사람과 혼담을 진행시키거나 또는 다른 사람과 혼인 신고를 재빨리 해버린다면, 사실혼 관계 존재 확인 청구를 한 측은 완전히 '닭 쫓던 개 지붕 쳐다보는 격'이 되고 말 것이다.

이럴 때의 구제 수단이 '혼인 신고 금지 가처분'이라는 절차다. 이 절차는 위의 청구를 하면서 동시에 상대방의 본적지 가족관계등록부 담당 공무원으로 하여금, 위의 재판이 끝날 때까지 상대방과 제3의 사람과의 혼인 신고를 수리하지 말아달라는 것을 내용으로 한다. (이러한 혼인 신고 금지 가처분이 현행 법률상 가능한지의 여부에 대해서는 의문의 여지가 있고, 또 이를 허용한다면 이는 배우자 선택의 자유를 포함하는 혼인의 자유를 침해하는 것이라는 비판도 제기되는 실정이기는 하다. 이러한 가처분이 없었다면 재판 진행 중에 상대방이 제3자와 혼인 신고를 한 것을 무효라고 볼 수 없다는 대법원의 판결(1973. 1. 26. 72므25)도 이와 같은 입장을 반영하는 셈이라고 할 수 있다.)

○ 결론

이쁜이는 지금이라도 법원에 혼인 신고 금지 가처분 신청을 하여야 한다.

9. 태아를 보호할지어다

로미오와 줄리엣이 4촌 간이라고 가정하자.

이들이 사랑에 빠지게 되자, 양가 부모들이 벌떼같이 들고 일어나 결혼은 물론 연애도 반대하였다. 고향에서는 결혼할 수 없다고 판단한 두 사람은 근친혼 금지법이 없는 이웃 나라로 도망을 가서 결혼하였다.

이들이 2년 만에 귀향하자 양가 부모들의 반대는 여전하였고, 이웃 나라에 가서 결혼한 것을 알게 된 부모들은 이 결혼이 근친혼이라는 이유로 혼인 취소 소송을 제기하려고 한다.

가능할까? 단, 줄리엣의 배 속에는 이미 6개월 된 사랑의 열매가 무럭무럭 자라고 있다.

① 가능하다. 근친 간의 혼인은 그 부모들이 취소할 수 있는 권리가 있다.

② 가능하다. 두 사람의 고향 법률은 근친혼을 금지하고 있기 때문이다.

③ 불가능하다. 줄리엣이 이미 임신하고 있기 때문이다.

④ 불가능하다. 근친혼 금지 규정이 없는 곳에서 합법적으로 결혼했기 때문이다.

혼인은 합법적이어야만 한다. 사람에 앞서 법이 우선한다. 가족법은 혼인에 관하여 '무효인 혼인'의 경우와 '취소할 수 있는 혼인'의 규정을 두어 합법적이지 않은 혼인에 반대하고 있다.

가족법은 혼인 당사자의 촌수를 세어 일정한 촌수가 되는 근친 간에는 혼인하지 못한다고 규정하면서, 그럼에도 이들이 '혼인'한 때에는(서로 혼인하기로 합의하고, 부부로서 동거하며, 혼인 신고를 하였을 때에는) 이를 취소할 수 있게 하고 있다.

근친혼을 취소할 수 있는 사람은 혼인 당사자의 부모(직계 존속), 4촌 이내의 방계 혈족이다. 혼인의 취소는 혼인 취소 소송의 형식으로 한다. 혼인 취소권을 행사할 수 있는 시기도 제한이 없다(이 시기에 제한이 없는 것은 입법론상 결함이고 문제점 중 하나이다).

그러나 근친혼의 경우 그 혼인 당사자가 혼인 중 임신한 때에는 취소권자도 그 취소권을 행사하지 못한다(제820조. 이는 2005년 3월 31일 가족법 개정 시 새로 규정된 것이다). 이는 근친혼을 정당화하기 위한 것이 아니라, 아무 죄가 없는 태아를 보호하기 위해서이다.

⚲ 결론

4촌 간의 혼인은 근친혼으로서 취소할 수 있는 혼인이 되지만, 그 혼인 당사자가 임신 중인 때에는 취소하지 못한다(태아가 그 부모의 부모들로부터 혼인 취소를 막아낼 구원 투수인 셈이다).

10. 첫 경험이 아니라는 이유만으로

아사달 군과 아사녀 양이 혼인을 하였다. 그들은 하와이로 신혼여행을 가서 설레는 마음으로 첫날밤을 맞았다. 그런데 첫날밤의 신방을 치르고 보니 아사녀 양은 '처녀'가 아니었다. 결벽증이 있는 아사달 군은 이 일로 크게 고민하였다. 주위의 이목 때문에 어쩔 수 없이 혼인 신고는 하였지만 자나 깨나 아내가 처녀가 아니었다는 사실로 고민하였다. 그는 배신당했다고 생각하고 있다.

그렇다면 '처녀인 줄 알았던 신부가 처녀가 아닐 때', 이를 속아서 하게 된 혼인이라고 하여 취소할 수 있을까?

① 있다. 사기에 의한 혼인은 취소할 수 있고, 처녀가 아님에도 처녀 행세를 했다면 취소가 가능하다.

② 없다. 처녀가 아니었다는 이유는 도덕적 비난의 대상일지언정 혼인을 취소할 수 있는 법적 사유는 아니다.

③ 신부가 처녀가 아니라는 사실은 혼인 취소 사유이나, 일단 혼인 신고를 하였으므로 취소권을 주장하지 못한다.

혼인은 속아서 한 경우 물론 취소할 수 있다. 민법 제816조의 제3호는 '사기 또는 강박으로 인하여 혼인의 의사 표시를 한 때에는 법원에 그 취소를 청구할 수 있다'고 규정하고 있기 때문이다. 혼인은 당사자의 자유롭고 진지한 의사 표시에 기초하여 성립한 경우에만 의미가 있는 것인데, 이 의사 결정 과정에 혼인 당사자 일방의 또는 제3자의 사기가 개입되어 있다면 법도 이 혼인을 취소할 수 있는 길을 열어주어야만 한다.

그런데 문제는 어떤 경우를 사기로 볼 것인가이다. 사기의 범위를 무한정으로 확대해서 인정한다면 극단적으로는 "그 사람과 혼인하면 행복한 가정생활을 할 수 있다고 믿었는데, 혼인하고 나니 그렇지 않았다" 같은 경우도 사기라고 할 수 있다는 모순에 빠지게 되고, 그 범위를 엄격하게 제한하면 사기에 의한 혼인 취소권을 인정하는 제도의 정신을 살리지 못하게 될 것이다.

그래서 이 문제는 결국 법원의 판례를 통해서 그 구체적 기준이 정립될 수밖에 없지만, 학자들은 '사기의 정도가 사회 통념에 비추어 무거운 것', 다시 말해 그 사실을 알았다면 혼인하지 않았을 것이라고 생각되는 경우를 기준으로 제시하고 있다. 예를 들면 빈털터리이면서 상당한 재산가라고 적극적으로 속인 경우나, 재혼이면서도 초혼이라고 속인 경우, 사생아를 낳은 사실을 숨긴 경우 등이라고 할 것이다.

그렇다면 '처녀가 아니면서 처녀라고 속인 경우'도 사기라고 보아야 할까? 긍정하기 어렵다고 생각한다. 만일 이 대답을 긍정하게 된다면 당연히 남성도 자신이 동정이었음을 증명해야만 할 것이다.

Q 결론

첫날밤을 맞은 신부가 처녀가 아니었다는 사유는 혼인을 취소할 수 있는 사유가 될 수 없다.

11. 총각인 줄 알았더니

예쁘고 세상 물정 모르고 순진하기 짝이 없는 방년 24세의 처녀 성순진 양에게 좋은 혼담이 들어왔다. 상대는 일류 대학교를 나오고 일류 회사에 재직 중인 정직한 씨다. 굳이 흠이라면 신랑의 나이가 조금 많은 35세인 데다가 결혼을 급히 서두르는 것이었다. 성순진 양도 마음에 들어 혼인을 했다. 신랑이 혼인 3개월이 넘도록 혼인 신고를 기피하기에 신부가 틈을 내어 혼자 신고를 하였다.

그런데 웬일인가? 혼인 신고가 제대로 되었는지 확인하려고 혼인관계 증명서를 떼어보니 남편은 유부남, 즉 이혼했다가 자기와 재혼한 것이 아 닌가? 남편은 이름과는 정반대로 부정직했던 것이다.

충격을 받은 성순진 양이 혼인을 파기하는 방법은?

① 사기를 이유로 하는 이혼 소송이다.
② 배신을 이유로 하는 혼인 무효 소송이다.
③ 사기를 이유로 하는 혼인 취소 소송이다.

앞의 문제에서 '사기에 의한 혼인은 취소할 수 있다'는 것과 그 사기의 의미를 설명한 바 있다. 즉 '사기'의 의미는 건전한 사회 통념에 비추어볼 때 그 정도가 무거운 것, 다시 말해서 진실을 알았다면 결혼하지 않았으리라고 일반적으로 생각되는 정도의 것을 말한다. 그리고 이 사기는 적극적인 거짓말에 의한 경우도 있겠지만, 진실을 은폐하는 경우도 있을 수 있다.

그러면 초혼에 실패하여 이혼한 경력의 소유자가 이 사실을 숨기고 초혼이라고 속여 결혼한 경우, 이것을 사기라고 보아야 할까? 해답은 속은 당사자를 기준으로 해야 한다. 만약 그 사실을 알았다면 결혼하지 않았을 것이라고 보통 사람들이 대부분 생각할 정도라면 이는 사기에 의한 혼인으로 보아야 한다.

주의할 것은, 사기에 의한 혼인은 그 사실을 안 날로부터 3개월 이내에 법원에 취소를 청구해야 한다는 제약이 있다는 사실이다(제816조 제5호, 제823조).

혼인 취소 소송은 가사소송법에 의하여 먼저 조정을 신청하여야 한다. 이를 '조정전치주의'라고 한다. 조정 절차는 법원이 선정한 조정 위원들의 권고와 중재에 의하여 가사 분쟁을 합리적으로 해결하려는 특별 절차이다.

혼인이 판결에 의하여 취소되면 혼인 관계는 그때부터 종료·해소된다. 또 사기친 혼인 당사자에 대하여는 약혼 해제로 인한 손해 배상 책임에 준하는 배상 책임을 물을 수도 있다.

🔍 결론

혼인 과정에서 당사자들이 미리 혼인관계증명서를 제시했다면 비극은 예방할 수 있었을 것이다. 어쨌든 총각이라고 속인 것은 혼인 취소 사유가 된다. 취소를 주장하는 것은 성순진 양의 선택에 달려 있다.

12. 맹 진사댁 경사

　복사골 맹 진사는 김 판서댁으로부터 딸의 청혼을 받고 승낙하였으나, 사윗감이 다리를 약간 저는 장애인이라는 소문을 듣고 대경실색하여 딸의 몸종 이쁜이를 신부로 위장하여 대신 시집을 보냈다. 그 후 사윗감이 소문과 달리 훤칠한 대장부라는 사실에 크게 낭패하였다.

　이렇게 가정해보자. 사윗감이 진짜 신체 장애인인데 이를 속이고 (따라서 속아서) 혼인한 것이라면 이 혼인의 효력은 어떠할까?

① 혼인 당사자의 신체 조건을 속인 것은 사기이고, 사기에 의한 혼인은 취소할 수 있다.

② 다리를 약간 저는 정도의 신체 장애인이라는 이유만으로는 속이거나 속은 것으로 볼 수 없다. 따라서 취소할 수 없다.

③ 일단 혼인이 이루어진 뒤에는 이혼 사유가 될 수 있을 뿐 혼인을 취소할 수는 없다.

1942년에 발표된 오영진의 장막극 〈맹진사댁 경사〉는 지금도 많은 이에게 사랑받는 작품이다. 이 작품에서는 신랑의 신체 불구가 사실이 아니었지만, 현실 세계에서 이런 일이 전혀 없다고는 할 수 없다.

특히 중매결혼의 경우가 그렇다. 물론 오늘날은 아무리 중매결혼이라고 하더라도 먼저 '선'을 봄으로써 상대방의 신체 조건을 육안으로 살펴보게 되고, 또 그 뒤 교제라는 과정을 거침으로써 더욱 확실히 할 수 있다고는 하지만, 그래도 눈에 띄지 않는 질환이나 불구는 얼마든지 숨길 수 있다.

예를 들면 정신 질환, 간질 등이 그렇다. 그래서 이러한 질환이나 상태를 은폐한 경우, 상대방이 속았다고 하여 사기를 이유로 하는 혼인 취소가 가능한가의 문제가 대두된다.

이런 문제는 다음과 같이 해결할 수 있다. 민법은 '혼인 당시 당사자 일방에게 부부 생활을 계속할 수 없는 악질(惡疾), 기타 중대한 사유가 있음을 알지 못한 때에는 취소할 수 있다'라고 규정하고 있으므로(제816조 제2호), 먼저 이 규정에 의해 해결할 수 있을 것이다. '악질'은 구체적인 규정은 없으나 '부부 생활을 계속할 수 없는'이라는 전제가 있다.

당사자 일방이 상대의 불구나 질환 사실 정도를 혼인 당시 전혀 몰랐다는 것, 만일 알았다면 누구라도 혼인하지 않았으리라고 인정되는 것은, 사기를 이유로 하는 혼인 취소의 요건이 된다.

🔍 결론

이 세상에는 신체 불구자마저 사랑하고 위대한 인간 승리를 보여주는 사례도 많으나, 보통 사람의 경우 신체 불구나 질환의 사실을 모르고 혼인한 때에는 혼인을 취소할 수 있는 사유가 된다고 할 수 있다.

13. 뺑덕어멈의 장난

　부업으로 중매업을 벌인 뺑덕어멈은 심청이에게 접근하여 좋은 신랑감이 있다고 말하였다. 신랑감은 대학교를 졸업한 약사인데 수입이 월 500만원이라고 했다. 심청이도 솔깃하여 혼담이 무르익고 마침내 혼인하게 되었다. 그런데 알고 보니 신랑은 전문대학을 졸업하고 제약 회사에 다니며 수입은 월 200만 원 정도였다. 심청이가 이 혼인을 사기라고 하여 취소할 수 있는가?

　① 있다. 혼인할 상대방의 학력, 직업, 수입을 속이거나 속은 경우에는 취소할 수 있다.

　② 없다. 어떤 혼담이라도 다소의 과장은 있게 마련이고 심청이에게 확인하지 않은 잘못이 있다.

　③ 없다. 중매쟁이에게 손해 배상 책임만 물을 수 있다.

상대방을 속속들이 알고 하는 연애결혼이 아닌 중매결혼의 경우, 중매쟁이에 의하여 또는 당사자에 의하여 학력과 직업을 속게 되는 경우가 이 세상에 없다고는 할 수 없다. 이런 불행을 예방하기 위하여 중매로 알게 된 뒤 연애 과정을 거쳐 결혼하는 속칭 '중매 반, 연애 반' 결혼이라는 풍속도 생겨났지만….

자, 학력과 직업을 속인 것도 사기인가? 흔히 중매결혼의 경우 혼담이 오갈 때 어느 정도의 과장이나 숨김은 있게 마련이라고 한다. 좋은 게 좋다는 식으로 말이다. 그러나 그것도 정도의 문제이다. 혼담 과정에서 흔히 있을 수 있는 장점의 부각과 약점의 은폐는 법적으로도 무한정 용인될 수 없다.

혼인은 진실과 성실에 기초하여야 한다. 그것은 신선도가 떨어진 생선을 싱싱한 것이라고 속여서 파는 상술과는 전혀 차원이 다른 문제인 것이다. 그리하여 속은 상대방이 학력과 직업에 관한 진실을 알았다면 결국 혼인하지 않았으리라고 보통 사람도 인정할 수 있으면, 이것은 사기에 의한 혼인이라고 해야 한다. 더욱이 혼인 당사자의 학력과 직업은 혼인의 가부를 결정짓는 중요한 조건이라고 보아야 한다.

따라서 학력과 직업의 사칭은 '사기에 의한 혼인으로서 취소 사유'가 된다고 보아야 한다(다만 학력과 직업의 사칭 정도가 그리 심하지 않은 경우에는 그렇지 않다고 해야 할 것이다).

⌕ 결론

제3자의 중매에 의한 중매결혼에서, 제3자나 당사자가 학력과 직업을 사실과 다르게 과장하여 상대방을 속인 경우에는 사기에 의한 혼인이라고 하여 취소할 수 있다.

14. 현대 인류의 재앙 에이즈

후천성 면역 결핍증(AIDS)은 21세기 인류의 재앙이다. 잠복기가 5~10년 이라고 하니 본인 자신도 감염 여부를 잘 알 수 없다.

총각인 김원통 씨가 교통사고를 당하여 병원에 후송돼 대수술을 받았 다. 다행히 완쾌되어 그는 사회로 복귀하였고, 2년 후에는 좋은 신부를 만나 혼인까지 하였다.

그런데 혼인 후 몇 달 뒤, 그가 교통사고를 당해 받은 수혈로 인해 에이 즈 환자임이 밝혀졌을 때 이 혼인의 효력은 어떻게 되는가?

① 치료 불가능의 질환을 앓고 있는 자의 혼인은 당연히 이혼 사유가 된다.

② 그 아내가 원한다면 남편의 에이즈 감염은 혼인 무효의 사유가 된다.

③ 그 아내가 원한다면 법원에 혼인 취소를 청구할 수 있다.

후천성 면역 결핍증이라고 번역되는 에이즈는 인류를 공포에 떨게 하고 있다. 아직 뾰족한 예방법과 치료법이 개발되지 않았다. 잠복기가 수개월에서 수십 년에 이르고 양성으로 판명되면 속수무책, 마치 사형 선고를 받은 것처럼 시한부 인생을 살게 된다고 한다.

인간의 문란한 성도덕에 대한 신의 응징이라며 천형(天刑)이라고 하는 사람들도 있다. 그러나 따지고 보면 인간이 정복하지 못한 질병은 한둘이 아니다. 그렇다면 '불치의 질병'과 혼인은 어떤 관계가 있는가?

첫째, 약혼을 해제할 수 있는 사유가 된다(제804조). 따라서 약혼 단계에서는 이를 파혼 사유로 삼을 수 있다.

둘째, 혼인을 취소할 수 있는 사유가 된다(제816조). 민법은 '혼인 당시 당사자 일방에 부부 생활을 계속할 수 없는 악질(惡疾)이 있음을 알지 못한 때'라고 규정하고 있는데, 혼인 취소 사유가 되는 질병이 반드시 불치일 것을 요구하는 것은 아니지만 의미는 마찬가지다. 다만 '악질'이라는 이유로 혼인을 취소하기 위해서는 그 사유를 안 날로부터 6개월 이내라는 시간상의 제약이 있다(제822조).

셋째, 재판상 이혼 사유가 될 수 있다(제840조). 불치의 질병은 대체로 '혼인을 계속하기 어려운 중대한 사유'에 해당한다고 보아도 무방할 것이다.

Q 결론

결혼식장에서의 혼인 서약 시 '병들었을 때나 건강할 때나 서로 사랑하겠노라'고 하였고, 따라서 배우자의 질병을 치료하고 뒷바라지해야 하지만, 그것이 인간의 족쇄여서는 안 될 것이다. 법이 불치의 질병에 대해 법연(法緣)을 끊을 수 있는 사유로 삼은 뜻도 그것 때문이다. 혼인 후 몇 달 만에 상대방이 에이즈에 감염된 사실을 알았다면 이는 혼인 취소 사유가 된다.

15. 형부와 조카들이 너무 애처로워서

노주형 씨의 아내가 암에 걸려 입원 중이다. 평소부터 형부를 따르던 처제 김두심은 직장도 그만두고 언니 집에 와서 살림을 맡고 조카들을 돌보았다. 그런데 노주형 씨의 아내는 치료한 보람도 없이 끝내 세상을 떠나고 말았다.

졸지에 홀아비가 된 그에게 여기저기서 혼담이 들어오고 있지만, 그는 은연중 처제를 마음에 두고 있다. 아이들도 이모(처제)를 무척 따르고, 처제도 형부가 청혼을 한다면 거절할 눈치는 아니다.

자, 형부와 처제가 과연 법적으로 혼인할 수 있는가?

① 할 수 없다. 형부와 처제는 6촌 이내의 근친(인척)이므로 근친혼 금지의 원칙에 의해 혼인할 수 없다.

② 할 수 있다. 언니의 사망으로 형부와 처제의 인척 관계가 소멸되어 남남이 되었기 때문이다.

③ 법원의 특별 허가를 얻으면 형부와 처제도 혼인할 수 있다.

 가까운 친족이나 인척, 즉 근친 간에는 혼인하지 못한다. 이를 '근친혼의 금지'라고 한다. 혼인하더라도 무효가 되거나 취소할 수 있는 혼인이 된다. 민법이 규정하는 '근친혼 금지의 범위'는 다음과 같다.

 1. 혼인 당사자 사이에 '8촌 이내의 혈족(친양자의 입양 전 혈족을 포함)' 관계가 있는 때(제809조 제1항).

 원래 '혈족'이란 핏줄, 즉 혈연으로 연결되는 '자연 혈족'을 의미하는 것이 보통이지만, 민법은 이 자연 혈족 외에도 입양으로 발생하는 법정 혈족, 직계 혈족, 방계 혈족, 인지 전의 자녀와 생부 등 사실상 혈족을 모두 포함하여 이들이 8촌 간에 해당하면 그 혼인을 금지하고 있다.

 2. 6촌 이내 혈족의 배우자, 배우자의 6촌 이내의 혈족, 배우자의 4촌 이내 혈족의 배우자인 인척이거나 이러한 인척이었던 사이에서의 혼인(제809조 제2항).

 '인척'이란 혼인으로 말미암아 발생하는 친족 관계를 말하는데, 이러한 인척 간의 혼인도 윤리적·도의적 이유로 금지된다.

 3. 6촌 이내의 양부모계의 혈족이었던 자, 4촌 이내의 양부모계의 인척이었던 자 사이의 혼인(제809조 제3항).

 양자와 양부모는 입양으로 발생하는 '법정 혈족'이지만, 핏줄로 이어진 자연 혈족과 마찬가지로 일정 촌수(6촌) 간의 혼인이 금지된다.

🔍 결론
근친혼의 금지 범위는 각국마다 다르나 세계 공통 현상이다. 형부와 처제의 혼인도 근친으로 판단하는 것이 맞다.

16. 젊은 느티나무

숙희의 아버지는 일찍 돌아가셨고, 어머니는 숙희를 혼자 키우다가 숙희가 성년이 되자 아내를 잃고 혼자가 된 미스터 리와 혼인하였다. 미스터 리에게는 전처에게서 낳은 성년의 아들 현규가 있었다. 숙희와 현규는 의붓남매가 된 것이다.

문제는 이들이 서로 사랑하게 되었다는 데 있다. 그러나 이들은 근친 간이어서 혼인할 수 없다는 것을 알고 있었고, 그래서 외국으로 도망가자고 의논하였다.

그런데 잠깐, 외국으로 도망가기 전 법률 사무소에 들러 혼인이 가능한지부터 알아야 하지 않을까? 당신이 변호사라면 이 젊은 느티나무들에게 어떤 법률적 조언을 하겠는가?

① 의붓남매는 근친이 아니므로 사랑을 이룰 수 있다고 하겠다.
② 의붓남매는 근친이므로 혼인할 수 없으니 외국으로 도망가라고 하겠다.
③ 동성동본 혼인 금지가 폐지된 것처럼, 기다려보라고 하겠다.

　　　　　　　　　　　　　　　　　　　　　의붓남매의 혼인

　이 사례는 강신재의 소설 〈젊은 느티나무〉를 토대로 만들어본 것이다.

　의붓남매가 된 젊은 숙희와 현규는 서로 사랑하는 사이지만 자신들이 근친 간이라 혼인할 수 없는 줄로만 믿고 괴로워한다. 그러다 의붓남매도 혼인할 수 있다는 사실을 알고 감격에 차 "나는 그를 더 사랑해도 되는 것이었다"라고 절규하는 대목이 인상적이다.

　근친 간의 혼인을 금지하는 것은 문명 국가의 보편적인 법칙이다. 인류는 근친혼이 우생학적으로 2세에게 좋지 않은 영향을 미친다는 것을 알고, 사회의 도덕관념 역시 근친혼 금지를 강화해왔다. 우리 민법도 8촌 이내 혈족 간의 혼인을 금지하고 있으며, 더 나아가 6촌 이내 혈족의 배우자, 배우자의 6촌 이내 혈족, 배우자의 4촌 이내 혈족의 배우자인 인척이거나 이러한 인척이었던 자 사이에서는 혼인하지 못한다고 규정하고 있다(제809조).

　그런데 의붓남매는 서로 핏줄로 연결된 '혈족'도, '인척'도 아니다. 따라서 서로 혼인할 수 있는 것이다. 그러나 법률상 장애가 없다고 하더라도 사회적 터부나 도덕적 비난의 여지가 없다고 할 수는 없다. 그럼에도 사랑은 이 모든 장벽을 뛰어넘는 것이고, 법률이 이 사랑의 장벽이 될 수는 없다.

🔍 **결론**

〈젊은 느티나무〉 속 그들은 사랑해도 되며, 나아가 부부가 될 수도 있다. 우리 모두 그들의 사랑의 행보에 축복을 보내주자.

17. 7형제가 있었더이다

부활을 부정하는 사두개인(권력과 부를 지닌 유대인 귀족)들이 예수에게 찾아와 물었다.

"7형제가 있었는데 맏형이 장가를 들었다가 죽었습니다. 그 형수를 다음 형제가 아내로 취하고, 그 형제가 또 죽어 다음 형제가 취하고… 이런 식으로 7형제가 모두 형수를 아내로 삼았는데, 부활이 있다면 그 여자는 누구의 아내라고 보아야 합니까?"

그렇다면 '도대체 형수와 시동생은 혼인이 가능한가?'부터 따져보아야겠다. 우리 민법은 어떤가?

① 할 수 없다. 법을 떠나서 반윤리적인 행위이기 때문에 법이 승인할 리 없다.

② 할 수 있다. 형이 사망함으로써 형수는 시동생들과 남남이 되기 때문이다.

③ 할 수 없다. 형수는 혈족의 배우자이기 때문에 법으로도 불가능하다.

이 사건 속의 이야기는 《신약 성서》 〈누가복음〉 20장 27~33절에 나온다. 형이 죽으면 동생이 형수를 아내로 취하는 일은 고대 사회에서 실제로 존재하였던 풍습이라고 한다.

말하자면 이런 풍습은 일종의 일처다부혼(一妻多夫婚)의 형태인데, 오늘날에도 폴리네시아의 일부 섬, 티베트 그리고 남인도의 일부 종족 사이에서 행해지고 있다고 한다. 오늘날 당연하다고 생각하는 일부일처제(一夫一妻制)는 혼인 제도의 최종 진화 형태라고 할 수 있다. 우리나라에서 형수를 아내로 취하는 풍습이 관습으로 존재하였는가에 대한 기록은 발견되지 않고 있다.

다만 양자 제도에서는 장남이 일찍 죽으면 차남이 집안의 제사를 모시는 사람(승중자(承重子)라고 한다)이 되어 가문을 이으며, 형이 혼인한 뒤 자식 없이 사망하면 동생이 자기의 자식 중에 하나를 형의 양자로 보내어 제사를 받들게 하는 관습이 있었다.

그렇다면 형수와 시동생은 혼인할 수 있는가? 불가능하다고 하지 않으면 안 된다. 형수는 남계 혈족의 배우자가 되고, 시동생은 남편의 혈족이며, 형수와 시동생은 6촌 이내의 인척이기 때문이다(제809조 제2항).

따라서 형이 죽더라도 동생은 형수와, 형수는 시동생과 혼인할 수 없고, 이 혼인은 무효가 된다(제815조). 취소할 수 있는 혼인이 된다는 견해도 있다.

🔍 결론

형이 죽으면 동생이 차례로 형수를 아내로 취하는 것은 고대 사회에서나 가능한 것이고, 현행 민법상으로는 불가능하다.

18. 세상이 말세야!

"세상이 말세야! 말세!"

"뭐가 말세란 말인가?"

"미국에서 동성 간의 결혼을 허락했다는 뉴스 보지도 못했는가?"

"그거야 미국 이야기지, 우리나라의 이야기는 아니잖은가?"

파고다 공원에 나와 앉아 있던 노인들의 대화이다. 그렇다면 우리나라의 경우는 어떠한가? 최근 동성애자임을 세상에 공개한 어떤 남자 둘은 아예 혼인 신고를 하겠다고 선언하였다. 구청에서는 이 혼인 신고를 받아주어야 하는가?

① 받아줄 수 없다. 동성 간의 혼인은 무효이다.

② 받아주어야 한다. 동성 간의 혼인 자체를 금지하는 법률이 없다.

③ 받아주어야 한다. 세계적 대세이고, 그들에게도 행복 추구권이 있다.

④ 가족관계등록부 업무를 관장하는 법원의 결정에 달려 있다.

　남자와 남자, 여자와 여자가 서로 결혼할 수 있을까? 지금까지는 결혼이 '남녀의 결합'으로 이해되어왔고, 그래서 이성혼(異性婚)이 원칙이자 대세였다. 그런데 20세기, 특히 21세기에 들어와 동성혼이 지구촌의 쟁점이 되고 있다. 이미 프랑스, 네덜란드, 벨기에, 덴마크, 스페인, 포르투갈, 스웨덴, 노르웨이, 아이슬란드, 아르헨티나, 브라질, 남아공, 멕시코, 캐나다 등에서 동성혼이 합법화되었고, 미국에서도 매사추세츠 주 등 열두 개 주에서 합법화되었다.

　2013년 6월 미국 연방 대법원은 결혼을 남녀 간의 것이라고 한 연방법의 조항이 위헌이며 동성 부부에게도 사회 보장, 세제 면에서 동등한 권리가 부여되어야 한다고 선언하였다. 미국 여론은 동성혼의 가부를 놓고 분열 중인데, 최근 갤럽 여론 조사에 따르면 찬성 여론(53퍼센트)이 반대 여론(45퍼센트)보다 높게 나타나고 있다.

　그렇다면 동방예의지국인 우리나라는 어떨까? 학자들은 혼인의 합의는 '남녀'가 정신적·육체적 결합을 이루어 부부가 되기로 하는 의사의 합치이므로, 동성 간의 혼인은 무효라고 보고 있다. 법원의 판례는 인천지방법원이 2004년 7월 23일 동성 부부가 재산 분할 청구를 한 사안에서 동성 간의 혼인을 부인하고 청구를 기각한 하급심 판결이 있을 뿐이고, 대법원 판결은 아직 없다.

🔍 결론

우리나라에서 동성 간의 혼인은 부인된다. 따라서 혼인 신고를 하더라도 수리되지 않는다.

19. 뜨거우면 식혀라

자동차의 엔진이 과열되면 달리기를 멈추고 엔진을 식혀야 한다. 부부 관계도 마찬가지다.

최고집 군과 정불통 양은 연애결혼한 부부이건만, 부부 싸움이 너무 잦다. 서로 고집이 세고 다혈질이기 때문이다. 그러나 그들이 서로 간에 애정이 전혀 없는 것은 아니기 때문에 당분간 냉각기를 갖기로 하고 별거에 들어갔다.

기간은 서로 몇 달 정도로 생각을 하고 있었다. 그런데 6개월이 다 되었는데도 정불통 양이 친정에서 돌아올 기미가 보이지 않는다.

최고집 군도 화가 났는데, 냉각기가 끝났는데도 돌아오지 않는 것은 동거 의무 위반인가, 아닌가?

① 냉각 기간(별거 기간)에 대하여 명시적인 약정이 없었으므로 동거 의무 위반이라고 볼 수 없다.

② 기간의 약정은 없었어도 사회 통념상 6개월의 별거 기간은 냉각기로 충분하다. 따라서 김불통 양은 동거 의무를 위반하고 있다.

③ 최고집 군이 김불통 양에게 냉각기 종료를 통지하였는데도 김불통 양이 복귀하지 않으면 그때부터 동거 의무 위반이 된다.

이 문제는 혼인을 하면 어떠한 법률적 관계가 발생하는가 하는 문제와 관련되어 있다. 혼인의 효과는 크게 신분상의 효과와 재산상의 효과로 나눌 수 있는데, 여기서는 전자의 경우만을 살피기로 한다.

혼인의 일반적 효과, 즉 신분상의 효과는 다음과 같다.

1. 배우자 및 친족 관계의 발생

혼인 당사자는 혼인을 하게 되면 '배우자'라는 신분을 갖게 되며 서로 '친족'이 된다(제777조 제3호). 부부는 또 시가나 처가의 가족 중 배우자의 4촌 이내의 부계, 모계 혈족 및 그 배우자 사이에 서로 '인척'이 된다(제777조 제2호).

2. 가족관계등록부의 기재

남녀가 혼인하면 부부 각자의 가족관계등록부에 혼인 신고가 되어 혼인 사실이 기록된다. 그 이후 가족관계증명서나 혼인관계증명서에 배우자의 인적 사항이 표시된다.

3. 부부의 성(姓)

우리나라에서는 옛날부터 부부가 혼인하더라도 각자의 성(姓)을 그대로 유지하는 것이 원칙이라고 할 수 있다. '성 불변의 원칙'이 유지되고 있는 것이다. 이에 비해 일본, 독일, 이탈리아, 스위스, 오스트리아, 브라질 등의 국가에서는 혼인하면 아내가 남편의 성을 따르도록 법제화되어 있고, 미국과 영국은 법률의 요구가 아님에도 관습에 의해 대부분 남편의 성을 따른다.

스페인, 포르투갈에서는 남편의 성과 아내의 성을 복합해서 사용하며, 중국은 최근 새로운 민법을 마련하여 부부가 각자의 성을 유지하거나 같은 성을 쓰는 문제를 혼인 당사자의 선택으로 일임하였다고 한다. 자녀가 태어나면 그 자녀는 아버지의 성을 따라 가족관계등록부에 기록되나, 혼인 당시 부부의 협의가 있으면 어머니의 성을 따르게 할 수도 있다.

4. 부부간의 의무

부부는 서로 동거하고, 협조하고, 부양할 의무가 있으며, 혼인의 순결을 유지할 의무가 있다.

① 동거 의무: 사는 곳을 같이하면서 동고동락할 의무를 말한다. 이것은 혼인의 본질에 비추어볼 때 당연한 것이다. 동거라는 것은 한 장소에서 의식주를 같이하면서 함께 살아야 한다는 의미 이상이다.

따라서 한지붕 밑에서 살아가면서 잠자리를 같이하지 않거나, 다른 방을 쓰면서 생활하는 것은 동거라고 볼 수 없다. 부부의 동거는 말하자면 정신적 의미 외에 육체적 동거까지 수반하는 것이다. 그러나 '정당한 이유'가 있으면 일시적 별거는 서로 감수해야 한다.

예를 들면 해외 또는 지방 근무나 해외 유학, 장기간의 입원, 교도소에서의 수감, 부부 일방의 참기 어려운 폭행이나 구타로 인한 일시적 피신, 냉각기를 갖기 위한 별거 합의, 이혼 소송을 제기한 때 등이 동거 의무가 없게 되는 정당한 사유일 것이다.

한편 동거 장소는 부부의 협의로 정한다(제826조 제2항). 만일 협의가 잘 이루어지지 않으면 당사자의 청구에 의하여 법원이 결정하게 된다.

동거 의무와 관련하여, 남편이 자기 아내에 대해 강제적인 성행위를 하였을 때 소위 강간죄가 되는가 하는 것이 문제될 수 있다. 이는 외국에서는 아직도 많은 논란이 일고 있고, 우리나라에서도 문제가 된 바 있다. 과거 우리나라의 대법원은 이 문제에 대해 부정적으로 판단하였으나, 2013년 5월 16일 아내가 거부하는데도 남편이 아내에 대해 강간을 한 경우를 '성폭력범죄의 처벌 등에 관한 특례법'상의 성폭력 범죄로 인정함으로써, 아내에 대한 강간을 처벌하는 전향적 입장을 보여주었다.

② 부양과 협조의 의무: 부부는 서로 부양하고 협조할 의무가 있다. 이 부양 의무는 미성년 자녀를 포함하여 일심동체, 부부 공동체로서의 부부 공동생활에 필요한 것을 부부가 서로 제공하는 것을 말한다.

부양의 정도는 상대방의 생활을 자기 생활과 같은 정도로 보장해야 한다. 생계를 같이하는 친족 간에도 부양 의무가 있지만, 이는 자기 생활에 여유가 있을 때 발생하는 이차적인 의무인 데 비해, 부부간의 부양은 일차적이고 본질적 의무다. 빵 한 조각도 나누어 먹는 의무인 것이다.

뿐만 아니라 부부는 혼인 공동생활에서 서로 협조하여야 한다. 부부는 각자의 능력, 자력, 직업 등을 고려하여 역할을 분담할 수 있는데, 이는 협조 의무의 구체적 표현인 것이다.

③ 순결 의무(정조 의무): 부부는 혼인한 뒤부터는 서로 성적인 순결을 유지할 의무, 즉 정조 의무가 있다. 과거에는 아내에게만 이 의무가 부과되었으나, 오늘날은 부부 쌍방에게 모두 이 의무가 있다. 즉, 남편에게도 정조의 의무가 있는 것이다.

◯ 결론

부부간에는 동거 의무가 있다. 다만 정당한 이유가 있을 때에는 서로 감수해야 한다. 냉각기를 갖자고 합의한 뒤부터의 별거는 동거 의무 위반이 되지 않는 정당한 이유가 있는 경우에 해당된다. 그런데 냉각기가 끝났는데도 동거 장소로 복귀하지 않는 것은 동거 의무 위반이 된다. 즉, 이혼 사유가 될 수도 있다는 뜻이다.

20. 친정에서 온 SOS

　은행원인 오대부 군과 교사인 김효녀 양이 결혼을 하였다. 서로 결혼이 늦어져 결혼한 상태이고, 각자 상당한 저축이 있었다. 두 사람은 결혼 전에 미리 '결혼하고 나서도 맞벌이를 계속하되 아내인 김효녀 양의 수입은 은행원인 오대부 군이 관리해 증식하겠다'라고 약정을 하였다.

　결혼 후 몇 년이 지나 김효녀 양 친정이 기울어 도와주어야 할 필요가 생겼으나, 김효녀 양의 수입을 남편이 관리하고 있기 때문에 뜻대로 되지 않는다. 남편이 예금 인출에 반대하기 때문이다.

　자, 김효녀 양에게는 무슨 방법이 있겠는가?

① 이혼하게 되면 남편이 관리하고 있는 예금은 김효녀 양에게 반환해야 하므로 이혼이 방법이 된다.

② 계속 남편을 설득해야 한다.

③ 남편과의 관리 계약을 취소하면 된다. 단, 법원의 허가를 얻어야 한다.

남편이 절대적인 경제권을 갖고 있어서 아내를 지배하고 또 아내는 열악한 경제적 지위에 놓여 있던 예전에는 부부의 재산 관계가 법률의 규정 대상일 수 없었다. 그러나 오늘날은 맞벌이를 해서 아내도 자기 수입이 있을 수 있으며, 또 친정 부모로부터 상속을 받아 아내도 남편 못지않게 재산을 취득할 수 있게 되었다. 이러한 사회적·경제적 변화는 법률 분야에서도 부부의 재산 문제에 대하여 적극적인 대처를 하지 않을 수 없게 하였다.

그래서 부부의 재산 문제에 관하여 우리 민법은 일차적으로는 '혼인하려는 부부가 혼인 성립 전에 자유롭게 계약을 통해서' 정하라고 하고 있다(제829조 제1항). 이것이 '부부 재산 계약 제도'이다. 따라서 아내의 수입을 아내가 관리하든가 남편이 관리하든가의 문제가 혼인 성립 전의 부부에게 일임되어 있는 것이다. 또 아내의 부동산을 누구 명의로 할 것인가와 누가 관리할 것인가의 문제도 계약에 맡겨져 있다. 이 계약은 외국처럼 반드시 서면이나 공증 또는 재판의 방식을 취하지 않아도 된다. 즉 구두 계약도 가능한 것이다.

혼인 성립 전의 재산 계약은 혼인 후(즉 혼인 중) 함부로 변경할 수 없고, 정당한 이유가 있을 때에만 법원의 허가를 받아 변경할 수 있도록 되어 있다(제829조 제2항). 또 그 재산 계약에 따라 부부의 일방이 상대의 재산을 관리하는 경우, 부적당한 관리를 하여 그 재산을 위태하게 한 때에는 이를 자기가 관리하겠다는 것을 법원에 청구할 수 있고, 재산을 공유로 한 때에는 그 분할을 법원에 청구할 수도 있다(제829조 제3항).

🔍 결론

'아내의 수입은 남편이 관리한다'는 이 부부의 약정은 일종의 혼인 전의 부부 재산 계약이다. 이 계약은 부부의 합의에 의해 취소할 수도 있고, 법원의 허가를 얻어 변경할 수도 있다. 김효녀 양은 남편이 동의하지 않으면 법원에 부부 재산 계약의 변경을 청구할 수 있는 것이다.

21. 주머닛돈이 쌈짓돈

　부부는 '일심동체'다. 그래서 주머닛돈이 쌈짓돈일 수 있다. 친정이 잘사는 편인 민부자 여사는 친정아버지가 돌아가시자 유산으로 서울 시내 요지의 상가 건물을 상속받게 되었다.

　그러나 남편은 민 여사가 부동산 관리에 경험도 없고 세금 문제도 복잡하니 명의를 자기 앞으로 해두자고 했고, 민 여사는 남편의 말에 따랐다. 남편은 성실하게 이를 관리하였으나, 몇 년 후 사업이 부실해지자 남편의 채권자는 이 상가 건물을 가압류하였다.

　민 여사가 지금이라도 이 건물이 자기 소유라고 주장할 수 있을까?

① 건물은 민 여사가 친정아버지에게 상속받은 그녀의 재산이므로 가능하다.

② 불가능하다. 등기를 남편 앞으로 했고 시일도 오래되었으므로 이 건물은 남편 재산으로 간주된다. 제3자 보호를 위해서도 그렇다.

③ 민 여사가 이혼을 하게 되면 건물은 민 여사의 재산으로 환원될 수 있으므로, 지금이라도 이혼을 해야 한다.

앞의 문제에서 설명했듯 우리 민법의 부부 재산에 관한 입장은 일차적으로는 혼인 성립 전에 부부가 미리 계약에 의해 정하라는 것이다. 즉 '계약 재산제'인 것이다. 그러나 실제로 혼인 전에 부부가 계약으로 재산 문제의 처리를 정하는 경우가 그렇게 많지는 않을 것이다.

그래서 민법은 이러한 계약이 없는 경우에 대비하여, 그렇다면 법률은 이렇게 간주하겠노라고 선포하고 있다. 즉 첫째, 부부 중 각자가 혼인 전부터 갖고 있던 재산(고유 재산)과, 혼인 중 자기의 명의로 취득한 재산(예컨대 각자의 부모에게 상속받은 재산)은 각자의 재산(특유 재산)으로 한다는 것이다(제830조 제1항). 고유 재산과 특유 재산에서 생기는 수익도 각자의 재산에 속하게 될 것이고, 의복이나 장신구도 각자의 재산으로 보아야 한다.

둘째, 재산이 부부 중 누구에게 속하는 것인지 분명하지 않은 재산은 부부의 공유 재산으로 추정한다는 것이다(제830조 제2항). 가재도구가 대표적인 실례가 될 것이다. 공유로 추정되는 재산에 대해서는 부부가 균등하게 지분권을 갖게 되며, 혼인이 해소된 경우에는 그 지분 소유권을 주장할 수 있고, 부부의 채권자도 공유 지분에 대하여 권리를 주장할 수 있다. 이상과 같은 민법의 입장을 '법정 재산제(法定財産制)'라고 한다.

요컨대 민법은 부부의 재산은 혼인 전에 미리 계약으로 정하되 계약이 없으면 법률이 정한 대로 처리하라는 것이다. 이러한 입장의 밑바탕에는 부부의 혼인과 재산은 별개의 문제이고, 재산도 각자 소유할 수 있다는 배려가 있다고 할 수 있다. 민법은 '부부 별산제(夫婦別産制)'의 입장인 것이다.

🔍 결론

민 여사의 상가 건물은 친정 부모에게 상속받은 특유 재산이다. 지금이라도 남편과의 혼인 중 계약을 취소해(법원의 허가를 얻어) 그 재산을 자기가 관리할 수 있다.

22. 법대로 할 테면 하시오

　김방자 여사가 가정에 보탬을 줄 요량으로 동네 아주머니들과 500만 원짜리 번호 계에 가입하였다.

　계주는 놀부의 사촌 동생인 연놀순 여사다. 연 여사는 도중에 흑심을 품고 일부러 계를 깨버렸다. 김방자 여사를 비롯한 계원들이 연 여사의 집에 몰려가 항의를 하였으나, "법대로 할 테면 하시오"라며 배짱이다. 연놀순 앞으로 된 재산은 아무것도 없으나, 집 안에는 수천만 원짜리 가재도구가 즐비하다. 그러나 연놀순은 이 가재도구도 모두 남편의 수입으로 마련한 것이라고 주장한다.

　김방자 여사가 돈을 받을 방법이 있을까?

① 있다. 가재도구의 2분의 1 지분은 연놀순 여사의 소유로 볼 수 있으므로 강제 집행을 할 수 있다.

② 없다. 가재도구는 남편 소유로 추정된다. 따라서 채권자는 채무자 이외의 사람 소유에 대해서는 법으로 어쩔 수가 없다.

③ 돈을 받을 때까지 계원들이 연놀순 여사의 집에서 농성하면 혹시 받게 될지도 모른다.

혼인 당사자는 혼인 전 각자 소유하고 있었거나 혼인 후 취득할 일체의 재산에 관하여, 그 관리나 처리 또는 귀속 문제를 어떻게 할지 미리 계약할 수도 있고('부부 재산 계약'), 그러한 계약이 없었던 경우에도 혼인 전부터 각자가 소유하고 있던 고유 재산이나 혼인 후 부부 중 일방이 제3자로부터 상속받거나 증여받은 재산 또는 각자의 분명한 수입에 의하여 취득한 특유 재산은 자기만의 재산이 된다('법정 재산제'). 우리 민법은 이러한 입장을 '부부 별산제'라고 부르기도 한다. 말하자면 민법의 원칙은 주머닛돈은 주머닛돈, 쌈짓돈은 쌈짓돈의 입장인 셈이다. 재산에 관한 한 부부는 일심동체가 아니라 이심이체(異心異體)인 것이다.

그러나 이러한 원칙을 적용할 수 없는 경우에는 어떻게 될까? 예를 들면 부부가 혼인하면서 살림살이로 장만한 가재도구가 그렇다. 남편의 월급으로 마련했다고 해서 남편의 소유물이라고 한다는 것은 아무래도 어색하다. 아내 입장에서는 월급을 알뜰살뜰 아껴서 절약한 공로는 없는 것이냐고 항변해봄 직도 한 것이다.

민법은 이럴 때는 부부의 공유라고 추정한다(제830조 제2항). 부부 공동생활에 필요한 가재도구는 부부 일방의 수입으로 마련했다고 해도 부부 공유라고 추정한다. 공유에는 지분이라는 것이 있는데, 그 지분도 균등하다고 추정한다. 이 규정이 의미 있는 것은 제3자다. 제3자는 이 규정에 따라 부부 일방이 갖는 공유 지분에 한해서 가압류나 강제 집행을 할 수 있는 것이다.

Q 결론

연놀순의 가재도구는 부부 공유로 추정된다. 즉 연놀순도 가재도구의 2분의 1지분의 소유권이 있다. 따라서 채권자인 김 여사는 연놀순의 공유 지분을 가압류하거나 강제 집행을 하는 방법으로 빚을 받아낼 수 있다.

23. 지독한 마누라

맞벌이 부부인 김크라테스는 소위 '공처가'이다. 교통비, 담뱃값, 점심 값을 일일이 아내에게 타서 쓰고, 월급날 월급봉투는 단 1원의 오차 없이 아내에게 바쳐야 한다.

왜 그렇게 되었는가 하면 아내가 "내 집을 마련할 때까지는 할 수 없 다"라면서 억척을 부리고 있기 때문이다. 이 가정의 살림은 남편의 월급 으로 하고, 아내의 월급은 몽땅 저축을 한다.

그러나 소위 남자의 사회생활의 폭은 지갑의 두께와 비례하는 법, 몇 년간이나 계속되는 강요된 내핍 생활에 그도 지쳤다.

그가 궁금한 점은 이것이다. "혼인 생활의 비용은 반드시 남편이 부담 하여야 하는가?"

① 그렇다. 가장이며 세대주인 남편이 부담하는 것이 원칙이다.

② 비용 부담자는 부부가 혼인할 때 약정할 수 있으나, 약정이 없으면 역시 남편이 부담한다.

③ 약정이 없으면 부부가 공동으로 부담하는 것이 원칙이다.

혼인하게 되면 부부는 동거하고 부양하여야 하며 서로 협조할 의무가 있다. 동거 장소는 물론 부부가 협의하여 결정한다. 그러나 혼자 살아도 비용이 드는 법인데, 둘이 살게 되면 생활 비용이 늘어나는 것은 당연하고, 더구나 자녀까지 낳게 되면 말할 것도 없다.

그러면 생활 비용은 누가 대야 하는가?

혼인 생활 비용은 당연히 남편이 부담해야 하고, 아내는 집 안에서 가사 노동만 해야 하는가? 민법은 이렇게 규정하고 있다.

"부부의 공동생활에 필요한 비용의 부담은 당사자 간에 특별한 약정이 없으면 부부가 공동으로 부담한다"(제833조).

부부가 공동으로 부담하는 것은 약정이 없는 경우에 적용되는 원칙이므로, 누가 부담한다는 명시적이거나 또는 묵시적인 약정이 있으면 물론 이 약정에 따라야 한다. 맞벌이 부부가 혼인 시에 남편의 수입으로 생활하고, 아내의 수입은 저축을 한다는 약정도 일정의 비용 부담의 약정이라고 할 수 있다.

그러나 이 약정을 죽을 때까지 지키라고 강요할 수는 없다. 약정은 도중에 얼마든지 변경할 수 있는 것이다. 또 남편이 직장을 잃거나 질병으로 치료하기 위해서 장기간 수입이 없는 상황이 되면 이때에는 아내에게도 부양 의무가 있는 것이다.

🔍 결론

부부의 공동생활에 필요한 비용(생활비)은 약정이 있으면 그 약정에 따르고, 약정이 없으면 공동으로 부담한다(만일 약정이 없었고 남편만 생활비를 댄 경우, 남편이 아내에게 공동 부담의 원칙을 내세워 생활 비용의 반을 내놓으라고 할 수 있을까? 아내가 생활 능력이 없는 경우, 즉 소득이 없는 경우에는 이를 부정해야 할 것이다).

24. 부부는 일심동체라는데

남편 최우직 씨는 성실하고도 평범한 회사원이고, 그의 아내 심태평 여사는 손이 큰 여걸이다.

자녀들이 학교에 다니게 되자, 심 여사의 사회적 활동이 시작되고 외출이 잦아졌다. 매번 택시 잡는 일이 어렵자, 그녀는 남편과 상의 없이(상의하면 반대할 것이 뻔하므로) 자동차를 할부로 구입하였다. 할부라고 하지만 사실은 외상이 아닌가? 남편도 가끔은 아내가 운전하는 차를 타기는 했지만, 근본적으로는 불만이 많았다.

자, 남편이 심 여사에게 생활비를 안 주거나 또는 이혼한다면 심 여사는 자동차 할부금을 내지 못하게 될 텐데, 이 경우 자동차 회사는 남편에게 할부금을 청구할 수 있는가?

① 남편이라는 이유만으로 아내가 구입한 자동차의 할부금까지 갚을 의무는 없다.

② 아내가 구입한 자동차를 남편도 이용하였으므로 남편도 갚을 의무가 있다.

③ 아내가 집안일로 구입하게 된 물품의 채무는 남편도 갚을 의무가 있다.

혼인한 부부는 흔히들 일심동체라고 한다. 그러나 법률상으로 부부는 일심동체이면서 때로는 이심이체이기도 하다. 무슨 뜻인지를 살펴보자.

부부는 공동체를 형성하면서 살아가게 된다. 부부는 공동체 유지에 필요한 물자의 구입, 비용의 지출, 채무의 부담 등 각종 대외적인 법률 행위를 하지 않을 수 없다. 물론 이들 법률 행위는 부부가 공동으로 할 수도 있지만, 대개는 단독으로 하는 경우가 더 많다.

이렇게 부부 공동체의 유지를 위해 부부 중 어느 한 쪽이 제3자와의 법률 행위를 하였을 때 다른 한쪽의 책임은 어떻게 되는가? 예를 들면 아내가 냉장고를 외상으로 들여놓았다면 냉장고의 대금은 누가 지불하여야 하는가? 반대로 표현하면 냉장고 대리점은 부부 중 누구에게 청구해야 하는가?

이런 문제를 민법은 이렇게 하라고 규정한다. "부부는 일상(日常)의 가사(家事)에 관하여 서로 대리권이 있다"라고 전제하고, 일상 가사로 인하여 지게 된 채무는 부부가 연대하여 책임이 있다고 한다. 다시 정리한다면 이렇다.

1. 부부의 일상 가사 대리권

① 부부는 일상 가사에 관하여 서로 대리권이 있다(제827조)고 법이 규정하고 있으므로 배우자에게 서로 일일이, 그때그때마다 대리권을 준다는 의사 표시를 하지 않아도 되는 것이고, 부부와 일상 가사에 속하는 거래를 하는 상대방은 대리권을 확인할 필요가 없는 것이다.

② 대리권이 주어진 이유는 부부는 일종의 혼인 공동체이고, 이 공동체의 유지와 운영을 위한 대외 거래가 필수적이기 때문이며, 동시에 부부와 일상 가사의 거래를 하는 상대방의 신뢰를 보호하기 위해서이다.

③ 일상 가사 대리권은 혼인 신고를 한 부부에게만 주어지는 것이 아니라, 사실혼 부부에게도 인정된다.

2. 일상 가사의 범위

① 일상 가사란 '부부의 공동생활에서 필요로 하는 통상의 사무'를 말하는데, 그 범위와 정도는 부부의 생활 정도, 수입, 사회적 지위, 재산, 생활 장소의 관습에 의해서 구체적으로 판정된다.

② 학설이나 판례가 인정하는 일상 가사의 내용을 보면 식료품, 연료, 보통 의류의 구입, 가옥의 임대차, 월세의 수수, 전기료, 수도료, 전화 요금 등의 지급, 가재도구의 구입, 가족의 보건비(병원비, 약품 구입비 등), 자녀의 양육과 교육에 필요한 비용의 지출 등이 일상 가사이거나 일상 가사로 생기는 채무이다. 또 비교적 부유한 가정에서는 집안일을 돌보는 사람의 고용, 가정 교사의 채용도 일상 가사에 속한다. 자녀의 혼숫감 구입도 지나치지 않다면 역시 포함되고, 부부 공동생활 비용으로 쓰기 위한 빚을 얻는 일도 일상 가사일 것이다.

③ 위에서 제시한 범위를 넘는 행위는 일상 가사로 보기 어려울 것이다('비상 가사'라고 한다). 예를 들어 지나친 고가품 구입, 큰 빚을 얻는 일, 부동산 처분, 어음을 발행하는 일 등은 일상 가사가 아닌 것이다.

④ 판례는, 아내에게 재산 처분 행위 또는 저당권을 설정해주고 자금을 빌리는 행위에 대해서, "남편이 정신병 또는 교통사고로 장기간 입원하여 생활비, 입원비, 교육비 등이 필요하게 되었다는 납득할 만한 사정이 있는 경우에는, 부부에게는 일상 가사 대리권이 있다는 것을 전제로 상대방이 대리권이 있다고 믿을 만한 정당한 사유가 된다"고 보아 처분 행위의 유효성을 인정한 사례가 있다. 요컨대 부부 중 한쪽이 행한 다른 배우자 소유의 재산 처분 또는 저당권 설정 행위가 유효하기 위해서는(즉 소유자인 다른 배우자가 책임을 지기 위해서는) 처분 목적이 부부 공동생활의 유지를 위해 필요했다는 충분한 사정이 존재하여야 한다.

3. 일상 가사 대리의 효과: 부부의 연대 책임

일상 가사로 인해 생긴 채무는 부부가 연대하여 책임이 있다(제832조). 즉 거래에 관여하지 않은 배우자도 갚을 책임이 있는 것이다. 일상 가사로 인해 생긴 채무가 아니라면 물론 다른 배우자는 책임이 없다. 또 일상 가사의 채무라도 다른 배우자가 미리 거래의 상대방에게 책임을 지지 않겠다고 명시적으로 의사 표시를 한 경우에는 책임을 지지 않는다.

일상 가사 채무가 연대 책임인 이상, 이혼 전에 성립되었던 책임은 이혼을 하더라도 면제되지 않는다. 그러나 이혼 후부터는 혼인 공동체가 해소되었으므로 일상 가사 대리권 자체나 연대 책임 문제가 발생할 여지가 없어진다.

🔍 결론

아내가 자동차를 외상으로 구입하는 것도 일상 가사에 속한다고 보아야 할까? 우선 일상 가사인가의 여부는 그 가정의 재산, 수입, 부부의 사회적 지위를 기준으로 결정되어야 한다.

남편의 사회적 지위가 회사원이고, 자동차가 가정용이라기보다는 아내의 활동에 사용할 목적이라면 이는 일상 가사에 속한다고 볼 수 없다(남편이 가끔 아내가 운전하는 차를 탔다고 하더라도 결론은 마찬가지다). 따라서 남편은 자동차 할부금을 갚을 책임이 없다. 이런 점에서 부부는 법률상으로 일심동체(일상 가사일 경우)이지만, 동시에 이심이체(비상 가사일 경우)가 되기도 하는 것이다. 따라서 자동차 회사는 할부 대금을 남편에게 청구할 수 없다.

25. 당신 자식이 틀림없소

　중소기업체의 사장인 윤몽룡 씨에게 막내딸이 있었는데, 남자관계가 복잡하여 큰 걱정거리였다. 그래서 자기 회사에 근무 중인 노총각 이순진 군을 달래어 사위로 삼았다.

　장인의 "딸을 잘 데리고 살아주면 기업을 물려주겠다"라는 말만 믿고 혼인한 그이지만, 아내가 결혼식을 올린 지 7개월 만에 아이를 낳게 되자 기가 막혔다. 이를 눈치챈 아내는 "틀림없는 당신의 자식이고, 조산하였을 뿐이다"라고 선수를 쳤다.

　그렇다면 법적으로는 어떤가? 이 아이는 이순진 씨의 아이로 보아야 할까?

① 그렇다. '혼인한 지 200일 이후에 출생한 자'는 부(夫)의 자식으로 추정되기 때문이다.

② 그렇지 않다. 친생자로 추정받기 위해서는 혼인 후 300일 이후에 출산하여야 한다. 사람의 임신 기간이 10개월이라는 것은 법에서도 인정하고 있다.

③ 출생 신고 전까지는 자기 자식임을 부인할 수 있지만, 출생 신고 후에는 자기 자식으로 승인한 것이 된다.

세상 사람들은 때가 되면 혼인하고, 또 때가 되면 자식을 낳고, 부모는 이를 친자식이라고 믿어 의심치 않는다. 혼인하여, 또는 혼인 관계에 있는 남녀 간에 출생한 자(子)를 '혼인 중의 출생자'라고 하며, 법도 친자식(친생자)이라고 추정해준다.

그러나 부부는 혼인 전에도 다른 사람과의 '관계'가 있을 수 있고, 또 혼인 후에도 부정한 행위를 저지를 수 있는 것이다. 이것도 불완전한 인간의 숨김 없는 실태이기도 한 것이다.

그런데 진정한 '부자(父子) 관계'는 핏줄로 연결되는 것이고, 이 관계는 혈통의 순수성과 진정성을 보존하고 유지하는 원천이 될 뿐만 아니라, 상속과 친권 등 여러 방면에서 각종 효과가 부여되는 등 친생자인가의 여부는 법률상으로 대단히 중요한 문제라고 할 수 있다.

그럼에도 불구하고 아버지는 자식이 틀림없는 친자식이라는 것을, 또 자식은 아버지를 친아버지라고 항상 증명하고 살아가는 것은 아니다. 때문에 법률은 혼인하여 낳은 자식은 일정한 조건하에 그 아버지의 '친생자'라는 것을 '추정'해주고 있는 동시에, 사실이 그렇지 않은 경우에는 이해관계를 갖는 사람으로 하여금 이를 증명하여 친생자 추정을 부인하거나 번복하여 사실 관계를 바로잡으라고 하고 있다. 그러면 어떠한 경우에 '혼인 중에 출생한 자'를 친생자로 추정하는가를 살펴보자.

1. 혼인 중 출생자의 친생자 추정 요건

첫째, 해산을 한 어머니가 아버지의 처, 즉 혼인 신고를 한 아내이어야 한다. 자식 입장에서는 출생 당시 부모가 법적으로 혼인하고 있어야 하는 셈이다(출생 당시 부모가 혼인하지 않았으면 '혼인 외의 출생자'가 되며, 출생한 이후에 부모가 혼인하면 그때부터 혼인 중의 출생자가 된다).

둘째, 어머니가 혼인 중에 잉태하였어야 한다(제844조 제1항). 그러나 실제로 어머니가 혼인 중에 잉태한 것인지 여부, 즉 임신 시기는 증명하기가 쉽지 않다. 그래서 민법은 다시 '혼인 성립의 날로부터 200일 후에 출생한 자(子)'와 '혼인 관계가 종료한 날로부터 300일 이내에 출생한 자(子)'를 혼인 중에 잉태한 것으로 추정하고 있다(제844조 제2항).

여기서 '혼인 성립의 날'이란 혼인 신고일이라고 해석되지만, 사람이 반드시 혼인 신고일에 동거(좀 더 정확하게는 성적 교섭)하는 것은 아닐 것이다. 그래서 혼인 신고 전부터 사실혼 관계가 있었으면 그 사실혼 관계가 성립한 날도 포함된다고 해석하여야 할 것이다. 또 '혼인 관계 종료일'도 대체로는 이혼 신고를 한 때를 의미하지만, 실제로는 마지막으로 잠자리를 같이한 날이라는 의미가 더 중요할 수도 있다.

2. 친생자 추정의 효과

위와 같은 요건을 갖추면 그 자(子)는 혼인 중의 출생자이며, 아버지(또는 남편)의 친자식으로 추정된다. 이에 대해 그렇지 않다고 다투려면 다투는 측이 혼인 중의 출생자가 아니라는 증거를 제시해야 하며, 방법도 요건이 아주 엄격한 '친생 부인의 소'라는 소송을 제기해야만 한다(제846조).

3. 친생자의 추정을 받을 수 없는 혼인 중의 출생자

① 혼인이 성립한 날로부터 200일이 되기 전에 출생한 자(子)는 남편의 자(子)로 추정받지 못한다. 이는 아무리 조산(早産)이라도 태는 200일 이후에 출산하게 된다는 경험의 법칙이 반영된 것이기도 하다. 그러나 이미 설명하였듯이 혼인 전부터 동거하고 있었던 경우에는 혼인 중의 출생자라고 추정해야 할 것이다.

② 또 혼인 관계가 종료된 뒤 300일 이후에 출산한 자(子)도 남편의 혼인 중의 출생자로 추정받지 못한다. 사람의 임신 기간이 대체로 300일 이내라는 사실이 반영된 것이다. 혼인 관계가 종료된 지 300일이 넘어서 출산한 자(子)를 전 남편의 친생자라고 추정하는 것은 부자 관계의 진정성을 크게 침해하는 일이 아닐 수 없다.

③ 이와 같이 혼인 중의 출생자로 추정할 수 없음에도 불구하고 어떠한 이유에서든지 남편의 자(子)로 가족관계등록부에 등재된 경우에는 이것은 친생자 부인의 소송 사유가 되는 것이다.

4. 친생자의 추정과 관련된 문제

민법은 혼인 중에 잉태한 자(子), 혼인 성립일로부터 200일 이후에 출생한 자, 혼인 관계 종료일로부터 300일 이내에 출생한 자를 혼인 중의 출생자, 남편의 친생자로 추정하지만, 이는 절대적이고 기계적인 것은 아니다. 예를 들면 혼인 중이라도 남편이 1년 이상 장기간 해외 출장 중이거나 별거하고 있었는데도 아내가 출산하였다면 그런 경우에도 '혼인 중에 잉태한 자'라고 하여 친생자로 추정할 수는 없을 것이다. 요컨대 친생자로 추정받기 위해서는 혼인 관계, 부부 관계가 정상적이라는 것을 전제하고 있는 셈이다.

🔍 결론

혼인한 지 200일 이후에 아내가 낳은 자식은 혼인 중의 출생자이며 동시에 남편의 자식으로 추정된다. 이 추정은 법률이 그렇다고 규정한 이상 도리가 없는 것이다. 만일 이순진 씨가 자기 자식이 아니라고 하기 위해서는 그에게 입증 책임이 있고, 방법은 '친생 부인의 소'뿐이다.

26. 아니 땐 굴뚝에 연기 나랴

"처가 혼인 중에 잉태한 자(子)는 부(夫)의 자로 추정한다"는 것은 민법의 원칙이다.

그렇다면 이런 경우는 어떠한가?

삼룡이와 삼월이는 혼인 신고를 하고 살던 중 부부 싸움을 하고 헤어졌다. 삼월이는 친정에서 살던 중 3년째 되던 해에 아이를 낳았다. 삼룡이와 삼월이는 아직까지 이혼 신고는 한 바 없다. 이런 아이도 삼룡이의 자(子)로 추정되는가?

① 그렇지 않다. 별거 기간 중 낳은 아이는 친생자로 추정할 수 없다.

② 그렇다. 동거 유무, 부(夫)의 잉태 능력 유무를 묻지 않고 혼인 중에 낳은 자는 일단 친생자로 추정받는다.

③ 부(夫)가 객관적으로 명백하게 증거를 제시하지 못하면 역시 부의 친생자로 추정받는다.

혼인 중에 잉태하여 아내가 낳은 아이는 남편의 친생자로 추정된다(제844조 제1항). 법이 친생자로 '간주'하지 않고 '추정'한다고 한 것은 의미심장하다. 왜냐하면 부부는 순결을 유지할 의무가 있지만, 세상의 현실은 그렇지 않은 경우도 얼마든지 있기 때문에 일단 친생자로 추정해주고, 남편으로부터 자기의 친생자가 아니라는 주장을 허용할 여지를 남겨두는 것이다.

법은 더 나아가 아내가 혼인 중에 잉태한 것인지의 여부를 직접 증명하기가 어렵다는 이유에 근거하여 "혼인 성립의 날로부터 200일 후 또는 혼인 관계 종료의 날로부터 300일 내에 출생한 자(子)는 혼인 중에 잉태한 것으로 추정한다"라고 배려하고 있다(제844조 제2항). 여기서 혼인 성립일이란 혼인 신고일이라고 해야 하지만, 혼인 후 혼인 신고일까지는 상당한 기간의 간격이 있을 수 있으므로 사실상 혼인이 성립된 날도 포함된다고 해석된다.

그러면 처가 혼인 중에 잉태한 자는 남편의 친생자로 추정한다는 원칙에 예외는 허용되지 않는 것일까? 남편이 장기간의 해외 출장, 해외 유학 등으로 동거하지 않았던 경우나, 별거 상태가 장기간 계속된 경우에도 아내가 낳은 아이는 친생자로 추정해야 되는가?

학자들은 아내가 남편의 아이를 잉태할 수 없는 객관적으로 명백한 별거 상태에서 잉태, 출산한 자에 대해서는 남편의 아이로 추정할 수 없다고 주장하여왔다. 대법원의 판례는 1983년 1월 12일 전원 일치 판결로 이를 긍정하였다. 이에 따라 친생자로 추정할 수 없게 되면 남편은 '친생 부인의 소' 제기 없이도 자기 자식이 아님을 주장할 수 있게 된다.

Q 결론

3년이나 별거하던 아내가 낳은 이는 남편의 아이로 추정할 수 없다. 이때 부인의 의사 표시 방법은 남편이 출생 신고를 거부하거나 '친생 부인의 소'를 제기하는 것이다.

27. 진통도 다시 내 몫으로

여자들이 해산할 때 겪는 진통이 한때 남자들의 몫이었던 시절이 있었다. 그 사연은 이렇다. 그리스의 임신부들이 제우스에게 몰려가 "임신과 출산, 양육이 모두 여성의 몫이고 남자들 아무 할 일이 없으니 이는 남녀 차별이 아니겠습니까? 진통만이라도 아이 아버지가 맡게 해주십시오"라고 청원하였다.

제우스는 알 듯 모를 듯한 미소를 지으며 순순히 이 청원을 들어주었다. 그리하여 진통을 '아이 아버지'가 분담하기로 되었는데, 바크라테스의 아내가 남편의 해외여행 중에 해산하게 되었다.

그런데 이게 웬일인가? 진통은 엉뚱한 옆집 남자 엉크만네스가 하는 것이 아닌가? 아내는 남편이 알까 봐 부랴부랴 출생 신고를 하였는데, 이 아이의 법적인 아버지는 누구인가? (참고: 남편인 바크라테스는 아직 이 사실을 모르고 있다.)

① 바크라테스이다.

② 엉크만네스이다.

③ 혼인이 계속될 동안은 바크라테스이고, 이혼하면 생부인 엉크만네스가 아버지가 된다.

앞의 사례에서 우리는 친생자란 무엇이며, 어떤 조건하에 친생자로 추정되는가를 살펴보았다. 요컨대 혼인 중에 잉태한 자는 친생자로, 혼인 성립일로부터 200일 이후에 출생한 자, 혼인 관계 종료일로부터 300일 이내에 출생한 자는 혼인 중에 잉태한 것으로 추정한다는 것을 알게 되었다.

만일 이 사건에서처럼 인간이 아이를 해산할 때 진통을 친아버지가 하도록 되었다면, 세상에 친생자의 추정 규정은 굳이 둘 필요가 없을 것이다. 진통도 여인들의 몫인 이상, 친생자 추정이라는 궁여지책은 어쩌면 인간의 한계이자 숙명인지도 모르겠다.

이 사건에서도 비록 진통은 옆집의 엉큼한 사나이 엉크만네스가 하였고, 그래서 그가 친아버지로 보이지만, 오히려 친생자 추정의 규정 때문에 일단은 바크라테스의 아이로 추정될 수밖에 없다. 바크라테스가 진상을 알고 이 아이가 자기 자식이 아니라고 부인하려면, 이른바 '친생 부인의 소'를 제기하여야만 한다.

Q 결론

바크라테스의 아내가 낳은 아이도 일단은 바크라테스의 친생자로 추정된다고 보아야 한다. 다시 말하면 아이의 법적인 아버지는 바크라테스인 것이다. 바크라테스가 아이와의 친생자 관계를 공적으로 부정하는 방법은 '친생 부인의 소' 제기이다.

28. 발가락만 닮았네

　젊어서 무절제한 성생활을 거듭하여 생식 능력을 상실한 허망해 씨가 결혼을 하였는데, 열 달 후 그의 아내가 떡두꺼비 같은 아들을 낳았다. 허망해 씨는 주위의 시선을 의식해서 출생 신고를 하였고, 누가 "아이가 어째 아버지를 닮은 것 같지 않다"라고만 해도 입에 거품을 물고 자기 아들이라고 변호하였다. "잘 보시오. 특히 발가락이 나와 똑같지 않소?" 하며 힘주어 말하곤 했다.

　그러나 허망해 씨는 진실을 알고 있다. 솔직히 말해 아이는 허망해 씨의 자식은 아니다. 아들의 출생 비밀, 그리고 그것의 은폐로 고민하였던 허망해 씨도 임종을 맞게 되었는데, 그가 유언으로라도 친족들에게 아내가 낳은 아들이 자기 친아들이 아니라고 할 수 있을까?

① 할 수 있다. 자기 아들이 친생자가 아니라면 친생자의 부인은 유언으로도 가능하다.

② 할 수 없다. 이미 자기 자식으로 승인하였기 때문이다.

③ 할 수 있다. 다만 생모의 동의를 얻어야 한다.

이 문제는 김동인의 단편 소설 〈발가락이 닮았다〉를 참고로 만들어본 것이다.

앞의 문제에서 우리는 처가 혼인 중에 잉태해서 낳은 아이, 혼인한 지 200일 이후에 낳은 아이, 혼인 관계가 종료된 뒤 300일 이내에 낳은 아이는 일단 혼인 중의 출생자라는 신분을 취득하고 동시에 남편의 친생자로 추정된다는 것을 알게 되었다. 그리고 이 추정에 대해서 이의가 있는 측은 그 추정을 깰 수 있는 강력한 증거를 제시하여 친생자가 아니라는 부인을 할 수 있고, 그 방법은 '친생 부인(親生否認)의 소(訴)'라고 한다는 것도 알게 되었다.

친생 부인의 소는 친생자 추정 제도에 버금가는 대단히 의미 있는 제도이고, 따라서 민법도 이에 관하여 상당히 많은 조문을 두고 있다.

1. 친생 부인의 소의 의미

이 제도는 '친생자로 추정받는 혼인 중의 출생자'에 대해 그렇지 않다고 주장하여 부인하는 소송이다. 이 소송은 재판 전에 조정 절차를 거쳐야 한다.

2. 소송의 당사자

① 친생자가 아니라는 부인의 소송은 남편도 할 수 있고 아내도 할 수 있다 (제846조). 부인의 소송은 유언으로도 할 수 있는데, 유언으로 부인의 의사를 표시한 때에는 유언 집행자가 소송을 제기하여야 한다(제850조). 또 남편이 자(子)의 출생 전에 사망하거나 남편 또는 아내가 친생 부인의 소송을 제기할 수 있음을 안 날부터 2년 내에 사망한 때에는 그 직계 존속이나 직계 비속이 그 사망을 안 날부터 2년 내에 부인의 소송을 제기할 수 있다.

② 부인의 소송의 상대방, 즉 피고는 친생자로 추정되는 자(子) 또는 다른

배우자이다(제847조 제1항).

3. 소송을 제기할 수 있는 기간(출소 기간(出訴期間))

부인의 소송은 언제라도 할 수 있는 것은 아니다. 남편이나 아내가 그 자(子)가 친생자가 아님을 안 날로부터 2년 내에 하여야 한다. 또 남편이 사망하여 그 부모나 자식이 제기하는 경우에도 그 사망을 안 날로부터 2년 내에 하여야 한다.

4. 친생자의 승인과 부인권의 상실

자의 출생 후에 남편이나 아내가 자기의 친생자라고 '승인'한 경우에는 부인의 소송을 제기할 수 없다(제852조). 승인 후에 그와 모순되는 부인은 허용할 수 없기 때문이다. 이 승인은 물론 출생한 자(子)가 자기의 친생자가 아님을 알고도 한 경우를 의미한다.

친생자로 추정되는 자(子)에 대하여, 남편이나 아내가 출생 신고를 했다고 하더라도 이 출생 신고를 승인이라고 해석할 수는 없다.

5. 재판

부인의 소송이 제기되면 법원은 물론 조정을 시도하고, 조정이 이루어지지 않으면 재판으로 옮겨진다. 이 재판에서는 남편과 아내의 생식 능력의 유무, 혈액형, 동거의 시작일과 동거의 내용, 임신 기간 등 모든 사실을 심리한다.

6. 판결의 효력

원고(부인의 소송을 제기한 사람)의 주장이 증거에 의하여 인정되고 승소 판결이 확정되면, 남편과 그 자녀 사이의 부자 관계는 자녀의 출생 시로 소급하여 소멸한다. 그 자녀는 모(母)의 혼인 외 출생자의 지위로 전락한다.

다른 말로 바꾸면 남편의 친생자가 아니고, 생모가 다른 사람과 관계하여 낳은 아이가 된다는 뜻이다. 승소한 측에서는 가족관계등록부의 정정을 신청하게 되며, 가족관계등록부에 생모의 혼인 외 출생자로 정정된다.

그런데 그 후 친아버지가 있으면 그가 그 자를 '인지(認知)'할 수 있다. 인지를 하면 친아버지의 가족관계등록부에 입적하게 된다. 또 친생자 부인의 소송이 승소하면, 이는 아내가 소위 '부정한 행위'를 저질렀다는 의미이므로 이 경우에는 재판상 이혼 사유가 될 수도 있다.

이상은 '혼인 중의 출생자로 추정받는 자'에 대한 친자 관계 부인의 방법에 대한 설명이고, 친생자로 추정받지 못하는 혼인 중의 출생자에 대해서는 '친자 관계 부존재 확인 소송'이라는 방법으로 그 친생성을 다툴 수 있다.

◯ 결론

생식 능력을 상실한 사람이 혼인했다고 해서 아이를 낳게 할 수는 없는 것이다. 그러나 허망해 씨의 아내가 낳은 아이는 혼인 중에 잉태, 출산하였으므로 일단 혼인 중의 출생자가 되고 허망해 씨의 친생자로 추정받지만, 허망해 씨는 생식 능력이 없음을 증명하여 친생자 부인의 소송을 제기할 수 있는 것이다. 이 소송은 유언으로도 할 수 있음은 물론이다(이 경우에는 유언 집행자로 지정된 사람이 제소하게 된다).

다만 이 사례에서는 유언으로 친생 부인을 하는 경우라 문제가 있을 수 있다. 친생 부인의 소송은 친생자 추정을 받는 혼인 중의 출생자가 자신의 친자식이 아님을 안 날부터 2년 내에 제기해야 한다. 그런데 생식 능력이 없는 허망해 씨가 자녀의 출생 직후 그것을 알았을 터인데도 평생 가만히 있다가 유언으로 이를 부인하면, 2년을 제소 기간으로 정한 민법 규정은 의미가 없어지고 만다. 따라서 그가 친생자를 승인하였다는 것을 이유로 정답을 ②로 한다.

29. 한 여자를 서로 사랑했던 두 남자

'양손의 떡'이라는 말처럼, 죄(?)라고는 절세미인인 것밖에 없는 최춘향은 잘생긴 김미남 씨와 돈 많은 박억만 씨에게 구애를 받고 있었다. 그녀의 또 하나의 잘못은 거의 동시에 두 남자에게 몸을 허락하였다는 사실이다.

아니나 다를까? 그녀가 사랑 싸움이 결말이 나지 않은 상태에서 아들을 낳게 되자, 김미남 씨와 박억만 씨는 서로 자기 아이라고 주장하고 나섰다. 최춘향은 아무래도 김미남 씨의 아이 같다고 하였으나 박억만 씨는 승복하지 않는다.

자, 이런 경우 부(父)는 어떻게 정하는가?

① 임신, 출산한 생모의 판정이 결정적이다.
② 김미남 씨와 박억만 씨 중 누구든지 법원에 판정해달라고 청구할 수 있다.
③ 아이가 성장할 때까지 판정이 보류된다. 성장하면 밝혀진다. 콩 심은 데 콩 나는 법이 아닌가?
④ 혼인 신고를 하는 측이 아이의 아버지가 된다.

한 아이를 놓고 서로 자기 아이라고 주장하는 꼴이 영락없이 솔로몬 왕에게 재판을 청한 두 여인과 같다. 이 문제는 솔로몬 왕도 해결할 수 없을 것이다. 왜냐하면 두 남자가 서로 진실을 모르고 있으므로 솔로몬 왕이 칼로 아이를 반으로 나누라고 명령하더라도 진짜 아버지는 가려낼 수 없기 때문이다.

이 문제는 인간 심리의 진수를 간파한 지혜로 해결할 문제가 아닌, 과학의 문제인 것이다. 최근의 과학, 특히 유전자 과학으로 해명된 바에 따르면 인간은 육체는 물론 음성, 행동 양식, 성격, 사고방식 등 거의 모두는 선조의 복사품이라고 한다. 이것이 과학의 힘으로 드러난 유전자의 비밀이다. 따라서 최춘향이 낳은, 그녀 자신도 누구 아이인지 모르는 이 아이는 과연 누구의 복사품인가를 과학의 힘으로 가려내는 수밖에 없다.

분쟁의 발전 형식은 김미남 씨나 박억만 씨 중 누구든지 그 아이가 자기의 아이라고 '인지'하는 경우에, 상대방은 '인지 이의의 소송'을 제기함으로써 법정으로 비화될 것이다. 아이가 누구와 부자 관계에 있는가 하는 것이 쟁점이 될 터이고 부자 관계의 증명은 결국 감정(鑑定)이라는 방법을 동원하게 된다. 과거에는 법원이 당사자가 동의하지 않는 한 혈액형 검사 등을 강제로 할 수 없었으나, 가사소송법이 개정되어 법원은 '검사를 받을 사람의 건강과 인격의 존엄을 해치지 아니하는 범위에서 당사자 또는 관계인에게 혈액 채취에 의한 혈액형 검사 등 유전 인자 검사나 그 밖에 적당하다고 인정되는 방법에 의한 검사를 받을 것을 명'하는 것이 가능해졌다(가사소송법 제29조 제1항). 고도로 발달된 과학은 누구의 아이인지를 충분히 가려낼 수 있을 것이다.

🔍 결론

부자 관계의 증명은 인지 청구 소송, 또는 인지에 대한 이의 소송에서 과학적인 검사를 통해 법원이 판정할 수밖에 없을 것이다.

30. 과학의 아이 Ⅰ

　강태공 씨는 무정자증이라는 희귀한 증세로 아이를 낳을 수 없다. 그러나 부부간의 애정은 지극하며 아이에 대한 열망도 대단하다. 그래서 입양이라는 수단을 선택하기보다는 인공 수정 방법을 택하기로 하였다. 정자 은행에서 제공받은 제3자의 정액을 아내의 자궁에 주입하는 인공 수정 시술 방법으로 아내는 임신하였고, 10개월 후에는 예쁜 아기를 얻게 되었다. 물론 이 아기는 강태공의 아들로 가족관계등록부에 입적되었다.

　그런데 아이가 자랄수록 강태공 씨의 얼굴 모습과는 판이해지자 강태공 씨는 후회막급이다. 이제 와서 이 아이가 자기 친자가 아니라고 부인할 수 있을까?

　① 있다. 아이는 강태공 씨의 친생자가 아니기 때문이다.

　② 없다. 제3자의 정액에 의한 인공 수정에 동의하였기 때문이다.

　③ 아내가 동의하면 가능하다.

20세기에 들어와 과학은 눈부실 정도로 발달했다. 특히 의학 분야의 발달은 인간의 평균 수명을 늘렸고, 영아 사망률을 대폭 감소시켰다. 이뿐인가? 아이를 갖고 싶어도 가질 수 없었던 불임 부부에게 간절한 소망을 이루어주었다. 바로 인공 수정의 방법에 의한 임신, 출산이 그것이다.

1. 인공 수정(人工受精)이란?

인공 수정은 남녀 간의 자연적인 성적 교섭에 따르지 않고 인공적인 기구나 방법으로 남성의 정자를 여성의 자궁이나 난관에 주입하여 정자와 난자를 결합, 수정시켜 임신케 하는 것을 말한다. 이러한 방법으로 태어난 아기가 바로 인공 수정자(또는 인공 수정아)이다. 인공 수정은 200년의 역사를 갖고 있고, 오늘날 인공 수정의 방법은 수많은 불임 부부에게 복음이 되고 있지만, 동시에 과학이 낳은 아이인 인공 수정자의 법적 지위에 관해서는 아주 복잡한 법률문제를 발생시키고도 있다.

2. 인공 수정의 종류

인공 수정은 세 가지 방법으로 이루어진다.

① 배우자 간의 인공 수정(Artificial Insemination by Husband: AIH): 이는 부부의 자연적 성적 교섭으로는 임신이 불가능한 경우 부(夫)의 정자를 추출하여 아내의 자궁에 수정·임신시키는 방법을 말한다. 이 방법은 불임의 원인이 주로 남편에게 있으나 수정 능력이 있는 경우에 이용된다.

② 비배우자 간의 인공 수정(Artificial Insemination by Donor: AID): 이것은 남편이 완전히 임신 불능인 경우에(수정 능력조차 없을 경우에), 제3의 남성의 정자를 제공받아 아내에게 수정시켜 임신하게 하는 방법을 말한다. 서구에서는 대개 정자의 제공자는 익명으로서 비밀이 보장되고, 이

런 경우를 대비한 정자은행까지 생겨났다. 인공 수정이 법률적으로 문제가 되는 것은 대개 AID의 경우다. AID는 불임의 원인이 전적으로 남편에게 있는 경우에 이용된다고 하는데, 독신주의자 여성들이 아이를 원할 때 정자은행의 신세를 지기도 한다.

③ 대리모(代理母)에 의한 인공 수정(Artificial Insemination by Surrogate: AIS): 이것은 아내가 임신 불능일 경우에 남편의 정액을 제3의 여성('대리모'라고 한다)의 자궁에 인공 수정시켜 임신케 하는 방법을 말한다. 대리모가 아이를 해산하면 이 아이는 물론 의뢰한 부부가 데려온다.

3. 인공 수정자의 법적인 지위는?

인공 수정의 방법으로 출생한 아이는 누구의 아이로 보아야 하는가가 문제될 수 있다. 인공 수정의 방법에 따라 결론은 약간씩 달라진다.

① AIH에 의한 인공 수정자: 남편의 정액에 의한 출생자이므로 혼인 중의 출생자로 보아야 할 것이고, 또 남편의 친생자로 추정할 수 있을 것이다. 문제는 정액의 냉동 보존과 그 이용법의 발달로 생긴다. 가령 남편이 생전에 정액을 냉동 보존시켰는데 사망하였다고 할 때 사후에 아내가 보존된 정액을 이용하여 인공 수정, 출산한 경우 이 인공 수정자의 법적 지위가 어떻게 되는가가 그 예다.

② AID에 의한 인공 수정자(남편의 동의가 있는 경우): 학자들은 남편의 동의하에 아내가 제3자의 정액을 제공받아 임신, 출산한 인공 수정자에 대해서는 부(父)의 자(子)로 추정받는 혼인 중의 출생자로 보아야 한다고 해석하고 있다. 자의 법적 보호를 위해서이다.

③ AID에 의한 인공 수정자(남편의 동의가 없는 경우): 아내가 남편의 동의 없이 또는 남편의 동의서를 위조하여 임의로 제3자의 정액을 제공받

아 인공 수정, 출산한 인공 수정자는 혼인 중의 출생자로 볼 수 없다고 한다. 따라서 남편은 이 아이를 자기 자식이 아니라고 부인할 수 있다. 그렇다고 하더라도 아내의 임의에 의한 인공 수정은 이혼 사유가 되는 '부정행위'라고는 해석할 수 없을 것이며(자연적인 성행위가 아니므로), 다만 도덕적 비난의 대상이 되거나 그로 인해 가정불화, 가정 파탄으로까지 비약되는 경우에는 '혼인을 계속하기 어려운 사유'에 해당되어 이혼 사유가 될 수는 있을 것이다.

결론

이 사건은 위에서 설명한 '남편의 동의가 있는, AID에 의한 인공 수정자'의 경우이다. 띠리서 인공 수정지는 강태공 씨의 혼인 중의 출생자로 보아아 할 것이다.

문제의 핵심은 인공 수정에 동의한 강태공 씨가 뒤늦게 AID의 방법으로 얻은 인공 수정자에 대해 자기 자식이 아니라고 부인할 수 있겠는가이다. 즉 친생자 부인의 소를 제기할 수 있는가에 있다. 학자들은 인공 수정 시술에 동의한 남편이 변심하여(또는 후회하여) 친생자 부인권을 행사한다는 것은 신의 성실의 원칙이나 금반언(禁反言)의 원칙에 위배되기 때문에 부정하여야 한다고 한다. 또 우리나라에서도 실제로 변심한 남편이 친생자 부인의 소를 제기한 사건이 있었고, 법원은 이를 기각하였다.

인공 수정자란 남편의 동의가 없었으면 출생할 수 없었던 아이다. 따라서 인공 수정자의 보호를 위해서 부(夫=父)의 친생자 부인의 소는 받아들여서는 안 될 것이다(참고: 독일에서는 최근 남편의 동의가 있었다고 하더라도 친생자 부인의 소를 제기할 수 있다는 대법원의 판결이 나왔다고 한다. 이에 대해서 학자들은 매우 비판적이다).

31. 과학의 아이 II

변막동 씨는 결혼한 지 5년이 넘도록 아내가 아이를 갖지 못하자 부부가 함께 병원을 찾아갔다. 원인은 아내의 자궁 이상 때문이었다. 그래서 병원의 조언에 따라 '체외 수정', 즉 변막동 씨의 정자와 아내의 난자를 시험관 속에서 수정시켜 임신에 성공했다.

그런데 그 후 아내가 유산의 기미를 보여 임신 7개월 만에 태아는 조산하게 되었고, 아이는 현재 인큐베이터 속에서 출산(?)을 기다리고 있다. 문제는 출산 전에 변막동 씨가 불의의 사고로 사망함에 따라 발생하게 되었다. 인큐베이터라는 인공 장치 속에서 자라고 있는 아기에게도 상속권이 있는가?

① 있다. 시험관 아기도 변막동 씨의 핏줄인 이상 친자이며, '태아'에 준하여 생각하여야 한다.

② 없다. 태아는 사람(아내)의 배 속에 있는 존재를 말하는데, 시험관 아기는 태아로 볼 수 없다.

③ 시험관 아기라는 의학 발달을 민법이 예측하지 못하여 규정이 없다. 따라서 법원의 판정에 따르는 수밖에 없다.

과학이 낳은 아이는 인공 수정자 말고도 '시험관 아기(test tube baby)'라는 존재도 있다. 불임 부부의 정자와 난자를 인공적으로 추출하여 시험관에서 수정시킨 후 배양된 태아를 다시 모체의 자궁에 착상시킨 다음 성장, 출산시키는 경우를 말한다. 인간의 자궁이 아닌 몸 밖에서 수정시킨다고 하여 '체외 수정'이라고도 한다.

세계 최초의 시험관 아기는, 1978년 영국에서 나팔관이 막혀 임신할 수 없었던 한 여성의 난자를 채취하여 시험관에서 남편의 정자를 주입해 수정에 성공함으로써 탄생했다. 그 뒤 이 기술로 세계 각국에서 수천 명의 아기가 태어났을 정도로 시험관 아기는 보편적인 불임 치료 수단이 되고 있다.

우리나라에서도 1985년 최초로 시험관 아기가 태어난 이래 연간 수백 명의 시험관 아기가 태어나고 있다. 시험관 아기에 대해서도 인공 수정자의 경우처럼 우리나라 가족법에는 명문의 규정도 없고, 특별법도 없어서 발생하는 법률 문제를 해석을 통해 겨우 해결하고 있으므로, 이에 대한 법의 개정이나 제정이 필요하다. 시험관 아기의 법적 지위는 부모의 정자와 난자, 그리고 모(母)의 자궁에 의한 경우에는 역시 혼인 중의 출생자로 본다는 데 이견이 없다.

그러나 난자가 모 이외의 여성의 난자인 경우, 즉 제3자의 여성의 자궁에 착상시킨 경우에도 혼인 중의 출생자로 볼지의 문제가 대두되고, 이 사건처럼 체외 수정 상태나 인큐베이터라는 시험관 상태에서 부모(특히 부)가 사망한 경우에는 상속의 문제가 발생할 수 있다.

⚲ 결론

체외 수정 상태에 있는 아기, 시험관 아기도 부모의 정자와 난자의 결합에 의한 생명체이고, 10개월 미만의 존재라면 역시 태아라고 할 수 있다. 따라서 태아에게도 상속권이 있다고 해야 할 것이다.

32. 난자와 자궁 중 진짜 어머니의 것은?

임대근 씨 부부는 결혼한 지 10년이 넘도록 아이를 갖지 못하였다. 병원에서는 부부 모두 정상적인 방법으로는 임신할 수 없지만, 생식 능력은 있으므로 체외 수정의 하나인 대리모에 의한 방법으로는 아기를 얻을 수 있다고 하였다.

그래서 그들 부부는 많은 액수의 사례를 하고 건강한 여성인 강소연 양과 대리모 계약을 하였다. 그래서 남편의 정자와 아내의 난자를 체외 수정시킨 다음, 이를 강소연 양의 자궁에 착상시켜 임신이 되었다. 물론 10개월 후에 태어날 아이는 임대근 씨 부부에게 넘겨주어야 한다.

그렇다면 이 아이의 아버지는 물론 임대근 씨이겠지만, 어머니는 누구인가?

① 난자의 주인공인 임대근 씨 부인이다.
② 자궁의 주인공이자 실제 임신, 출산을 한 강소연 양이다.
③ 법원이 정하는 바에 따라야 한다.

'대리모'란 10개월 동안 자궁을 빌려주는 자궁 어머니를 말한다. 즉 어떤 부부가 불임일 경우에 부(夫)와 처 사이의 체외 수정란을 제3자의 여성의 자궁에 착상시켜 출산하는 경우를 말하는데, 자궁을 제공하는 제3자의 여성을 '대리모(surrogate mother)'라고 한다. 현대판 씨받이라고 할 수 있다. 대리모가 과거의 씨받이와 다른 점은 과학의 발달로 자연적인 성적 교섭 없이 인공적인 방식으로 임신하게 된다는 점일 것이다.

대리모 계약은 서구에서 성행하고 있는데, 불과 2~4만 달러의 비용을 받고 대리모가 되어준다는 것이다. 대리모를 둘러싼 법률상의 문제는 하나둘이 아니다. 우선 대리모가 낳은 아이의 법적 지위는 어떻게 되는가이다. 학자들은 남편의 혼인 외의 출생자로 보아야 한다고 한다.

다음, 대리모가 계약을 위반하여 낳은 아이를 돌려주지 않는 경우이다. 미국에서 실제로 이런 사건이 발생하였다. 대리모인 메리는 예쁜 여자아이를 낳게 되자 그만 모성애가 발동하여 아이를 의뢰자에게 돌려주지 않았고, 의뢰인이 아이를 인도해달라는 소송을 냈던 것이다. 이것이 소위 'Baby M' 사건이라고 해서 미국 사회의 비상한 관심을 모았으나, 결국은 의뢰자의 승리로 끝났다. 현대판 솔로몬의 재판이 현실화되었던 사건이다.

대리모가 낳은 아이의 어머니는 누구인가도 문제이다. 즉 난자 어머니인가, 자궁 어머니인가? 이 문제를 따지는 실익은 누가 친권자가 되는가와 관련된다. 현재 학자들 사이에서는 난자의 모가 어머니가 되어야 한다고 하는 주장이 우세한 편이다. 그 밖에도 대리모에 관한 법률문제는 허다하지만, 이 모든 것은 과학이 유죄라면 유죄라고밖에는 할 수 없다.

🔍 결론

대리모가 낳은 이의 법적 어머니는 난자를 제공하는 어머니로 결론 내리기로 한다.

33. 미혼 여성의 임신은 무죄

진정한 사랑은 한때의 불장난이 아니다. 이진실 양은 적어도 이렇게 믿고 있다. 이진실 양이 차정열 씨를 만나 사랑을 불태우게 된 것은 바로 경부선 새마을열차에서부터였다. 우연히 옆자리에 앉게 된 차정열 씨와 이야기를 나누다가 점점 발전하여 장래를 약속하기에 이르렀다.

그러나 두 사람은 차정열 씨의 부모의 반대로 끝내 헤어지게 된다. 그때 이미 이진실 양은 차정열 씨의 아이를 임신하였다. 점점 불러오는 배, 주위의 수군거림…. 그러나 이진실 양은 개의치 않는다. 자기의 사랑이 불장난이 아닌 것을 행동으로 입증하려는 그녀는 아이를 낳아 잘 키우려고 굳게 다짐한다.

그렇다면 장차 출생할 아이는 누구의 가족관계등록부에 입적하는가?

① 당연히 아버지인 차정열 씨의 가족관계등록부에 입적하게 된다.

② 어머니인 이진실 양의 가족관계등록부에 입적하게 된다.

③ 이진실 양이 미혼이므로, 차정열 씨 부모의 가족관계등록부에 입적하게 된다.

혼인 관계가 없는 부모가 낳은 아이를 우리 민법은 '혼인 외의 출생자'라고 부른다. 속칭 사생아, 또는 사생자를 말한다. 남녀 간의 육체적 교섭은 혼인과 관계없이 이루어질 수 있고, 그로 인해 그 열매를 생산할 수도 있다. 그래서 사생아는 또 다른 말로 '부정(不貞)의 열매'라고도 한다. 미국의 작가 너새니얼 호손의 〈주홍 글씨〉는 바로 사생아를 낳은 여인의 비극을 통해 기독교 윤리의 모순을 철저히 고발하는 작품이기도 하다. 기독교가 지배하고 있는 유럽에서는 일부일처제가 정당한 혼인 제도로 공인되었기에, 이를 벗어난 관계의 산물인 사생아는 부정의 열매라고 하여 갖가지 비인도적 학대가 가해졌던 것이다.

이에 비하여 과거의 우리나라는 유교의 봉건적 가족 제도하에서는 일부다처가 공인되었고 오늘날에도 그 잔재가 남아 있다. 바로 첩 관계가 그것이다. 그러나 첩의 자녀, 소위 '서자(庶子)'는 서구적 의미의 사통 관계의 산물, 부정의 열매라기보다는 혼인 중의 출생자로 여겨졌다. 그런데 우리 민법이 근대적 성격을 분명히 하면서 일부일처제를 공식 채용함에 따라 우리나라에서도 현재 혼인 외의 출생자는 아버지가 이를 자기 자식으로 인정하고 가족관계등록부에 입적시키지 않는 한(이를 '인지'라고 한다), 어머니(생모)의 가족관계등록부에 입적하는 수밖에 없다. 또 사생아를 생모가 출생 신고하게 되는 경우에도 대개 부(父)를 은폐하는 경우가 많다.

그러나 사생아의 입장에서 볼 때 이처럼 억울한 경우도 없을 것이다. 그래서 세계 각국은 사생아를 혼인 중의 출생자의 지위와 권리에 접근시키는 특별 입법을 함으로써 사생아를 보호하고 있다.

◯ 결론

혼인 외의 출생자는 부(父)가 인지하지 않는 한 모(母)의 가족관계등록부에 오른다.

34. 무심한 원효 대사님

　원효 대사께서 어느 날 경주 시내로 나가 "누가 내게 자루 없는 도끼를 주겠는가? 내 하늘을 받칠 기둥을 깎으리라"라고 외치며 다녔다. 이 노래를 듣게 된 태종 무열왕께서는 그 뜻을 알아차리고 요석 공주를 대사께 허락하니 대사와 공주 사이에서 설총이 태어났다.

　그런데 중생 제도에 바쁘신 대사가 설총의 존재를 까맣게 잊었다고 가정하자. 요석 공주는 대사의 행방을 알 수조차 없다. 공주가 설총을 대사의 가족관계등록부에 입적시키는 방법이 있을까?

① 대사가 설총을 자기 자식으로 승인하고 스스로 출생 신고를 해줄 때까지 기다려야 한다.

② 대구지방법원 경주지원에 대사를 피고로 하여 소송을 제기하면 된다.

③ 대사가 설총을 자기 자식이 아니라고 할 리가 없으므로 공주가 일방적으로 혼인 신고를 먼저 한 뒤에 출생 신고를 하면 된다.

혼인 외의 출생자를 생부(生父), 생모(生母)가 자기의 자(子)로 인정하는 것을 법률상 '인지'라고 한다. 혼인 외의 출생자가 자기 아버지가 되는 사람과 법률상으로 부자 관계를 인정받기 위해서는 인지라는 방법에 따르지 않으면 안 된다. 물론 생모도 인지할 수 있지만(제855조), 모자 관계는 해산과 출생으로 당연히 발생하므로 생모가 인지하는 사례는 기아(棄兒)의 경우이다. 인지는 임의로 하는 경우와 소송으로 하는 경우가 있다.

1. 임의 인지(任意認知)

① 인지할 수 있는 사람은 생부 또는 생모이다. 인지는 혼인 외의 출생자를 자기 자식이라고 승인하는 것이다. 인지되는 사람은 혼인 외의 출생자이다. 그러나 혼인 외의 출생자가 이미 다른 사람의 자(子)로 가족관계 등록부에 등재되어 그 사람의 친생자로 추정되는 경우에는 그 사람으로부터 친생자가 부인된 후에만 인지할 수 있다. 인지되는 대상자, 즉 혼인 외의 출생자는 성년, 미성년을 묻지 않으며, 대상자가 이미 사망한 경우에는 인지할 수 없으나 다만 그 후손(직계 비속)이 있는 때에는 인지할 수 있다(제857조). 물론 태아도 인지할 수 있다. 인지는 인지되는 자의 동의를 필요로 하지 않는다. 아버지가 혼인 외의 출생자에 대하여 친생자 출생의 신고를 한 때에도 그 신고는 인지의 효력이 생긴다.

② 인지하는 절차는 시, 읍, 면사무소에 '인지 신고'를 하는 것이다(제859조 제1항). 따라서 인지 신고가 없이 단순히 누구를 자기 자식이라고 공언(公言)하는 것은 인지가 아니고 효력도 발생하지 않는다. 또 생모가 아이를 출생 신고하면서 아이의 생부를 표지하였어도, 이것은 인지가 아니므로 그것에 의해서 생부와의 사이에 부자 관계가 생기지는 않는다. 인지는 유언으로도 할 수 있는데, 이 경우에는 유언 집행자가 취임 1개

월 이내에 인지해달라는 유언서 등을 첨부하여 인지 신고를 하여야 한다(제859조 제2항).

③ 인지 신고를 마치게 되면 인지된 자는 인지를 한 부(父)의 법률상의 친생자가 되는데, 그 효력은 인지된 자가 출생한 때로부터 소급하여 발생한다. 인지된 자는 또 출생 시부터 부(父)의 가(家)에 입적한 것이 된다(제781조 제1항). 인지된 자가 생부와의 친생자 관계가 성립되는 이상 인지된 자도 상속권이 주어진다.

2. 강제 인지(强制認知) : 인지 청구 소송

① 생부나 생모가 혼인 외의 출생자를 인지하지 않을 때에 혼인 외 출생자인 당사자 등이 인지하여줄 것을 재판상 청구하는 것을 말한다(제863조). 인지를 청구할 수 있는 청구권자가 금전이나 경제적 대가를 받거나 받기로 하고 인지 청구권을 포기할 수 있는가에 대해서 학자들과 법원의 판례는 이를 허용할 수 없다고 한다.

② 인지를 재판상 청구할 수 있는 사람, 즉 소송을 제기할 수 있는 사람은 혼인 외의 출생자, 그 직계 비속인 자(子) 또는 그 직계 비속의 법정 대리인이다(제863조). 아직 태어나지 않은 태아는 인지 청구 소송을 할 수 없다. 인지 청구 소송을 제기할 수 있는 '직계 비속'이란 혼인 외의 출생자의 직계 비속을 말한다. 인지 청구 소송의 상대방은 생부나 생모이며, 어느 일방이 사망한 때에는 검사를 상대로 할 수 있다(제864조).

③ 인지 청구 소송은 언제까지 제기하여야 한다는 제한은 없다. 혼인 외의 출생자는 언제라도 이 소송을 제기할 수 있는 셈이지만, 상대방이 되는 생부나 생모가 사망한 경우에는 그 사망을 안 날로부터 2년 내에 검사를 상대로 이 소송을 제기하여야 한다(제864조).

④ 인지 청구 소송은 먼저 법원에서 조정 절차를 거친다. 법원은 관계 당사자를 출석시켜 조정을 시도하며, 조정이 이루어지면 조정 조서를 첨부하여 인지 신고를 할 수 있다. 조정이 성립되지 않으면 재판 절차에서 다루어진다.

⑤ 인지 청구의 재판 과정에서는 가령 청구를 한 혼인 외의 출생자와 인지 청구를 당한 사람과의 사이에 과연 부자 관계가 있느냐가 쟁점이 된다. 그 과정에서는 온갖 증거가 제시될 수 있다. 그 밖에도 법원의 개입하에 혈액형, 유전자 검사 등을 통하여 혈연적으로 연결되는 부자 관계 여부를 가려보는 감정이 시행된다.

종전에는 혈액형 검사 등을 위한 검사가 관계 당사자의 거부로 실시되지 못하는 경우가 종종 있었다. 그러나 가사소송법이 제정됨으로써 당사자 또는 관계인에게 혈액 채취에 의한 혈액형 검사 등 유전 인자의 검사나 그 밖에 적당하다고 인정되는 방법에 의한 검사가 가능해졌다(가사소송법 제29조 제1항).

⑥ 법원의 판결로 인지 청구가 받아들여지면, 즉 판결에 의해서 친생자 관계가 있다고 확인이 되면 인지 청구 소송을 제기한 사람은 그 재판이 확정된 날로부터 1개월 이내에 판결문과 확정 증명서를 첨부하여 시, 읍, 면사무소에 신고하여야 한다.

⑦ 강제 인지가 이루어지면 그 효과는 임의 인지의 경우와 같다.

🔍 결론

원효 대사가 설총을 인지하지 않고 있다면, 미성년자인 설총의 법정 대리인인 요석 공주가 설총을 대리하여 원효 대사를 상대로 인지 청구 소송을 제기하는 것이 방법이 된다.

35. 시앗을 보면 길가의 돌부처도 돌아앉는다

5대 독자 집안에 시집온 이호자 여사는 내리 딸만 다섯을 낳았다. 남편인 유일남 씨는 아들을 원해 아내 몰래 '첩'을 얻어 아들을 낳았다. 그리고 이 아들의 출생 신고를 하게 되었는데, 아내 몰래 '아내와 낳은 아들'로 신고를 하였다.

물론 그 아들은 첩이 기른다. 이호자 여사는 이 사실을 뒤늦게 알고도 아들을 못 낳은 죄로 아무 소리를 못 했으나 가슴에 한을 품지 않을 수 없었다. 시앗을 보면 길가의 돌부처도 돌아앉는다고 하지 않던가?

이 여사의 희망은 이렇다. 아들의 입적은 이의가 없으나, 그 아들을 가족관계등록부상으로 자기가 낳은 것으로 되어 있는 것은 사실이 아니므로 바로잡고 싶다. 가능한가?

① 불가능하다. 일단 입적된 뒤에는 그 아들이 남편과 이 여사 간에 출생한 친생자로 추정되기 때문이다.

② 가능하다. 남편과 그들을 상대로 친생자 관계가 없다는 내용의 확인의 소를 제기하면 된다.

③ 가능하다. 남편과 첩을 간통죄로 고소하여 사실을 밝히면 된다.

혼인 관계에 있지 아니한 남녀 사이에서 출생한 '혼인 외의 출생자(속칭 사생아)'는 친아버지가 인지하지 않으면 일단 친어머니의 가족관계등록부에 혼인 외의 출생자로 입적된다. 그러나 친아버지가 다른 여자(첩)에게서 낳은 혼인 외의 출생자를 인지하는 것이 아니라 아예 자기와 본처 사이에 낳은 혼인 중의 출생자로 출생 신고, 즉 입적시키는 경우가 적잖다.

그 밖에도 여러 가지 사정 때문에 남의 가족관계등록부에 입적되어 남의 자식이 되어 있는 경우도 많다. 이런 경우에는 자(子)가 특정인과의 사이에 친생자 관계가 없다거나 또는 있다는 내용의 소송('친생자 관계 존부 확인의 소')을 제기하여야만 가족관계등록부를 바로잡을 수 있다.

이 소송은 친생자로 추정받는 자(子)가 친생자가 아니라는 것을 부인하는 '친생자 부인의 소송'과는 다른 것이고, 또 혼인 외의 출생자를 친아버지가 자기의 자(子)라고 인정하는 인지에 대하여 이의를 제기하는 소송(인지에 대한 이의 소송)이나, 인지해달라고 청구하는 인지 청구 소송과도 다르다.

친생자 관계 존부 확인의 소송은 부모 쌍방의 자(子)라는 것을 확인해달라는 것이 보통이지만, 반대로 자가 아니라는 주장도 가능하다. 또 그 자가 부모의 자가 아니고 다른 사람들의 자라고 주장하는 것도 가능하다. 이 소송에서 이기면 재판이 확정된 날로부터 1개월 이내에 판결문과 확정 증명서를 첨부하여 가족관계등록부 정정의 신청을 해야 한다.

☌ 결론

이 여사는 지금이라도 아들이 남편과 자기 사이에서 출생한 자가 아니고 남편과 첩 사이의 친생자라는 친생자 관계 존부 확인의 소송을 해서 진실과 다르게 기재된 가족관계등록부를 바로잡을 수 있다.

36. 메밀꽃 필 무렵, 그 후

　허 생원은 독신 장돌뱅이다. 그러나 그도 젊었을 때, 메밀꽃이 하얗게 핀 달밤에 물레방앗간에서 어떤 처녀와 밤을 같이 보낸 일이 있다.

　늙도록 장돌뱅이 신세를 면치 못하던 그가 냇가를 건너다 발을 헛디뎌 빠지는 바람에 신참 장돌뱅이 동이의 등에 업힌다. 거기서 밝혀지는 동이의 출생의 비밀! 허 생원은 동이를 따라 제천에 사는 동이의 어머니와 재회한다. 그리하여 그의 오랜 방랑은 끝나고 말년에 안식을 찾는다.

　그렇다면 허 생원이 지금 혼인 신고를 하게 된다면, 그들의 자식인 동이의 신분은 어떻게 되는가?

① 출생 신고를 하는 것을 조건으로, 동이는 사생아의 지위에서 혼인 중의 출생자 지위로 바뀐다.

② 혼인 중의 출생자로 정정해달라고 법원에 청구한다.

③ 아무런 절차가 필요 없이 혼인함으로써 당연히 혼인 중의 출생자 지위를 얻게 된다.

혼인 관계가 없는 부모 사이에서 태어난 아이는 법률상으로 '혼인 외의 출생자'가 되어, 부(父)가 인지하지 않는 한 부의 가족관계등록부에 오를 수 없다(이럴 때 대개는 생모의 가족관계등록부에 올린다). 또 부가 인지하더라도 그가 혼인 외의 출생자라는 사실은 변함이 없다.

그러면 혼인 외의 출생자를 낳은 당사자인 생부와 생모가 나중에라도 정식으로 혼인하면 어떻게 될까? 그럴 때는 '혼인 중의 출생자'로 신분이 전환된다. 이를 '준정(準正)'이라고 한다. 사실혼 관계에 있던 부부가 혼인 신고를 하면 그사이에 출생한 자녀들이 혼인 중의 출생자가 되는 경우가 가장 대표적 사례이다.

민법은 혼인 외의 출생자는 그 부모가 혼인한 때에는 그때로부터 혼인 중의 출생자로 본다(제855조 제2항)고 하여 '부모의 혼인에 의한 준정'만을 규정하고 있으나, 혼인 외의 출생자가 혼인 중의 출생자로 전환되는 준정의 사유는 또 있다. 즉 혼인 외의 출생자가 생부로부터 인지를 받지 못하고 있었으나 생부, 생모가 혼인한 뒤에 인지함으로써 이루어지는 '혼인 중의 준정'이 있다. 또한 혼인한 부모가 혼인 전에 낳은 혼인 중의 출생자를 인지하지 않고 있다가 그 혼인이 취소, 이혼 또는 사망으로 인하여 혼인 관계가 해소되었을 때에도 혼인 외의 출생자만큼은 인지하는 '혼인 해소 후의 준정'도 있다.

준정은 혼인 중의 출생자로 신분을 격상시키는 의미 있는 제도이고, 준정은 부모의 혼인, 인지 등으로 이루어짐을 기억하자.

결론

이 사건은 이효석의 단편 〈메밀꽃 필 무렵〉에서 힌트를 얻어 만든 사례인데, 허 생원이 동이의 어머니와 노년에라도 혼인하였으므로, 혼인 외의 출생자인 동이는 별도의 절차 없이 부모가 혼인한 때로부터 혼인 중의 출생자라는 떳떳한 신분을 갖게 된다.

37. 사랑은 눈물의 씨앗

'사랑은 눈물의 씨앗'이라는 대중가요 가사도 있지만, 사랑에는 책임이 뒤따르는 법이다. 한때의 불장난으로 임신까지 한 아사녀가 충격을 받은 끝에 시골의 조그만 의원에서 아들을 낳고는 병원에 두고서 몰래 도망친 뒤 여승이 되었다고 하자.

그러면 이 아이는 소위 기아(棄兒)가 되는 셈인데, 이 아이의 가족관계등록부는 어떻게 되는가?

① 기아를 발견한 병원장이 경찰에 신고하여야 하고 경찰이 가족관계등록부을 만들어준다.

② 경찰의 신고를 받은 시·읍·면사무소의 장이 성과 본을 창설하고 이름과 본적을 정해 가족관계등록부에 기재한다.

③ 시·읍·면사무소의 장이 법원의 허가를 얻어 일가 창립을 하게 된다.

성도덕의 문란, 성에 대한 무지, 청춘 남녀의 한때의 불장난, 이루어질 수 없는 사랑 등 갖가지 사유로 혼인하지 못한 채 아이를 갖는 이른바 미혼모(未婚母)가 점점 늘고 있다. 미혼모의 증가는 낙태, 버리는 아이의 증가를 가져오고, 그래서 우리나라는 세계 제1, 2위를 다투는 '고아 수출 국가'라는 수치를 면치 못하고 있다. 해외 입양아라는 것도 고아 수출을 미화한 말일 뿐이다.

어쨌거나 미혼모가 버린 아이를 법률에서는 '기아'라고 하는데, 이 아이도 출생한 이상 가족관계등록부는 필요하다.

그렇다면 기아의 가족관계등록부는 어떻게 만들어질까? 기아는 부모를 알 수 없는 자인 동시에 부모 어느 쪽으로부터도 인지를 받지 못한 '혼인 외의 출생자'다. 따라서 부모 어느 쪽의 가족관계등록부에도 오르지 못한다. 도리 없이 법원의 허가를 받아 가족 관계 등록 창설을 해야 한다.

가족관계의 등록 등에 관한 법률에 따르면, 기아가 발견되면 경찰 공무원은 24시간 내에 이 사실을 시·읍·면의 장에게 통보해야 하고, 통보를 받은 시, 읍, 면의 장은 법원의 허가를 받아 기아의 성과 본을 창설하고 이름과 본적을 정하여 가족관계등록부에 기재한다(가족관계의 등록 등에 관한 법률 제52조). 만일 그 후 기아의 아버지 또는 어머니가 기아를 찾게 되면 1개월 이내에 출생 신고를 하여야 하고 가족관계등록부 정정을 신청하여야 한다(동법 제53조). 이런 절차를 밟아 기아는 아버지나 어머니의 가족관계등록부에 오르고 성과 본을 되찾게 된다.

Q 결론

기아에 대한 가족 관계 등록은 시·읍·면의 장이 법원의 허가를 받아 가족관계등록부에 등재함으로써 만들어진다.

38. 부모는 자식을 때려도 되나

철산 땅의 배 좌수는 부인 장 씨로부터 장화와 홍련 두 딸을 얻었으나, 장 씨가 별세하자 허 씨를 후취로 맞았다. 계모 허 씨는 전처소생 두 딸을 어찌나 학대하는지 동네 사람들이 모두 혀를 차고 안타까워했다.

아무것도 모르는 배 좌수는 허 씨로부터 "두 딸이 자신을 계모라고 무시하고 구박한다"는 이야기를 듣자, 화가 나서 두 딸을 회초리로 몹시 때려 전치 4주의 상처를 입혔다. 부모는 자식을 이렇게 때려도 되는가?

① 자녀의 보호, 선도의 범위를 벗어난 징계권의 행사이므로 법적 제재가 뒤따르게 된다.

② 부모는 자식 잘되라고 법적으로 징계할 수 있고, 다소 정도가 지나쳐도 도덕적으로는 비난할 수 있어도 법적으로는 제재를 가할 수 없다.

③ 아무리 부모라도 자식을 때리는 것은 이유와 동기를 불문하고 아동 학대죄에 해당된다.

부모가 미성년의 자녀에 대하여 갖는 법적인 권리 일체를 '친권(親權)'이라고 한다(제909조 제1항). 이 친권은 대가족 제도하에서 일가를 통솔하는 가장권(家長權)에서 유래되었다고 한다. 그러나 오늘날 친권의 본질은 자녀에 대한 절대적인 지배권, 통제권, 부모의 개인적 이익을 위한 '권리'라고 이해하기보다는 오히려 자녀의 보호, 양육을 위한 부모의 '의무'로 그 성격이 변화하고 있다. 친권의 내용은 다양한데 자녀를 보호·교양할 권리, 거소를 지정하는 권리, 자녀의 영업 허락권, 자녀의 인도 청구권, 혼인 동의권, 징계권 등과 같은 '신분상의 친권'과 자녀의 재산 관리, 법률 행위에 대한 동의권 등 '재산상의 친권'으로 크게 나눌 수 있다.

부모의 친권과 관련하여 자녀에 대한 징계권이 과연 어느 범위까지 허용될 수 있는가 하는 문제가 있다. 부모는 물론 자녀에 대해 징계할 수 있다. 구체적으로는 힐책, 외출을 금지시키는 것 등 다양하게 나타나지만, 그중 특히 자녀에 대한 폭행이 어느 정도까지 허용되는가는 아주 미묘한 문제이다. 물론 자녀에 대한 물리적·육체적 폭행을 불법으로 간주하여 처벌하는 나라도 있지만, 우리나라는 반드시 그렇지도 않다.

그러나 우리도 부모의 징계는 자녀의 보호, 교양, 선도를 목적으로 해야 하고, 징계(즉 폭행)를 가하더라도 이 목적을 달성하는 데 필요한 최소한도에 그쳐야 하며, 징계의 동기도 자녀의 명백한 불복종·비행·이탈 행위를 시정하려는 것에 국한되어야 한다. 만일 이 기준을 넘은 것이 객관적으로 명백하다면 이는 징계권, 곧 친권 남용이 되어 친권 상실(제924조)의 사유가 된다.

Q 결론

후처의 모함으로 내용도 확인하지 않고 전처소생의 자녀를 가혹하게 폭행하는 것은 징계권의 범위를 벗어난 것으로서, 친권 상실 사유가 된다.

39. 아버지는 아버지다워야

　군군신신(君君臣臣)이라는 말이 있다. 임금은 임금다워야 하고, 신하는 신하다워야 한다는 말이다. 그렇다면 아버지는 아버지다워야 한다.

　장막해 씨는 아내가 죽자 실의에 빠져 술만 퍼마시고 자식들에게 다 꼴도 보기 싫다면서 구박을 한다. 그의 장남은 어려서부터 축구 신동이었고, 고교를 졸업하자 프로 축구단에 입단하였는데 아들이 벌어 가져오는 돈은 모두 술과 도박으로 탕진하고 있다.

　미성년의 자녀들이 언제까지 이런 아버지의 친권에 복종해야 할까? 아버지의 친권 남용에서 벗어날 방법이 있을까?

　① 자녀들은 아버지의 친권자로서의 지시, 감독을 거부해도 된다.

　② 성년에 달할 때까지는 방법이 없다. 그래도 자식들은 효도할 의무가 있다.

　③ 친척들이 그 아버지의 친권 행사를 정지해달라고 법원에 청구할 수 있다.

부모가 미성년 자녀에 대하여 갖는 '친권'은 부모를 위해서가 아니라 자녀를 위해 주어진 권리이므로, 친권은 자녀의 복리를 위해 행사되어야 한다.

그런데 친권자인 부모가 자녀의 이익을 도모하기는커녕 자기 이익만을 챙기고 오히려 자녀에게 불리하게 친권을 행사하는 경우, 즉 친권을 남용하는 경우에 이를 저지하는 방법은 무엇일까? 민법은 이럴 때 부모의 친권을 상실시키는 '친권 상실' 제도와 친권자의 대리권과 재산 관리권만을 상실시키는 제도를 두고 있다. 부모의 친권을 상실시킬 수 있는 사유는 친권의 남용, 현저한 비행, 기타 친권을 행사할 수 없는 중대한 사유이다(제924조).

'친권의 남용'이란 자녀의 재산을 자기 이익을 위해 함부로 처분하거나, 친권의 행사가 자녀의 이익과 명백히 상반되거나, 자녀에 대하여 혹독하게 징계권을 행사하는 등 사회 통념상 친권의 행사로 승인할 수 없는 경우를 말한다. 또 '현저한 비행'이란 부모의 방탕, 상습적인 도박, 또는 간통 등의 사유로 인해 자녀에게 악영향을 주고 미성년자의 재산을 위험한 상태에 몰아넣을 우려가 있는 경우를 말한다. 친권의 남용과 현저한 비행 등은 실은 '친권을 행사할 수 없는 중대한 사유'의 구체적 실례일 것이고, 그 밖의 중대한 사유는 법원이 구체적으로 판단할 수밖에 없다.

이러한 친권의 남용, 그 밖에도 친권자가 부적당한 관리로 자녀의 재산을 위태롭게 한 경우에는 법원은 법률상의 친족이나 검사의 청구에 의하여 친권 상실 선고 또는 대리권과 재산 관리권의 상실 선고를 할 수 있다.

결론

장막해 씨의 친권 행사는 친권 상실 선고를 청구할 수 있는 친권 남용에 해당한다. 따라서 친족들이 법원에 친권 또는 대리권, 재산 관리권의 상실 선고를 청구할 수 있다.

40. 졸지에 고아가 된 남매

　중기 운전기사인 김막동 씨는 3년 동안의 해외 취업을 마치고 김포국제공항을 통해 입국, 그리던 아내와 재회하였다. 올림픽대로를 통해 귀가하던 이 부부가 탄 택시가 불행하게도 과속으로 달려오던 트럭과 충돌하여 부부는 모두 사망하고 말았다.

　유족으로는 초등학생 남매가 있고, 친척으로 김막동 씨의 큰형, 아내의 친정어머니가 있다. 어린 남매에게는 손해 배상 청구 문제도 있고, 성년에 달할 때까지 친권을 행사해줄 이른바 '후견인'이 필요하다. 누가 후견인이 되는가?

　① 아버지 쪽의 혈족인 삼촌이 후견인이 된다.
　② 어머니 쪽의 혈족인 외할머니가 된다.
　③ 검사의 청구에 의하여 법원이 적당한 사람을 후견인으로 선임한다.

2011년 3월 7일 민법 개정 전까지 법률에서는 미성년자나 금치산자(禁治産者), 한정 치산자(服定治産者)를 법률상의 '행위 무능력자'로 간주하고, 이들의 법률 행위는 법정 대리인이나 후견인(後見人)의 동의를 얻도록 했다. 그러나 2011년 3월 7일 개정으로 금치산자, 한정 치산자 제도는 폐지되고 후견인 제도로 고쳐졌다(행위 무능력자는 제한 능력자로 표현 변경됨). '후견인'이란 문자 그대로 뒤에서 보아주는 사람으로, 제한 능력자를 보호, 교양하고 법률 행위를 대리하여 재산을 관리해주는 사람을 말한다.

미성년자는 평상시에는 부모가 법정 대리인이 되지만, 부모 중 어느 한 쪽이 사망하면 나머지 한 쪽이 법정 대리인이 되므로 후견인이라는 제도가 필요 없으나, 나머지 한 쪽의 부모마저 사망하거나 친권의 상실 선고를 받거나 행방불명과 같이 사실상 친권을 행사할 수 없는 경우 및 부모가 동시에 사망한 경우에는 미성년자에게도 후견인이 필요하게 된다.

미성년 후견인은 부모가 미리 유언으로 정할 수 있으나(지정 후견인), 유언에 의한 지정이 없는 경우에는 법원이 일정한 자의 청구에 의해 후견인을 선임한다. 미성년자에 대한 후견인 선임을 청구할 수 있는 사람은 미성년자 본인, 친족, 이해관계인, 검사, 지방 자치 단체의 장이다.

후견인은 대체로 1인이 되며 미성년자가 혼인하거나 성년이 되면 후견인의 임무는 종료된다.

🔍 **결론**

미성년자에게 친권자가 없는 경우에 후견인이 될 자는 종전의 순위 제도가 폐지되어, 결국 법원이 선임한 자가 후견인이 된다.

41. 자식도 품 안에 있을 때 자식

옛말에 이르기를 '부모는 하늘이요, 형제는 수족'이라 하였다. 그만큼 천륜의 소중함을 강조하는 뜻이리라. 그렇다면 핏줄은 서로 도와야 하는 법이다. 그러나 현실은 반드시 그렇지도 않다.

하나같이 출세한 5남 2녀의 자녀를 두어 세상 사람들에게 복 많은 노인이라는 소리를 듣는 조낙훈 노인은, 늙고 병들자 어느 한 자식도 모시지 않으려 한다.

차남은 "형님이 모시지 않는데 왜 내가 모시냐?"라고 하고, 그 아래도 이하동문이다. 시집간 딸들은 딸들대로 "친정 오라비들이 모시지 않는데 출가외인이 어떻게 모시냐?"며 핑계만 대고 있다.

그렇다면 조 노인은 자녀들이 자기를 부양하기를 기다려야만 하는가?

① 부양 의무자인 자식들이 회개하기를 기대하는 수밖에 없다.

② 출가외인인 딸들은 제외하더라도, 아들들에게는 자기를 부양할 것을 법원에 청구할 수 있다.

③ 자녀들 전부에 대하여 자기에 대한 부양 의무를 이행하라는 청구를 할 수 있다.

우리나라에서도 평균 수명이 점점 늘어남에 따라 노인 문제가 심각한 사회 문제로 대두된 지 오래이다. '노인 문제'에는 일자리 부여, 의료 혜택, 여가 문제 등이 포함되지만 가장 시급한 문제는 의식주 문제, 즉 부양의 문제라고 할 수 있다. 노인 부양 문제는 국가나 사회가 사회 보장의 차원에서 예산, 보험, 연금 등에 의해서 해결하는 공적 부양(公的扶養)의 방식과, 자녀나 친족에 의하여 해결을 기대하는 사적 부양(私的扶養) 또는 친족 부양(親族扶養)의 방식이 있을 수 있다.

공적 부양을 위해서 국민연금법, 국민기초생활 보장법 등이 제정·시행되고 있지만 아직도 우리나라 실정상 충분하지 않고, 따라서 앞으로 상당 기간 동안 자녀의 부양이나 친족적 부양 역할에 기대는 수밖에 없을 것이다.

민법이 규정하는 '부양 의무'는 바로 친족적 부양에 관한 것인데, 자녀 또는 친족의 부양 의무는 도덕상의 의무인 동시에 법률상의 의무이기도 하다. 부양할 의무가 주어지는 자는 직계 혈족과 그 배우자 간이며, 또한 생계를 같이하는 친족 간이다. 부양 의무는 부양받을 자가 자기의 재산, 능력, 수입으로 생활을 유지할 수 없는 경우에 발생하며, 동시에 부양 의무자가 부양할 능력이나 여력이 있어야 한다. 부양을 받을 자의 지위는 단순한 기대나 요청이 아니고 권리이다. 따라서 부양받을 자는 부양할 의무가 있는 자에게 자기를 부양할 것을 청구할 수 있는 부양 청구권이 있다.

🔍 결론

부모와 자식 간에는 서로 부양 의무가 있다. 부모가 생활 능력이 없는 경우에는 자식들이 당연히 부양할 의무가 있다. 그런데도 부양 능력이 있는 자식들이 서로 다른 형제에게 책임을 미룬다면 부모는 자식들에게 부양할 것을 법원에 청구할 수 있다.

42. 품위 있게 살고 싶다

앞의 사건을 더 파고들어보자.

조 노인의 자녀들은 모두 중산층에 속한다. 혼자 자기 아파트에 사는 조 노인은, 자녀들 중 누가 모시는 것까지는 바라지 않는다. 다만 왕년의 씀씀이 정도는 유지될 정도로 자식들이 넉넉하게 생활비를 대주기를 바란다. 더 나아가서, 아무리 노인이지만 밖에 나가서 기가 죽지 않을 정도로 용돈도 넉넉했으면 한다.

조 노인으로부터 자식들이 부양 의무를 이행할 것을 청구받은 법원은 어떻게 결정하여야 할까?

① 부양의 정도는 부양받을 자의 생활 수준을 최우선적으로 고려해야 하므로, 조 노인의 희망대로 해줘야 된다.

② 부양할 의무가 있는 자식들의 경제력을 기준으로 결정하게 된다.

③ 위의 두 가지 사정을 전부 참작하여 결정하여야 할 것이다.

앞에서 자식은 부모를 부양할 법적 의무가 있다고 말하였다. 부모는 자식들이 부양할 능력이 있음에도 자기를 부양하지 않는 경우, 부양해달라고 법원에 청구할 수 있는 권리가 있음도 말하였다.

그러면 부양은 실제로 어느 정도의 수준에서 어떤 방법으로 하여야 하는가? 부양 의무자의 생활 수준대로 부양하여야 하는가? 아니면 부양받을 자의 생활 수준에 따라야 하는가? 또 부양 방법은 반드시 부모를 한집에 모셔야 하는가? 아니면 매달 생활비(부양료)를 지급하는 것만으로 족한가?

민법은 이렇게 그 기준을 제시한다.

첫째, 부양의 수준과 방법은 부양 의무자들이 협의해서 정한다.

둘째, 부양 의무자들의 협의가 이루어지지 않으면 당사자(부양 의무자 또는 부양 청구권자)의 청구에 의하여 법원이 결정한다.

이때 법원은 부양 의무자의 능력, 생활 수준, 수입, 신분과 지위는 물론, 부양받을 자의 생활 정도 등 모든 사정을 참작해서 결정하게 된다(제977조). 그러므로 부양의 정도와 방법은 어느 한 쪽만의 사정을 보고 결정하는 것은 아니라고 할 수 있다.

이렇게 해서 협의가 되거나 법원의 결정이 있은 후에도 사정의 변경(예를 들면 부양 의무자의 사망, 실업, 도산 또는 부양받을 자의 능력 회복 등)이 있으면 기존 협의나 결정을 취소하거나 변경하는 것도 가능하다(제978조).

🔍 결론

조 노인의 자녀들이 중산층에 속하고, 조 노인 자신도 그에 걸맞은 부양을 희망하고 있으므로, 부양의 정도와 방법도 중산층 자녀와 중산층 노인의 수준에서 결정되는 것이 바람직할 것이다.

43. 5촌 당숙의 빈번한 행차

한말자 씨는 고아로서 자수성가한 노영삼 씨와 결혼하였다. 그런데 결혼 이후 남편의 친척, 즉 5촌 당숙이 걸핏하면 시골에서 올라와 아직 신혼인 한말자 씨의 집에서 며칠씩 묵고 간다. 알고 보니 남편이 어렸을 때 그분 밑에서 자랐고 유일한 친척이기 때문에 남편도 어려워하고 있다.

그런데 한말자 씨는 제3자 개입에 의해 신혼 생활이 방해받는 것이 싫다. 5촌 당숙은 한말자 씨가 자신을 싫어하는 기색을 알아차리고 고향에 가서 "영삼이가 장가가더니 색시 치마 밑에서 논다"고 소문을 내버렸다.

그렇다면 5촌 당숙은 이들 부부에게 어떤 존재인가? '친족'인가를 묻는 것이다.

① 5촌 당숙은 8촌 이내의 혈족에 해당하므로 부부에게 공히 친족이 된다.

② 남편에게는 친족이 되나, 한 여사에게는 친족이 아니다.

③ 남편에게는 친족, 한 여사에게는 사돈이 된다.

천애 고아가 아닌 이상 사람은 출생과 혈연, 그리고 혼인으로 인하여 많은 사람들과 친족과 인척 관계를 맺게 된다. 이러한 친족, 인척(줄여서 '친척'이라고 한다) 관계는 시간이 갈수록 무한대로 확대되지만, 법률은 일정한 범위를 친척으로 규정하고 있음을 유의해야 한다. 민법은 친족을 '배우자, 혈족, 인척'으로 정하고 있다. 이를 하나하나 살펴보자.

먼저 혈족은 다시 자연 혈족과 법정 혈족, 직계 혈족과 방계 혈족, 부계 혈족과 모계 혈족으로 나누어볼 수 있다.

1. 자연 혈족(自然血族)

① 문자 그대로 핏줄이 연결되는 경우를 말한다. 부모와 자식, 형제자매, 삼촌과 조카는 혈연(血緣)이 닿는 자연 혈족이다. 자연 혈족 관계는 출생이라는 사실로 성립된다.

② 자연 혈족은 직계와 방계로 나뉜다. 직계 혈족이란 '직계 존속과 직계 비속'과 같은 수직적 혈연관계를 말하며, 방계 혈족이란 '자기와 형제자매, 형제자매의 직계 비속, 직계 존속의 형제자매, 그 형제자매의 직계 비속'을 말한다. 친조부모와 부모 및 자식은 직계 혈족이고, 자기와 형제자매, 자기와 형제의 자녀(조카), 자기와 부모의 형제자매(삼촌이나 고모), 자기와 부모의 형제의 자녀(사촌 형제자매)는 방계 혈족이다.

③ 혈족은 다시 부계(父系)와 모계(母系)로 나뉜다. 부계 혈족이란 아버지를 중심으로 하는 혈족 관계(예를 들면 아버지, 조부모, 형제자매)를 말하고, 모계 혈족이란 어머니를 중심으로 하는 혈족 관계(예를 들면 외조부모, 외종 형제자매)를 말한다.

④ 우리 민법은 친족의 범위 중 자연 혈족은 '8촌 이내의 혈족'으로 정하고 있다(제777조).

2. 법정 혈족(法定血族)

이것은 혈족 간에 비록 핏줄의 연결은 없으나, 법률이 특별히 혈족 관계로 인정한 것을 말한다. 대표적이고 전형적인 법정 혈족 관계는 입양으로 발생하는 양부모와 양자의 관계이다. 양친족 관계는 입양 신고로 발생하고, 입양의 취소나 파양으로 해소된다. 1990년의 민법 개정 전에는 양친족 관계 외에도 적모와 서자 관계, 전처소생과 계모와의 계모자 관계도 법정 혈족으로 인정했지만, 민법의 개정으로 이들 관계는 법정 혈족 관계가 아닌 것이 되었다. 개정 민법에서는 이들 관계가 인척이 되었다.

3. 배우자(配偶者)

혼인에 의하여 부부가 된 남녀를 서로 배우자라고 하며, 배우자는 핏줄 관계는 아니지만 법률상으로는 친족이 된다(제777조 제3호). 여기서 혼인이란 혼인 신고가 된 법률혼을 말하는 것이므로 이른바 첩은 배우자가 아니다. 혼인 신고가 없는 사실혼의 배우자도 서로 친족이 되는가에 대해서는 의문의 여지가 있으나, 학자들은 사실혼의 경우에도 이를 긍정하고 있다.

부부를 친족이라고 규정하는 것은 아무런 법률상의 의미나 효과가 없다. 배우자를 친족으로 삼는다고 해도 그로 말미암아 친족의 지위에 따른 법률상 효과가 전혀 발생하지 않고, 친족 관계는 촌수를 헤아려 범위와 효과가 결정되나 배우자는 촌수가 없기 때문이다. 어쨌든 민법은 배우자를 친족이라고 규정하는데, 배우자 관계는 혼인이라는 사실로 발생하고, 부부 중 어느 한쪽의 사망, 혼인의 무효나 취소, 그리고 이혼으로 인하여 소멸한다.

4. 인척(姻戚)

인척이란 혼인으로 인해 혼인 당사자를 중심으로 하여 발생하는 친족 관계를 말한다. 속칭 '사돈'이라고 하나 정확하게는 인척이라고 불러야 한다. 민법이 인정하는 인척의 발생 근원을 보면 다음과 같다.

①4촌 이내의 혈족의 배우자: 예를 들면 형제의 아내, 고모의 남편, 자매의 남편, 조카의 아내, 조카딸의 남편 등이 혈족의 배우자에 속한다.

②배우자의 4촌 이내의 혈족: 예를 들면 배우자의 부모, 배우자의 조부모, 배우자의 형제자매, 배우자의 형제자매의 자녀, 배우자의 삼촌, 배우자의 사촌 형제, 배우자의 고모, 고모의 자녀 등이 배우자의 혈족이다.

③배우자의 혈족의 배우자: 예를 들면 배우자의 백부나 숙부의 아내, 배우자의 형제의 아내, 배우자의 고모나 이모 또는 자매의 남편은 배우자의 혈족의 배우자이다.

1990년 민법 개정 전에는 인척으로서 그 밖에도 '혈족의 배우자의 혈족(예를 들면 형제의 처의 부모)'도 인척이 되었으나, 현재는 관습상으로 사돈이 될 뿐 법률상의 인척은 아니다.

인척도 무한대로 확대할 수 있다. 그런데 민법이 규정하는 인척의 범위는 '4촌 이내'이다(제777조 제2호). 즉 4촌 이내의 혈족의 배우자, 배우자의 4촌 이내의 혈족, 배우자의 4촌 이내의 혈족의 배우자만이 인척이다. 따라서 4촌을 넘는 인척은 관습상의 사돈이나 인척으로 남게 되고, 법률상으로는 인척이 아니다. 인척은 혼인에 의하여 발생하므로, 혼인의 무효나 취소, 이혼, 부부 일방의 사망 후의 재혼이라는 사실이 있으면 인척 관계는 종료된다(제775조).

🔍 결론

5촌 당숙은 남편에게는 '8촌 이내의 방계 혈족'이므로 '친족'이 되는 것은 물론이다. 아내에게는 5촌 당숙은 친족이 아니고 관습상의 '사돈'이 될 뿐이다.

44. 성(姓)은 강이요, 이름은…

컴퓨터 프로그래머인 강독녀 양은 독신주의자이다. 자기 능력을 믿기 때문에 혼자 살아갈 자신이 있다. 구질구질하게 평생 남편의 시중이나 드는 현대판 노예는 되기도 싫다.

직장에서 '희망 고아원'과 결연을 맺게 되어 고아원을 자주 방문하다가, 그녀는 총명하게 생긴 두 살 된 남아에게 정을 주게 되었다. 그 아이는 미혼모가 버린 아이로 고아원장이 후견인이다.

강독녀 양은 아예 그 아이를 양자로 삼고 싶은데 가능한가? (참고: 아이의 성은 박씨이다.)

① 불가능하다. 입양은 가문을 잇기 위한 것인데, 처녀가 입양할 수는 없다.

② 불가능하다. 여자도 입양할 수는 있으나, 양자 될 자의 성이 다르면 입양할 수 없다.

③ 가능하다. 성년에 달한 사람은 입양하는 데 아무 제약이 없다.

　부모에게 자식의 의미는 무엇일까? '무자식이 상팔자'라는 말도 있지만, 이는 자식 때문에 고통받는 경우에 해보는 넋두리나 푸념일 것이다.

　인류는 자식을 갖지 못하는 경우에 남의 아이를 데려다가라도 자기 자식으로 삼는 제도를 발명하였고, 그래서 입양 제도는 어느 사회에서도 보편적인 현상인 것이다. 또 자기 자식이 있더라도 남의 아이를 양자로 맞아들이는 것도 무방하다. 입양 제도와 양자 제도는 전통과 관습의 지배를 가장 많이 받고 있는 제도라고 할 수 있다.

　제사 제도를 통한 조상 숭배라는 독특한 전통 문화를 갖고 있는 우리나라에서는 다른 나라에서 발견할 수 없는 독특한 양자 제도를 발전시켜왔는데, 과거의 그것은 철저히 가(家)의 계승만을 목적으로 한 것이었고('가를 위한 양자'), 오늘날처럼 '양자를 위한' 제도는 아니었다.

　예를 들면 양자는 대를 이을 자식이 없는 경우에만 활용되었고, 양부모는 기혼의 가장에 한하며, 양자는 1인만을 인정하되 성(姓)과 본이 같아야 하고, 양자는 자(子)와 소위 항렬(行列)이 같아야 한다는 것이 반드시 지켜져야만 했었다. 또 유언에 의해서도 양자를 들일 수 있었고, 호주가 사망한 경우 자식이 없거나 폐가, 무후가를 부흥할 목적의 사후 양자(死後養子)도 가능하였다.

　그러나 1990년의 민법 개정으로 양자 제도는 과거의 불합리한 대목들이 대폭 정비되었다. 개정 방향은 '양자를 위한 양자' 제도로 접근하고자 함이었다. 그러면 현행 민법에 의한 입양 제도를 살펴보자.

1. 입양 요건

① 양부모(양친)와 양자 간에 입양의 합의가 있어야 한다(제883조). 입양도 일종의 신분 계약이므로 입양 당사자 간에 입양의 합의가 있어야 한다는 것은 당연한 요청이다.

② 양부모는 성년자여야만 한다(제866조). 과거와 같이 기혼자일 필요는 없다. 성년에 달하였으면 남녀, 혼인 여부, 자식의 유무를 묻지 않고 양부모가 될 자격이 있다. 즉 양자를 들일 수 있다는 뜻이다.

③ 양자가 되는 자가 15세 미만인 경우에는 법정 대리인(예를 들면 친부모 또는 후견인)이 대신하여 입양의 승낙을 해야만 한다(제869조). 입양의 승낙을 요구하는 것은 15세 미만의 자는 입양에 관한 의사 능력조차 없다고 보기 때문이다.

④ 양자가 될 미성년자는 친부모의 동의를 얻어야 한다(제870조 제1항). 양자의 연령은 묻지 않는다. 이때의 부모의 동의는 행위 무능력자인 미성년자의 입양 행위에 대한 보충적 동의가 아니라 입양 제도에서 요구하는 친부모 고유의 동의권으로 보아야 한다. 부모가 모두 사망하거나 다른 사유, 예를 들어 행방불명 등으로 동의할 수 없는 경우에는 다른 직계 존속의 동의를 얻어야 한다. 또 미성년자를 양자로 입양하기 위해서는 가정 법원의 허가를 받아야 한다.

⑤ 양자가 될 자가 미성년일 경우에는 부모 또는 다른 직계 존속이 없으면 후견인의 동의를 얻어야 한다(제871조).

⑥ 기혼자가 입양할 때에는 부부 공동으로 양자를 하여야 하고, 반대로 기혼자가 다른 사람의 양자가 될 때에는 다른 배우자의 동의를 얻어야 한다(제874조).

⑦ 양자는 양부모의 존속(尊屬)이나 양부모보다 연장자(年長者)이어서는 안 된다(제877조).

⑧ 그 밖에 양부모와 양자가 성과 본이 같을 필요는 없으나 양자의 복리를 위하여 필요한 경우 양부모의 성과 본으로 변경할 수도 있다. 또 양자가 양부모의 바로 아래 항렬(자(子)의 항렬)일 필요도 없다. 양자가 존속이

나 연장자만 아니면 되므로 같은 항렬에서도 입양할 수 있다. 예를 들어 형은 동생을 양자로 할 수 있다.

⑨ 마지막으로, 가족관계의 등록 등에 관한 법률이 정하는 바에 따라 입양 신고를 하여야 한다.

2. 입양의 효과

① 입양 신고 절차까지 마치게 되면 그때부터 양자는 양부모의 혼인 중의 출생자가 된다. 이를 '양친자 관계'가 성립된다고 하는 것이다.

② 양자는 친부모의 가족관계등록부를 떠나 양부모의 가(家), 즉 양가(養家)에 입적한다(그렇더라도 친부모와의 친자 관계가 소멸되지는 않는다).

③ 양자와 양부모는 서로 부양할 의무가 생기고, 또 양부모가 사망하면 상속을 받게 된다.

④ 성(姓)이 다른 양자를 입양한 경우에 양자의 성은 어떻게 되는가? 과거 민법에서는 성이 다른 양자의 입양을 허용하면서도(異姓養子) 입양된 양자의 성(姓)에 대해 가족법에 아무 규정이 없어, 양부의 성을 따라야 한다는 설(說)과 자기 성을 그대로 보유한다는 설이 대립했다. 그러다 2005년 3월 31일 양자의 복리를 위하여 입양 시 양부의 성과 본을 따를 수 있다고 가족법이 개정됨으로써 이러한 대립은 해소되었다(제781조 제6항).

♀ 결론

성년에 달한 사람은 남녀, 기혼 여부를 막론하고 양자를 들일 수 있다. 또 양부모와 양자가 성이 서로 같을 필요도 없으며, 필요한 경우 양자는 양부의 성과 본으로 바꿀 수 있다.

45. 무자식이 상팔자?

　김고독 씨와 이외송 씨는 이름이 그래서인가 결혼한 지 5년이 되도록 아이를 갖지 못하였다. 알고 보니 부부 쌍방이 임신·생식 능력이 없었다. 처음에는 무자식이 상팔자라며 서로 위로하였지만, 그래도 집에 들어오면 어린아이의 울음소리, 웃음소리가 들려야 살맛이 날 것 아니겠는가? 그래서 부부는 의논 끝에 입양을 하기로 하였다.

　기왕이면 대책 없이 버려진 아이들이 해외로 입양되는 국가적 수치도 덜어볼 겸 입양 기관에 의뢰하여 예쁜 남자아이를 입양하기로 하였다.

　그런데 이들은 이 아이를 '양자'가 아니라, 자신들이 낳은 '친자'로 하고 싶다. 아이의 장래까지 깊이 생각해서인데, 이들의 소망은 이루어질 수 있을까?

① 불가능하다. 양자와 양부모는 서로 핏줄로 연결되는 것이 아니다.

② 가능하다. 양자를 아예 친생자로 신고하면 된다.

③ 가능하다. 법원의 허가를 얻으면 된다.

양자 제도는 부모가 없는 사람에게 부모를, 자식이 없는 사람에게 자식을 맺어주는 인위적인 법률 제도다. 입양이라는 절차와 신고를 통하여 자연적인 혈연관계, 생물학상 친자 관계가 없는 사람들 사이에 법률상의 친자 관계를 창설하는 것이다. 그래서 양친자 관계를 '법정 혈족 관계'라고 부른다.

양자 제도는 오랜 역사를 갖고 있는데, 과거에는 단지 '가(家)를 잇는 양자' 제도 위주였으나, 점차로 어버이를 위한 양자에서 '자(子)를 위한 양자'로 발전되고 있다. 우리 민법도 대를 잇는 양자 제도로 규정·운영되어왔으나, 2005년 3월 31일 가족법 개정으로 새로운 형태의 양자 제도, 즉 '친양자(親養子)'라는 제도를 도입하였다. 이것은 보통의 양자와 달리 양자를 아예 양부모의 자식, 즉 친생자로 맞아들이는 것이다.

친양자를 맞아들이기 위해서는 가정 법원의 허가가 있어야 한다. 허가를 얻어 친양자로 신고하면 양자와 생가 부모와의 친자 관계는 단절되고 양부모와 양자 사이에 친생자 관계가 발생한다.

친양자를 입양할 수 있는 사람, 즉 양친은 모두 성년자이어야 하며, 3년 이상 혼인 생활을 계속한 부모이어야 하고, 부부 공동으로 입양하여야 한다. 친양자를 맞으면 양자의 성과 본은 양부의 것을 따르되, 부모의 협의가 있으면 양모의 성을 따르게 할 수 있다. 친양자는 생가 부모가 사망하여도 그 상속권은 없고, 양부모에 대한 상속권만 생긴다.

Q 결론

친양자 제도는 가족법 개정에 따라 새로 도입된 제도이고, 이 제도는 기존의 양자 제도에 대한 고정 관념을 깨뜨린 제도이다. 즉 양자로 들이는 것이 아니라 친생자로 들이는 것이다.

46. 목구멍이 포도청이라

　쫓겨난 흥부는 어찌나 가난했던지, 먹는 입 하나라도 줄이려고 아들 하나를 자식이 없는 형님에게 양자로 보냈다.

　그러나 놀부가 누구인가? 천하의 심술꾸러기요, 자린고비, 구두쇠가 아닌가? 양자가 먹는 것조차 아까워 굶기다시피 하니 흥부는 이 광경을 차마 볼 수가 없다. 양자로 간 아들은 견디다 못해 친아버지에게 도망쳐 와 다시는 큰아버지 집에 안 가겠다고 한다. 흥부는 어쩌면 좋겠는가?

① 참고 기다려야 한다. 놀부가 사망하면 그 재산은 양자에게 올 것이 아닌가?

② 양자가 양친자 관계를 깰 수 있으나, 아직 미성년이므로 성년이 될 때까지 기다려야 한다.

③ 친아버지인 흥부가 양자를 대리하여 양친자 관계의 해소를 청구할 수 있고, 양친인 놀부에게 손해 배상을 청구할 수도 있다.

입양을 하였으나 입양이 후회스런 경우가 있을 수 있다. 입양의 후회는 입양을 한 양부모도 할 수 있고, 입양된 양자도, 양자를 보낸 친부모도 할 수 있을 것이다. 이런 경우 입양을 해소하는 방법을 바로 '파양(罷養)'이라고 한다.

파양의 방법은 협의 파양과 재판상 파양이 있다. '협의 파양'은 양부모와 양자가 협의해서 입양 관계를 종료시키는 것이다. 파양하고자 하는 이유는 제한이 없다. 양자가 15세 미만이거나 미성년일 경우에는 입양 당시 입양을 대신 승낙한 자 또는 입양에 동의한 동의권자(대개 친부모일 것이다)가 협의를 하거나 파양에 동의하여야 한다. 이러한 협의, 즉 파양하자는 합의가 있으면 그 후 시, 읍, 면사무소에 '파양 신고'를 함으로써 양친자 관계가 종료되는 것이다.

'재판상 파양'은 파양의 합의가 이루어지지 않은 경우 파양을 원하는 측에서 파양을 거부하는 측을 상대로 재판을 해서 양친자 관계를 종료시키는 것이다. 재판상 파양은 재판상 이혼처럼 상대방의 잘못이 있어야 한다. 이를 '파양 사유'라고 하며, 민법이 정해놓은 파양 사유는 다음과 같다(제905조).

① 양부모가 양자를 학대 또는 유기하거나 그 밖에 양자의 복리를 현저히 해친 경우.

② 양부모가 양자로부터 심히 부당한 대우를 받은 경우.

③ 양부모나 양자의 생사가 3년 이상 분명하지 아니한 경우.

④ 그 밖에 양친자 관계를 계속하기 어려운 중대한 사유가 있는 경우.

🔍 결론

놀부가 양자를 학대하므로 이는 재판상 파양 사유에 해당된다. 따라서 흥부의 둘째 아들이 미성년이라면 흥부는 친부모의 자격으로 재판을 걸어 파양할 수가 있다.

47. 입양 신고 대신 한 출생 신고

정복동 씨 부부는 결혼 후 오래도록 아이가 없게 되자, 의사인 친구에게 부탁하여 미혼모가 낳아 양육을 포기한 남자 아기를 양자로 맞이하였다. 그런데 신고를 할 때 양자의 장래를 위해 입양 신고를 하지 않고, 부부가 낳은 친자인 것으로 하여 출생 신고를 하였다.

사실 우리 사회에는 이런 경우가 적잖다. 그런데 이 양자가 성장하면서 부모의 속을 어찌나 썩이는지 후회가 막급이다. 부부 중 일방이 사망하게 되면 상속 분쟁도 예상된다.

그렇다면 입양 신고 대신 출생 신고를 한 경우 양자로 보아야 하는가? 아니면 친자로 보아야 하는가?

① 출생 신고를 한 이상 친생자로 추정되므로 친자로 간주된다.

② 양자와 친생자 관계가 없으므로 친생자 추정은 번복되나, 출생 신고는 입양 신고로서의 효력은 있다. 따라서 양자로 간주된다.

③ 사실과 신고가 일치하지 않으므로, 친생자도, 양자도 모두 아니다.

개인의 신분상의 변동을 가족관계 등록 등에 관한 법률에 따라 신고할 것을 요구하는 우리의 법 제도에서 '신고와 사실의 불일치'의 경우가 적잖다. 친생자가 아닌데도, 양자로 하려는 자를 자기의 친생자로 출생 신고 하는 경우도 그러한 실례이다. 우리 사회에서는 아이를 갖지 못한 부부가 남의 아이를 양자로 하겠다고 데려가 기르면서 신고 시에는 입양 신고를 하는 것이 아니라, 아예 친생자로 출생 신고를 하는 사례가 종종 있다. 이런 경우에 이것은 입양인가, 출생 신고인가? 바꾸어 말하면 남의 아이를 자기의 친생자로 출생 신고를 한 경우 친생자 관계가 되는가, 양친자 관계가 되는가?

이 문제를 따져보는 실익은, 친생자 관계가 된다면 친생자 추정과도 관련이 있고, 또 양친자 관계가 된다면 파양이라는 문제가 발생할 여지가 있기 때문이다. 이 점에 관하여 대법원의 입장은 변동을 거듭하였다. 처음에는 입양 의사가 있음에도 친생자로 출생 신고를 했을 경우에 출생 신고는 무효이지만 입양의 효력은 있다고 했다가(1947. 11. 25) 입양이란 입양 의사와 입양 신고로 효력이 발생하므로 이를 친생자 신고로 대신할 수 없고 따라서 입양의 효력이 없다고 바꾸었는데(1967. 7. 16), 다시 대법원 전원 합의체 판결로 입양 신고 대신 친생자 출생 신고가 있다면 형식에 다소 잘못은 있더라도 입양의 효력은 있다고 변경함으로써(1977. 7. 26), 현재로서는 입양 의사가 있는 허위 출생자 신고 문제는 "입양 신고로서의 효력은 있다"로 해결되었다. 따라서 양부모는 나중에 친생자가 아니라는 이유로 친생자 관계가 없다는 청구는 할 수 없다(이 관계를 해소하려면 파양 사유를 주장하여 파양 청구를 해야 한다).

⚲ 결론

입양의 의사를 갖고도 허위로 자기 자식으로 출생 신고를 한 경우에도 입양의 효력은 있다. 따라서 양부와 양자로서의 관계(양친자)만 있다.

48. 허위 사망 신고의 효력

박대중 씨는 팔자가 그래서인지 여복이 많아서인지 좌우간 장가를 세 번 든 사람이다. 그가 소생이 없는 본처와 헤어지고 후처 노옥숙 여사를 얻어 1남 1녀를 얻었다가, 후처가 사망하게 되자 다시 처녀에게 새장가를 들어 1남 1녀를 낳았다.

그도 나이를 먹게 되자 어린 처자식의 장래를 생각하고 상속에 대비하여, 노옥숙 여사와의 사이에서 출생한 자녀들에 대해 몰래 사망 신고를 해버렸다. 쯧쯧, 이러면 안 되는데….

이러한 허위 신고도 효력이 있는가?

① 가족관계등록부에 한번 기재되면 진실하다는 추정력이 생기므로, 이를 바로잡으려면 사망 신고 무효 확인 소송을 해야 한다.

② 가족관계등록부에 어떤 사실이 기재되어도 진실과 반하는 것이면 절대 무효이고, 무효인 이상 아무런 조치는 필요하지 않다.

③ 허위 신고에 대해서는 다른 증거로서 가족관계등록부 기재의 추정력을 번복할 수 있다. 따라서 노옥숙 여사의 자녀들은 가족관계등록부 정정을 청구하면 된다.

누구나 살아가면서 일생에 몇 번쯤은 가족관계등록부나 제적 등본을 발급받아 보았을 것이다. 대단히 중요한 공문서이고 중요한 제도이다. 그러다 2007년 5월 17일, 가족관계의 등록 등에 관한 법률이 제정·시행됨에 따라 호적부가 '가족관계등록부'로 명칭이 바뀌었다.

과거의 호적부, 오늘날의 가족관계등록부는 가(家)를 단위로 해서 그 가에 속하는 사람의 출생, 사망, 인지, 혼인, 입양, 이혼 등 신분 관계의 창설과 변동의 모든 사항과 과정을 기록한 국가의 공문서이다. 사람이 사망하더라도 가족관계등록부는 남는다. 따라서 비유를 하자면 호랑이는 죽어서 가죽을 남기지만 사람은 가족관계등록부를 남긴다고 할 수 있다.

가족관계등록부는 법원의 엄격한 감독하에 시, 구, 읍, 면사무소 등 행정기관이 기록·관리·보존하며, 이를 위해서 124개조의 방대한 가족관계의 등록 등에 관한 법률이 마련되어 있다. 또 가족관계등록부의 변조나 위조는 엄중한 형사 처분을 받게 되어 있다.

이러한 가족관계등록부에 어떤 사항이 기재되었을 때, 그 기재는 적법한 절차에 따라 이루어졌고 기재 사항은 진실에 부합하다고 추정된다. 가령 A가 갑의 아들로 기재되면 기재 과정은 적법한 절차에 따른 것이고 A는 갑의 아들이라는 신분 관계가 진실과 다름없다고 누구나 추정할 수 있다는 것이다.

그러나 이러한 추정력이 절대 불변은 아니다. 세상에는 허위 신고도 많기 때문이다. 따라서 그 기재 사항에 이의가 있거나 이해관계를 갖고 있는 사람은 누구나 그 반대 증거를 제시하여 추정을 깰 수 있다.

Q 결론

허위의 사망 신고도 일단 진실일 것이라는 추정은 받는다. 그러나 그것이 허위라는 증거를 제시하여 추정을 깨거나 바로잡을 수 있다.

49. 사또님께 청하오니 성을 정해주소서

시골 처녀가 산으로 나물을 캐러 갔다가 소낙비를 만나 비를 피하려고 어떤 동굴로 들어갔다. 잠시 후 웬 나무꾼 총각도 이 동굴로 비를 피해 들어왔다.

열 달 후 처녀가 아들을 낳았는데, 처녀의 아버지는 이 아이의 아버지를 알 수 없어 고민 끝에 사또에게 청원하였다. "아이 아버지의 이름도, 성도, 사는 곳도, 누구인지도 모르는데 이 아이의 성과 본은 어찌하면 좋겠습니까?"라고 말이다.

이런 경우, 이 아이는 누구의 성과 본을 따라야 하는가?

① 자(子)는 아버지의 성과 본을 따르는 것이 원칙이나, 이 경우 아버지를 알 수 없으므로 일가를 창립하여야 한다.

② 아버지는 알 수 없으나, 어머니는 알 수 있으므로 어머니의 성과 본을 따라야 한다.

③ 법원에 성과 본을 창설해줄 것을 청구하여야 한다.

우리나라 사람에게는 성(姓)과 이름 외에도 본(本)이란 것이 있다. 본이란 자기가 속하는 가문의 시조(또는 중시조)의 발상지나 기원지를 기준으로 정해지고, 대대손손 그 자손들이 따르는 표시라고 할 수 있다. 본은 본관(本貫), 본향(本鄕), 관향(貫鄕)이라고도 부르는데, 줄여서 간단히 본이라고 한다. 우리나라의 성의 수효는 대략 280여 개가 된다고 하며, 본은 그 열 배 정도라고 한다.

성과 본을 통하여 소속 혈통을 분명히 하고, 성과 본이 같은 사람들이 일가(一家) 또는 종가(宗家) 의식을 갖고 상부상조하며, 공통 조상에 대해 제사를 받드는 풍습은 우리의 전통이자 미풍양속이다.

그렇다면 법률에서는 이 성과 본을 어떻게 처리하고 있을까? '혼인 중의 출생자'에 대해서는 아버지의 성과 본을 따르는 것이 보편적 관행이고 법률도 이 관행에 반대하지 않는다. 그러나 부모가 혼인 신고를 할 당시 자녀의 성과 본을 어머니의 것으로 하기로 합의한 경우, 아버지를 알 수 없는 자의 경우에는 어머니의 성과 본을 따른다. 부모를 모두 알 수 없는 어린아이, 고아 등은 시, 읍, 면의 장이 법원의 허가를 받아 성과 본을 창설한다.

한편 '혼인 외의 출생자'에 대해서는 아버지의 인지를 받으면 아버지의 성과 본을, 인지를 받을 수 없을 때에는 어머니의 성과 본을 따른다.

이렇게 한번 따르게 된 성과 본도 부모의 인지, 입양, 이혼, 재혼 등의 사유가 있으면 자녀의 복리를 위하여 법원의 허가를 얻어 바꿀 수 있다.

○ 결론

시골 처녀가 낳은 아이는 문자 그대로 '아버지를 알 수 없는 자(子)'이다. 따라서 언제고 아버지가 나타나 인지하거나 생모와 혼인하기 전까지는 어머니의 성과 본을 따르고 어머니의 가족관계등록부에 오르게 된다.

50. 뜻은 참 좋은데 발음이 원…

자손이 귀한 구봉수 씨 집안의 장남 구막동 씨가 결혼 8년 만에 드디어 아들을 얻었다. 6대 독자가 태어났으니 집안에 경사가 났음은 물어볼 것도 없으렷다. 할아버지가 된 구봉수 씨는 손자 이름을 두창(斗昌)이라고 지었는데, 자손이 크게 번창하라는 뜻에서였다.

그런데 문제는 두창 군이 초등학교에 입학하고부터였다. 아이들이 '구두창'이라고 놀려대는 통에 이 녀석이 숫제 학교를 가지 않겠다는 것이 아닌가?

일단 출생 신고에 의하여 가족관계등록부에 올린 이름을 놀림감이 된다는 이유만으로 바꿀 수가 있을까?

① 바꿀 수 없다. 일단 가족관계등록부에 신고되면 그 이름은 무덤까지 갖고 가도록 되어 있다.

② 이름은 바꿀 수도 있으나 놀림감이 된다는 이유로는 안 된다.

③ 가족관계등록부에 오른 이름도 얼마든지 바꿀 수 있다. 단, 법원이 허가하는 조건하에서.

사람은 태어나면 이름을 갖게 되고 그 이름은 가족관계등록부에 신고된다. 세상 대부분의 사람은 신고된 이름을 무덤까지 갖고 가게 된다. 이름은 곧 그 사람인 것이다. 그러나 세상에는 가족관계등록부상의 이름과 통용되는 이름이 다른 경우도 있고, 예명이나 별명을 갖는 경우도 많다. 또 돌림자가 싫어서 성인이 된 경우에 스스로 다른 이름을 지어 사용하는 경우도 적잖다.

이렇게 세상에서 널리 통용되는 이름과 가족관계등록부상의 이름이 다른 경우 통용되는 이름으로 가족관계등록부상의 이름을 고칠 수 있을까? 가능하다. 다만 법원이 허가해야 한다. 이것을 '가족관계등록부 정정의 허가'라고 한다. 따라서 이름은 얼마든지 바꿀 수 있다. 말하자면 개명(改名)의 자유가 있는 것이다. 법원이 허가만 해준다면 말이다. 개명의 방법과 절차는 법원에 청구하는 것이다. 허가는 법원의 자유재량이지만 이름이 발음이나 어감상으로 추한 경우, 일본식 이름인 경우, 친족 내에서 같은 이름이 신고되어 혼동되는 경우 등에는 대체로 개명 신청을 받아주고 있다.

그러나 단순히 돌림자가 마음에 들지 않는다거나, 사주(四柱)와 맞지 않는다는 사유로는 개명을 허가해주지 않고 있다. 또 한자식 이름을 한글식으로, 그 반대로 한글식 이름을 한자식으로 바꾸겠다는 개명 허가 신청도 잘 허가해주지 않고 있다. 법원으로부터 개명 허가를 받으면 1개월 이내에 개명 신고를 해야 한다(가족관계의 등록 등에 관한 법률 제99조 제1항).

🔍 결론

이 사건에서 두창 군의 이름은 비록 뜻은 좋으나 성과 연결되어 호칭할 때 어감상 좋지 않다. 더욱이 그 때문에 본인이 학교에도 가지 않으려고 할 정도라면 개명 신청을 할 수 있고, 허가될 수 있다고 생각한다. 어쨌거나 이름은 사후에도 남는 만큼 신중하고 사려 깊게 지어야 한다.

51. 음력 생일로는 궁합이 맞지 않는다

지금은 그렇지도 않지만 20~30년 전만 해도 부모님이 출생 신고를 할 때 음력 생일로 신고하는 일이 적잖았다.

최미혜 씨의 경우도 그랬다. 최 씨가 직장 동료인 윤택해 씨와 연애 끝에 결혼을 하게 되었다. 문제는 윤 씨의 부모가 완고한 편인지라 소위 '궁합'이 맞지 않으면 그 누구와의 결혼도 반대했다. 그래서 이 연인은 '부채도사'를 찾아가 미리 궁합을 보았는데, 최 씨의 음력 생일로는 궁합이 맞지 않으나 양력 생일로는 기가 막힌 것이 아닌가?

결혼을 위해서 가족관계등록부에 등록된 최 씨의 음력 생일을 양력 생일로 고칠 수 있는가?

① 궁합이 맞지 않는다는 이유로 가족관계등록부상의 생일을 고치는 것은 허용되지 않는다.

② 오늘날 양력이 통용되고 음력은 퇴조하는 추세에 있으므로, 단순히 음력 생일을 양력으로 고친다는 것은 얼마든지 가능하다.

앞의 문제에서 살펴보았듯이 개명 허가 신청은 사유만 타당하면 가족관계등록부 정정 허가를 받을 수 있다. 그렇다면 생년월일의 정정은 어떤가? 원래 생년월일은 사람이 인위적으로 바꿀 수 있는 대상은 아니다. 태어난 해, 태어난 달, 태어난 날은 아무도 변경하지 못한다. 사실의 영역에 속하는 사항이기 때문이다.

그런데 실제의 생년월일과 가족관계등록부에 올라 있는 생년월일은 차이가 있을 수 있다. 왜냐하면 영아 사망률이 높았던 과거에는 태어난 지 2, 3년이 지난 후에야 출생 신고를 하는 경우가 많았고, 또 음력으로 신고하는 경우도 적잖았으므로 실제와 가족관계등록부상의 생년월일이 다르게 될 여지가 많았다. 미역국을 먹는 날과 가족관계등록부상의 생일이 다른 채로 영위하는 사회생활은 여간 불편한 것이 아니다. 이렇게 '실제와 가족관계등록부가 불일치한 경우'는 실제의 것으로 정정할 수 있다.

생년월일의 정정 신청 시에는 병원의 출산 증명서, 병원에서 출생하지 않은 경우에는 조산원이나 해산을 도와준 사람의 확인서, 그 밖에 의사의 연령 감정서를 첨부하여야 한다. 법원이 생년월일의 정정을 허가하면 1개월 이내에 시, 읍, 면사무소에 정정 신청을 해야 한다.

결론

음력 생일을 양력 생일로 정정해달라고 청구할 수 있다. 이 청구를 받는 법원도 이런 경우에는 허가해주고 있다(그런데 생년월일의 정정 허가 신청은 정년에 도달한 사람이 합법적인 정년의 연장을 구하거나 일정 연령이 어떤 요건이 되는 경우에 악용될 소지가 많다. 이런 의도가 인정되면 잘 허가해주지 않고 있다. 또 실제와 가족관계등록부의 불일치가 없는데도 궁합이 맞지 않는다는 이유로 가족관계등록부의 정정을 청구하는 것은 허용되지 않는다).

52. 그대는 남자인가, 여자인가

이상해 군은 사내아이로 태어났으나 어려서부터 인형 놀이와 소꿉장난을 좋아하고 여자아이처럼 말하고 행동하면서 자랐다. 성년이 된 이상해 군은 오랜 고민 끝에 마침내 성전환 수술을 받고 '여자'가 되었다.

문제는 그가 징집 신체검사 통지서를 받고 난 뒤부터였다. 알다시피 우리나라는 모병제가 아닌 징집제 국가이다.

이미 여자가 된 그(?)는 어찌해야 하는가? 다시 말해, 그녀(?)는 가족관계등록부에 남자로 되어 있는 성(性)을 여자로 고칠 수 있는가?

① 안 된다. 타고난 성은 고칠 수 없다. 수술에도 불구하고 그녀의 성은 남자이다.

② 신고만 하면 된다. 인간은 저마다 행복 추구권이 있으므로 수술로 성을 고친 사람에 대해서는 법에서도 이를 존중해주어야 한다.

③ 가족관계등록부 업무를 관장하는 법원의 결정 여하에 달려 있다.

수십 년 전까지만 해도 사람의 성(性)은 타고나는 것이므로 죽을 때까지 불변이라고들 알고 있었다. 출생 신고에도 신생아의 성별을 표시하여 신고하게 된다.

그런데 오늘날에는 현대 의학과 의술의 발달로 소위 '성전환 수술'이라는 것이 가능해졌다. 이 수술로 성의 외형만이 바뀌는 것인지, 아니면 타고난 성에 따른 고유의 신체적 본질과 기능도 바뀌는 것인지는 논란이 있다.

어쨌든 성전환 수술로 타고난 성별의 외형을 바꾸는 것을 금지할 이유는 없으며, 이것은 행복을 추구하려는 기본 인권의 발로라고 보아야 할 것이다.

문제는 가족관계등록부라는 국가의 공적 명부에 기록되어 있는 성을 성전환 수술로 바뀐 성으로 정정할 수 있는가의 여부일 것이다. 종전에는 가족관계등록부상의 성별 정정 신청에 대하여 하급심마다 서로 다른 입장을 보여주었는데, 마침내 2006년 대법원이 성전환자의 성별 정정 신청을 허가해줄 수 있다는 것으로 최종 입장이 정리되었다(대법원 2006. 6. 22. 자2004스42).

⚲ 결론

이제는 성전환자도 가족관계등록부상의 성을 바꿀 수 있게 되었다.

1. 이혼 합의서만 있으면 이혼할 수 있는가?

적당한 부부 싸움은 좋은 자극이 되지만, 이것도 자주 하면 습관이 되고 재앙을 가져오는 법.

동갑내기인 A 부부는 자존심이 아주 강해서 부부 싸움을 한 뒤에도 상대방이 먼저 항복하고 화해를 청하기만 기다린다. 그러니 열전은 냉전으로, 냉전은 장기전으로 이어질 수밖에. 반복되는 전투에 지친 부부는 어느 날 싸움을 하다가 누가 먼저랄 것도 없이 "이혼하자" "좋다" 하고는 이혼 합의서를 쓰고 도장을 찍었다.

그렇다면 '이혼 합의서'가 있으면 이혼 신고를 할 수 있는가?

① 그렇다. 이혼 의사가 합치되고 문서로 표시된 이상 이 합의서를 첨부해 이혼 신고를 하면 된다.

② 아니다. 진짜 이혼하려면 부부가 법관 앞에 출두하여 이혼 의사가 있음을 확인받아야 한다.

③ 이혼 합의서가 없더라도, 호적 공무원에게 이혼 신고서를 제출할 때 이혼 의사를 확인시켜주면 족하다.

이혼이란 통속적으로는 부부가 갈라서는 것, 헤어지는 것으로 인식하고 있지만, 법률상으로는 혼인의 해소인 것이다. 본디 혼인은 검은 머리가 파뿌리가 되도록 백년해로하려는 남녀의 결합이므로, 이혼은 혼인의 본질에 비추어 정상적인 사태가 아님은 틀림없다.

그러나 이미 깨져버린 거울은 억지로 그 조각을 맞추려고 해도 부질없는 법. 그래서 서구에서도 "하나님이 짝지어주신 것을 사람이 나눌 수 없다"라는 기독교 사상의 지배로 오랫동안 이혼이 엄금되었으나, 그 후의 인류 역사는 '이혼의 자유'를 인정하는 추세로 변하였다.

이혼의 엄금, 혼인 유지의 강제는 더 큰 비극의 강요일 뿐이라는 인식으로 세계 각국은 어떤 형태로든지 혼인의 해소, 즉 이혼을 허용하고 있다.

우리 민법도 물론 이혼의 자유를 인정하고 있다. 이혼하는 방법은 두 가지이다. 하나는 부부가 합의해서 이혼하는 '협의상 이혼(속칭 '합의 이혼')'이고, 또 하나는 '재판상 이혼'이다. 여기에서는 순서에 따라 협의상 이혼의 경우만을 살펴본다.

①먼저 '이혼의 합의'가 있어야 한다. 이혼의 합의에 도달하게 된 사정, 원인, 동기는 천차만별일 것이다. 이혼하기로 하는 의사 표시의 합치(합의)는 이혼 신고서를 제출하고 수리될 때까지 유지되어야 한다. 그리고 이 이혼 합의에는 조건이나 기한을 붙일 수 없다.

②협의 이혼을 하려는 부부에게 미성년의 자(子)가 있는 경우에는 친권자를 누구로 할 것인지에 대한 협의가 필요하다. 이 협의는 이혼 신고서에 기재하여야 하고, 협의를 할 수 없거나 협의가 이루어지지 않는 경우에는 가정 법원에 그 지정을 청구하여야 한다(제909조 제4항). 이 청구가 있으면 친권자는 법원이 직권으로 정한다.

③가정 법원에 '협의 이혼 의사 확인 신청'을 하여야 한다. 협의상 이혼을

빙자하여 처를 축출하는 경우를 방지하기 위하여 1977년에 도입된 제도이다. 신청을 하는 곳은 부부의 등록 기준지 또는 주소지를 관할하는 가정 법원이다. 이 신청에는 부부가 함께 출석하여야 한다. 더 구체적으로는 협의 이혼 의사 확인 신청서 1통, 가족관계증명서와 혼인관계증명서 각 1통, 주민 등록 등본 1통, 이혼 신고서 3통(필요한 사항을 기입하고 부부 쌍방이 각자 서명 또는 날인·무인)을 제출한다. 신청이 접수되면 함께 출석한 부부는 법관에게 안내되고 법관에게 협의 이혼 의사가 있음을 일치 진술하여야 한다.

④ 협의 이혼 의사 확인 신청 시 양육해야 할 미성년의 자녀가 있는 경우에는 자녀의 양육권자, 양육비 부담, 양육을 하지 않는 배우자가 자녀로 만날 수 있는 면접 교섭에 관한 사항(행사 여부·방법), 친권자를 협의 결정한 경우 그 협의서 등도 함께 제출하여야 한다. 가정 법원은 이혼 당사자가 협의한 양육비 부담 내용을 확인하는 양육비 부담 조서를 작성하게 되는데 이 조서에는 강제 집행력이 부여된다.

⑤ 이혼 상담을 받아야 하고, '이혼 숙려 기간'이 지나야 한다. 가정 법원은 협의 이혼 의사 확인 신청을 받은 뒤, 협의 이혼 당사자를 안내해야 하고 필요한 경우에 전문 상담인의 상담을 받을 것을 권고할 수 있다(이 상담은 강제는 아니다).

이 안내를 받은 뒤에도 일정 기간이 경과되어야 법관으로부터 협의 이혼 의사 확인을 받을 수 있다. 그 기간은 양육해야 할 자(子)가 있거나 임신 중인 경우에는 3개월이고, 그렇지 않은 경우에는 1개월이다. 이 기간을 '이혼 숙려 기간(정말 이혼할 것인지를 깊이 심사숙고하라는 의미의 기간)'이라고 한다. 그러나 법원은 가정 폭력으로 당사자 일방에게 참을 수 없는 고통이 예상되는 등 이혼해야 할 급박한 사정이 있는 경우에는 이혼 숙려 기간을 단축 또는 면제할 수 있다.

⑥ 협의 이혼 의사 확인서(이혼 신고서 첨부)를 교부받으면 받은 날로부터 3개월 이내에 이혼 신고서를 제출하여야 한다. 확인 절차를 거쳤으나, 3개월이 지나도록 이혼 신고서를 제출하지 아니하면 확인서는 효력을 상실한다. 따라서 당사자가 기어코 협의 이혼을 원하면 다시 위와 같은 절차를 밟아야 한다.

이상과 같이 협의상 이혼에도 법관의 협의 이혼 의사 확인, 친권과 양육에 대한 협의, 이혼 숙려 기간의 설정 등 다양한 중간 절차를 두게 된 것은, 그동안 우리나라의 협의상 이혼 절차가 세계에서 가장 신속, 간단한 제도를 갖고 있다는 사회적 비판에 직면하여 협의 이혼을 신중하게 하려는 데 있다(통계에 따르면 우리나라에서의 이혼은 약 75퍼센트가 협의상 이혼이라 한다).

🔍 결론
협의 이혼에는 법원의 협의 이혼 의사 확인서가 있어야만 한다.

2. 홧김에 한 이혼 합의

한 마을에 사는 갑돌이와 갑순이는 동성동본(同姓同本)이어서 혼인할 수 없었으나, 1996년 헌법재판소가 이를 위헌이라고 선언한 덕에 혼인할 수 있게 되었다.

그런데 이렇게 어렵게 혼인한 이상 남 보란 듯이 잘 살아야 하거늘, 성격 차이로 걸핏하면 싸우는 바람에 그만 이혼하기로 하였다. 이혼 합의도 싸우던 도중에 한 것이었다.

그래서 이혼은 합의 이혼을 하기로 하고 가정 법원으로 달려갔는데 이혼 의사 확인을 하는 판사가 "석 달 뒤에 다시 오시오"라고 하는 것이 아닌가?

이들 사이에는 세 살짜리 아들이 있다. 판사는 왜 석 달 뒤에 오라고 했을까?

① 홧김에 하는 이혼인 줄 알고, 다시 생각해보라는 깊은 뜻에서다.
② 갑돌, 갑순 부부에게 이혼 사유가 없기 때문이다.
③ 자식을 생각해보라는 뜻에서 이혼을 받아주지 않는 것이다.
④ 석 달 동안 꼭 이혼해야 하는지를 잘 생각해보라는 뜻에서다.

우리나라에서 이혼하는 방법은 아주 빠르고 쉬운 편이었다. 부부가 서로 이혼하기로 의사가 합치되면('이혼의 합의'), 법원에 가서 이혼 의사가 있음을 진술하고 그 확인서를 받아 이혼 신고를 하면 그만이었다. 이러한 절차는 2~3일이면 족했다.

손쉽고 빠른 이러한 협의 이혼 절차로 인해 결국 깊이 생각하지 않는 경솔한 이혼이 생겨날 수 있고, 또 이러한 협의 이혼 절차가 우리나라 이혼율을 높이는 데 기여하고 있다는 사회적 비판에 직면하여 2007년 12월 21일 가족법이 개정되어 '이혼 숙려 기간' 제도의 신설이 이루어졌다.

이 제도는 협의 이혼하고자 하는 부부가 법원에 이혼 의사 확인을 신청한 경우, 그 부부간에 양육해야 할 자녀(또는 임신 중에 있을 때 포함)가 있을 때 3개월, 자녀가 없을 때 1개월이라는 이혼 숙려 기간을 주어 그동안 이혼을 신중히 생각하고 이혼 합의를 철회할 수 있게 하려는 데 그 취지가 있다.

이 기간에도 불구하고 이혼 의사에 변동이 없다면 이혼 숙려 기간이 지난 뒤 협의 이혼 의사 확인서가 부여된다. 이 기간은 폭력으로 인하여 당사자 일방에게 참을 수 없는 고통이 예상되는 등 이혼해야 할 급박한 사유가 있는 경우에는 법원이 단축하거나 면제할 수 있다.

🔍 결론

경솔한 이혼이 없었다고 할 수 없다. 그렇다면 이혼 의사가 확고한, 설득 불가의 부부에게는 협의 이혼이라는 길을 열어주면서, 동시에 경솔한 이혼을 방지할 수 있는 제도도 필요한 것이다. 이혼 숙려 기간 제도의 도입은 이런 뜻에서 상당히 타당해 보인다.

3. 죽으면 죽었지 용서할 수 없다

　대서양 무역의 김 대리와 박 대리는 보름간의 동남아 출장을 가게 되었다. 현지에서 체류하는 동안 그들은 야간 관광을 하다가 과음 끝에 함께 소위 '오입'을 하였다고 가정하자.

　둘은 아내들에게 비밀을 지키자고 맹세하였지만, 귀국 후 박 대리를 수상히 여긴 아내의 추궁에 그는 결국 오입을 시인하고 용서를 받았다. 그런데 박 대리의 아내로부터 남편의 오입 사실을 알게 된 김 대리의 아내는 남편의 외도를 도저히 용서할 수 없었고, 이혼을 선언하고 친정으로 가버렸다.

　김 대리의 아내가 이혼 소송을 제기하기로 결심하였다고 할 때 '한때의 실수'도 이혼 사유가 된다고 볼 것인가?

　① 되지 않는다. 재판상 이혼 사유가 되는 부정행위란 일회적인 것이 아닌 계속적인 것을 의미한다.

　② 되지 않는다. 김 대리가 사실을 자백하고 용서를 빌었기 때문에 아내의 이혼 청구권은 소멸되었다.

　③ 단 1회의 외도도 부정행위이며 이혼 사유가 된다. 그것으로써 이혼 소송을 제기할 것인가의 여부는 아내의 결심 여하에 달린 문제이다.

　이혼을 하고자 할 때 그 방법은 부부가 합의해서 이혼하는 '협의에 의한 이혼'과 협의가 이루어지지 않아 재판을 해서 이혼하는 '재판상의 이혼'의 두 가지 방법이 있다.

　그런데 재판상 이혼을 하려면, 즉 이혼을 청구한 쪽이 승소하기 위해서는 법률이 정한 이혼 사유('재판상 이혼 사유')가 있어야 하고, 또 이것을 충분히 증명하지 않으면 안 된다.

1. 재판상 이혼 사유

민법 제840조가 규정한 재판상 이혼 사유는 다음과 같다.

① 배우자에 부정한 행위가 있었을 때

② 배우자가 악의로 다른 일방을 유기(遺棄)한 때

③ 배우자 또는 그 직계 존속으로부터 심히 부당한 대우를 받았을 때

④ 자기의 직계 존속이 배우자로부터 심히 부당한 대우를 받았을 때

⑤ 배우자의 생사가 3년 이상 분명하지 아니한 때

⑥ 기타 혼인을 계속하기 어려운 중대한 사유가 있을 때

　제1호 내지 제5호의 사유는 비교적 구체적인 것이고, 제6호의 사유는 추상적으로 표현한 것을 알 수 있다. 그런데 제1호 내지 제5호의 사유도 따지고 보면 제6호의 사유인 '혼인을 계속하기 어려운 중대한 사유'의 전형적인 실례라고 할 수 있는 것이다.

2. 재판상 이혼 사유로서 '배우자의 부정한 행위'

① 부부는 서로 순결을 유지하고 정조를 지킬 의무가 있다. 이 의무는 아내에게만 있는 것이 아니고 남편도 마찬가지이다. 순결과 정조를 유지하여야 할 의무는 '성적(性的) 성실 의무'라고도 한다. 구체적으로는 부부

가 자기 남편 또는 아내 이외의 사람과 성관계를 맺거나 성적 비행(非行)을 저질러서는 안 되는 의무인 것이다. 배우자의 부정한 행위는 이러한 순결·정조·성적 성실 의무에 위반되는 행위를 말하며, 비단 우리나라뿐만 아니라 세계의 모든 나라가 이것을 이혼 사유로 삼고 있다.

② 부정한 행위란 '간통'이 전형적인 실례라고 할 수 있으나, 반드시 간통에 국한된다고 할 수는 없다. 이것은 간통이라는 개념보다는 넓은 것이고, 비록 간통을 하지는 않았으나 그 행동이 순결 의무, 정조 의무에 충실하지 못한 것으로 볼 수 있다면 부정한 행위가 되는 것이다.

③ 부정한 행위는 물론 그 행위가 자유로운 의사에 의한 경우만을 말한다. 그래서 제3자에 의하여 성폭력('강간')을 당한 경우는 부정한 행위를 저지른 것으로 볼 수 없다.

④ 간통과 같은 부정한 행위는 은밀히 이루어지는 것이기 때문에 이를 '증명'하기가 무척 어렵다. 그래서 부정한 행위는 '추정'되는 경우가 많다고 할 수 있다. 예를 들어 이성(異性)과 한 방에서 밤을 지낸 경우, 숙박업소에 함께 투숙한 경우, 아내가 출산하였는데 남편의 자식이 아님이 증명된 경우, 배우자 이외의 사람으로부터 성병에 감염된 경우에는 부정한 행위가 있었다고 추정할 수 있는 것이다.

⑤ 부정한 행위에 해당되기 위해서는 반드시 계속적이어야 하는 것은 아니다. 단 1회의 외도나 실수도 부정한 행위가 된다.

⑥ 부정한 행위는 당연히 혼인한 뒤의 행위만 문제된다. 배우자가 혼인 전의 부정한 행위가 있었다고 하더라도 이는 혼인 후의 재판상 이혼 사유라고 볼 수는 없다.

⑦ 부정한 행위에 대하여 다른 배우자가 사전에 '동의'하거나 사후에 '용서'한 때에는 배우자의 부정한 행위를 이유로 하여 이혼을 청구할 수 없

다(제841조). 동의하거나 용서한 경우까지 이혼 청구권을 주어 보호할 필요는 없다고 보고 있는 것이다.

동의나 용서는, 명시적인 의사 표시는 물론 묵시적인 방법으로도 할 수 있다. 첩을 얻어서라도 아들을 낳으라고 하는 의사 표시는 명시적인 사전 동의라고 할 수 있고, 배우자의 부정한 행위를 알고서도 아무 말 없이 부부 생활을 계속하는 것은 사후의 묵시적인 용서라고 보게 된다. 사전 동의 또는 사후 용서의 사실은 물론 이혼 청구를 당한 측에서 증명하여야 한다.

⑧ 부정한 행위를 이유로 이혼을 청구하기 위해서는 시간상의 제약이 있다. 즉 이를 안 날로부터 6개월, 그 사유가 있는 날로부터 2년 내에 소송을 제기해야만 하고, 그 이후에는 이혼 청구가 허용되지 않는다. 여기서 '안다'라고 하는 것은 부정한 행위의 존재를 알면 되는 것으로, 반드시 그 일시, 장소, 상대방의 신원까지 알아야 하는 것은 아니다. 다만 첩 관계와 같은 경우는 계속적인 부정행위라고 할 수 있는데, 첩 관계가 지속되는 한 다른 배우자의 이혼 청구권은 소멸되지 않는다. 첩 관계가 청산되면 물론 그 청산된 때로부터 위의 제소 기간이 계산될 것이다.

결론

단 1회의 외도(이른바 '오입' 행위)도 재판상 이혼 사유가 되는 부정한 행위인 것은 말할 것도 없다. 아내가 이를 용서하지 않는 한 외도를 저지른 남편은 이혼 청구를 당하는 것을 각오하지 않으면 안 될 것이다.

4. 걸핏하면 친정으로 가는 여자

오성그룹 이 회장의 막내딸은 어려서부터 응석받이로 자란 탓인지 참을성이 부족하고 매사에 자기중심적이다.

그녀는 장래가 유망한 공학 박사인 장영실과 결혼을 하였으나, 남편의 귀가가 늦는다는 구실로, 남편이 야단친다는 이유로, 이런저런 핑계로 걸핏하면 친정으로 달려간다. 친정에 가서도 남편이 데리러 올 때까지 자기 발로 오는 법이 없다. 아내를 달래는 데 지친 장 박사는 체념하고 이혼 소송을 하려고 한다.

걸핏하면 친정으로 가는 여자, 이혼 사유가 될까?

① 된다. 아내가 동거 의무를 위반했을 뿐만 아니라, 악의로 남편을 유기한 것으로 보아야 하기 때문이다.

② 안 된다. 친정은 아내의 최선의 도피처가 아닌가? 친정에 대한 의존이 이혼 사유일 수는 없다.

③ 아내의 의사가 무엇인가에 달려 있다. 만일 친정에 자주 가는 것이 남편과 혼인 생활을 유지할 생각이 없는 것이라면 이혼 사유가 된다.

부부는 동거하고, 협조하고, 서로 부양할 의무가 있다. 재판상 이혼 사유로서 '악의(惡意)의 유기(遺棄)'는 바로 부부에게 요청되는 동거, 협조, 부양의 의무를 정당한 이유 없이 포기하는 것을 말한다. 법은 배우자 일방이 다른 배우자를 악의로 유기하는 경우에 부부 공동생활을 파탄시킨 것으로 보고 유기당한 배우자에게 이혼 청구권을 인정하고 있다.

법에서 말하는 '악의'란 어떤 사실을 알고 있다는 것, '선의'란 이를 몰랐다는 것으로 해석되지만, 재판상 이혼 사유로 삼는 악의는 어떤 사실을 알고 있다는 것에서 더 나아가 사회적으로 비난받을 만한 윤리적 요소를 뜻한다.

또 '유기'는 배우자를 동거 장소에서 내쫓거나, 두고 나가버리거나, 배우자로 하여금 나가지 않을 수 없게 만들고, 또는 돌아오지 못하게 함으로써 동거·협조·부양의 의무를 다하지 않는 것을 말한다. 첩을 얻어 본처와 그의 자식들을 버리거나 생활비를 대주지 않는 것은 전형적인 악의의 유기 사례라고 할 수 있다.

악의의 유기는 반드시 일정 기간 계속될 필요는 없으나, 그래도 실제로는 상당한 기간 계속되어야 할 것이다.

악의의 유기는 물론 정당한 이유가 없는 경우에 성립된다. 질병의 치료나 경제적 곤궁에 의한 일시적 별거나 합의에 의한 별거, 상대방의 학대에 못 이긴 가출 등은 악의의 유기가 아니다. 요컨대 악의의 유기는 혼인 생활을 계속할 의사 유무와, 유기라는 객관적 사실로 판정되는 것이다.

🔍 결론

남편의 학대가 없었는데도 걸핏하면 친정에 가는 아내의 의사가 남편과의 혼인 생활을 포기한 것이라면 악의의 유기이다.

5. 매 맞는 아내

결혼은 잘하면 천국, 못하면 지옥인가? 나팔자 씨가 바로 그런 경우이다. 그녀의 남편은 술만 마시면 사소한 구실을 붙여 아내를 구타하는 버릇이 있다. 다 큰 자녀들 보는 앞에서도 삼가지 않는다.

그렇다고 매를 맞은 아내가 병원에 입원할 정도는 아니다. 게다가 남편은 술을 마시지 않은 상태에서는 전혀 다른 사람, 즉 보통의 남편이 되는 것이다. 그러나 그의 아내도 인내심에 한계가 있다.

'술을 마셨을 때 아내를 구타하는 것'이 재판상 이혼 사유가 되는가?

① 물론이다. 이유야 어쨌든 아내를 구타하는 것은 학대에 해당하고 따라서 재판상 이혼 사유가 된다.

② 그렇지 않다. 술만 먹으면 구타하는 것은 일종의 정신 질환이므로 치료가 우선되어야 한다.

③ 아내에 대한 구타로 인해 '가정이 파탄되었을 때'만 이혼 사유가 될 수 있다.

민법 제840조가 정해놓은 구체적 이혼 사유로서의 '심히 부당한 대우'는 부당한 대우를 하는 자와 대우를 당하는 자가 누구이냐에 따라 세 가지로 나눌 수 있다.

첫째는 '배우자가 다른 배우자'를 심히 부당하게 대우하는 경우, 둘째는 '배우자의 직계 존속이 다른 배우자'를 심히 부당하게 대우하는 경우, 셋째는 '배우자가 다른 배우자의 직계 존속'을 심히 부당하게 대우하는 경우이다.

첫째의 '배우자 대 배우자'의 부당한 대우는 부부간의 갈등을 이혼 사유로 삼고 있는 점에서 당연하다고 할 수 있다.

그러나 둘째, 셋째의 '배우자의 직계 존속 대 배우자' 간의 갈등을 이혼 사유로 삼는 것은 봉건적 가족 제도 및 대가족 제도의 유물이라는 비난도 있다. 어쨌든 '부당한 대우'란 정신과 육체에 대한 학대나 명예에 대한 모욕이며, 그 정도는 혼인 생활의 계속이 고통스러울 정도라고 해석해야 할 것이다.

그래서 민법도 단순히 부당한 대우라고만 하지 않고 '심히'라는 수식어를 붙이고 있다. 어느 정도가 '심히 부당한 대우'인가는 요컨대 사회 통념, 혼인 당사자의 신분과 지위를 모두 참작하여 법관이 판정하는 수밖에 없을 것이다.

판례를 보면 상습적인 구타, 욕설, 축출, 배우자에 대한 허위의 간통 고소 등을 심히 부당한 대우라고 보고 있다. 부당한 대우는 부정행위와 함께 가장 빈번하게 호소되는 이혼 사유인데, 이는 아직도 우리나라 가정에서 배우자에 대한 비인격적 학대가 근절되지 않고 있음을 보여준다 하겠다.

결론

술만 마시면 아내를 구타하는 것은 상식적으로 두말할 나위 없이 배우자에 의한 부당한 대우이고, 따라서 재판상 이혼 사유가 되는 것이다.

6. 시집살이 석삼년에 눈물만 나네

　시집온 지 10년이 된 복실 엄마는 죽고만 싶다. 아무리 노력해도 시어머니의 비위를 맞출 수 없기 때문이다. 그녀가 친정 부모에게 홀어머니를 모신 외아들과 결혼하겠다고 처음 말하였을 때 한숨만 쉬던 친정 부모님의 심정을 이제야 알 것 같다.

　요컨대 복실 엄마의 시어머니는 늘 아들에게 며느리의 사소한 실수를 과장해서 모함하고 이혼하라며 강요한다. 복실 엄마도 이제는 지쳤다. 시어머니의 정신적인 학대도 이혼 사유인가?

　① 아니다. 혼인 당사자가 아닌 제3자의 학대는 이혼 사유가 되지 않는다.

　② 안 된다. 며느리도 언젠가는 시어머니가 된다. 며느리에게 아들을 빼앗겼다고 생각하는 시어머니를 더 극진히 모셔야 한다.

　③ 된다. 시어머니의 며느리에 대한 정신적 학대도 남편에 대한 이혼 사유가 된다.

　아직도 우리나라에서는 여자의 결혼을 '시집 가는 것'이라 표현한다. 핵가족, 성인이 된 자녀의 독립과 분가가 보편화된 서구 사회에서는 시어머니와 며느리가 함께 사는 기회가 적으므로 고부간의 갈등은 발생할 여지도 적다.

　그러나 우리나라는 봉건적 가족 제도의 잔재와 대가족 제도에서 핵가족으로 옮겨지는 과정에 있고, 아직도 유교적 인습의 뿌리가 깊다고 할 수 있어 고부간의 갈등이 엄연히 존재하고 있다. 민법은 물론 배우자의 직계 존속에 대한 부당한 대우와, 직계 존속으로부터 배우자에 대한 부당한 대우를 이혼 사유로 규정하고 있다. 혼인 당사자가 아닌 사람에 대한, 그리고 혼인 당사자가 아닌 사람에 의한 부당한 대우가 이혼 사유가 된다는 점에서 우리나라 이혼 제도의 특색이 발견되는 것이다.

　그렇다면 시어머니와 며느리, 즉 고부간의 갈등은 모두 이혼 사유가 되는가? 요컨대 갈등의 내용과 정도가 문제라고 할 수 있는데, '심히 부당한 대우'를 하는 것 또는 받는 것이 이혼 사유가 되기 위해서는 그로 말미암아 혼인의 유지가 기대할 수 없을 정도로 파탄 지경이 되었을 것을 요구한다.

　만일 그렇지 않고 모든 고부간의 갈등을 이혼 사유로 받아들이게 된다면 우리 사회에 온전한 가정은 남아나기 어려울 것이기 때문이다.

🔍 결론

아들에게 며느리의 실수를 과장해서 늘 모함하고 또 아들에게 이혼을 강요하는 시어머니의 행동은, 고부간의 갈등 정도가 결코 가벼운 것이라고 볼 수는 없다. 그로 말미암아 며느리가 혼인 생활을 더 이상 계속하는 것이 어렵다면(이 사건에서는 그렇다고 할 수 있다), 이는 재판상 이혼 사유가 된다고 보아야 한다.

7. 더 이상 견딜 수가 없어요

'방랑 시인 김삿갓'도 엄연히 처자가 있었다. 그러나 그가 방랑을 택하고 전국을 구름처럼 떠돌아다닌 지 5년째. 살았는지 죽었는지 아무도 모른다. 또 어디에 있는지도 알 수 없다.

그의 아내는 삯바느질로 아이들을 키우며 생활해왔지만, 이제는 개가를 하지 않고서는 방법이 없게 되었다. 그런데 재혼하고 싶어도 김삿갓과 먼저 이혼을 해야 하는데 김삿갓이 언제고 불쑥 나타날 것 같기도 하고, 또 어디 있는지조차 몰라 엄두가 나지 않는다.

자, 방랑객 김삿갓의 아내는 남편의 행방불명을 이유로 이혼 소송을 할 수 있을까?

① 할 수 없다. 김삿갓은 방랑 중일 뿐이고 행방불명은 아니다.

② 할 수 없다. 하고 싶어도 김삿갓의 주소를 알 수 없기 때문이다.

③ 할 수 있다. 행방불명 상태가 3년 이상이면 주소를 모르더라도 이혼 소송의 제기가 가능하다.

처자식이 있는 몸으로 가출하여 방랑을 일삼는 김삿갓은 오늘날의 법률에 비춘다면 '악의의 유기'에 해당되어 영락없이 이혼 청구를 당할 것이다. 또 가출해 3년이 넘도록 편지 한 장, 전화 한 통 없고 그리하여 생사가 불분명하다는 이유도 민법상의 재판상 이혼 사유임이 틀림없다(제840조 제5호). 세계의 모든 나라는 기간의 차이는 있어도 대체로 일정 기간의 생사 불명 상태를 이혼 사유로 삼는다. 남은 배우자의 입장을 배려하기 위해서다. '생사 불명'이란 문자 그대로 생존도 사망도 확인하거나 증명할 수 없는 경우를 말한다.

생사 불명의 상태는 연속된 경우를 말하고, 혼인 기간 중 단기간의 생사 불명 상태의 기간을 합산해서 따질 수는 없다. 또 3년 이상의 생사 불명은 과거에도 생사 불명이었지만, 3년이 경과한 현재도 생사 불명일 것이 필요하다. 생사 불명의 기간을 계산하는 시점(始點)은 남아 있는 배우자에게 알려져 있는 생존일부터이나 전투의 경우에는 전쟁의 종료 시, 선박의 침몰의 경우에는 침몰 시, 항공기 추락의 경우에는 추락 시, 그 밖의 위난의 경우에는 위난 종료 시부터 계산되어야 할 것이다.

3년 이상 생사 불명 상태에 있는 경우, 남아 있는 배우자는 주소를 모르더라도 물론 이혼 소송을 제기할 수 있다. 즉 이혼 소송의 소장에 최후의 주소를 기재하고, '현재 생사 불명'이라고 기재하면 족하고, 그 후부터는 민사소송법상의 공시 송달(公示送達) 제도라는 절차로써 진행·종료될 수 있다.

이혼 판결이 확정되어 이혼 신고까지 이루어진 뒤에 배우자가 생환해도 혼인은 부활하지 않는다. 이 점이 실종 선고에 의한 재혼과 다른 점이다.

🔍 결론

배우자가 3년 이상 생사 불명인 경우에는 재판상 이혼 사유가 된다.

8. 별거한 지 3년이 넘었소

유명 탤런트 김신실 양도 나이가 차게 되자, 유망한 청년 사업가 장판돌 씨와 결혼을 하였다.

그러나 그들은 성격 차이로 결혼 생활이 원만하지 못하였다. 당장 이혼을 하게 되면 신문의 가십거리가 될 것 같아, 그들은 냉각기를 갖는다는 구실로 합의하고 별거에 들어갔다.

물론 별거 중 애정이 회복되면 결합하기로 하였다. 그런데 3년이 넘도록 장판돌 씨는 아내와 재결합할 기미를 보이지 않는다. 만일 김신실 여사가 이혼을 결심한다면 3년 동안의 별거가 재판상 이혼 사유가 될 수 있는가?

① 별거 기간이 아무리 오래되어도 별거 그 자체만으로는 이혼 사유가 되지 않는다.

② 별거 기간이 최소한 3년 이상이고 재결합을 기대하기 어려우면, 이는 피차 이혼 사유가 되고도 남는다.

③ 별거 그 자체는 이혼 사유가 되지 않으나, 재결합의 약속 불이행이 이혼 사유가 된다.

나라마다 이혼 방식, 이혼 사유가 다르지만, 우리나라에서의 이혼 방법은 부부가 협의해서 이혼하는 '협의상 이혼'과 배우자의 부정행위와 같은 잘못이나 책임을 물을 수 있는 사유가 있을 때 소송(재판)으로 하는 '재판상 이혼'의 두 가지가 있다. 따라서 그 이외의 방식, 예컨대 일정 기간 별거하면, 그 후에 이를 이혼 사유로 삼아 이혼을 청구할 수 있게 하는 '별거 방식에 의한 이혼'은 인정되지 않는다.

물론 별거 이혼 제도를 갖고 있는 나라도 있다. 영국은 이혼 사유로서, 부부가 2년 이상 별거하기로 합의하고 그 기간이 끝나면 이혼하기로 한다는 동의가 있었다는 사실, 또는 5년간의 별거 사실을 증명하면 이혼이 허용되고 있다. 독일에서도 부부가 1년 이상 별거하였으면 부부 중 어느 일방이라도 이혼을 청구할 수 있고 신청인의 상대방이 이혼에 동의하면 이혼이 허용되며, 또 3년 이상 부부가 별거한 경우에는 혼인이 파탄되었다고 추정하여 역시 이혼이 허용된다.

서구 사회는 일정 기간의 별거가 이혼의 전제가 되거나 혼인 관계의 파탄 사유로 보는 별거 방식에 의한 이혼 제도를 갖고 있는 셈이고, 그래서 왕족이나 유명 연예인 등 세칭 유명 인사가 별거를 시작하면 세상 사람들은 파경(破鏡), 즉 이혼으로 간주하는 것이다.

그러나 우리나라에서 별거 그 자체는 이혼 사유가 아니다. 다만 별거 원인에 주목하여 별거가 상대방의 과실이나 책임에 기인한 결과나 상태 때문이고, 혼인의 회복이 불가능한 경우라고 판단되면 이것은 재판상 이혼 사유가 될 여지도 있다.

Q 결론

별거 그 자체만으로는 이혼 사유가 된다고 할 수 없다.

9. 나는 야한 여자가 싫다

사람마다 얼굴이 다르듯이 성격도 천차만별. 그래서 결혼은 인생 최대의 모험이 아니겠는가?

교사인 마왕수 씨는 요즘 집에 들어가기가 싫어졌다. 아내의 성격이나 취향이 본인과 정반대이기 때문이다. 그의 아내는 소심한 남편과 달리 성격이 활달하다. 화장을 할 때도 가정주부답지 않게 화려하고 야하게 한다.

마왕수 씨는 그것이 싫은 것이다. 그의 월급으로는 아내의 화장품값은 물론이고, 유행따라 새 옷을 사 입어야 직성이 풀리는 아내를 만족시킬 수도 없다. 점점 집에서 함께 지내기가 고역스러워지고 있다.

마왕수 씨가 가장 싫어하는 야한 여자인 그의 아내를 상대로 이혼 소송을 한다면 이길 수 있을까?

① 있다. 야한 화장, 사치와 낭비는 충분히 이혼 사유가 된다.

② 없다. 마왕수 씨의 주장은 편견에 불과하다. 아내도 화장을 할 권리, 유행에 맞는 옷을 사 입을 권리는 있다.

③ 없다. 마왕수 씨 아내의 사치와 낭비로 인해 가정이 파탄되었다고는 보이지 않기 때문이다.

배우자의 분수에 넘치는 사치와 낭비, 허영심은 재판상의 이혼 사유가 되는가?

우리 민법은 '사치, 낭비, 허영'이라는 대목을 구체적인 이혼 사유로 정해놓고 있지는 않다. 따라서 그것이 '혼인을 계속하기 어려운 중대한 사유'에 해당하는가를 검토해야만 한다.

세상 대부분의 아내들은 남편의 월급을 어떻게 해서든지 아끼고, 살림을 알뜰하게 하며, 근검절약해서 남은 돈을 미래를 위해 저축하고 있다고 믿기로 하자. 또 이런 눈물겹고 성실한 아내가 있는 남편은 행복한 것이리라.

그러나 세상의 아내들 중에 분에 넘치는 사치, 낭비를 일삼는 아내가 분명히 없다고는 할 수 없다. 남편이 아내의 허영심을 만족시켜줄 정도로 능력이 있거나 수입이 많다면 모르지만, 그렇지 않을 때 문제가 될 것이다.

만일 남편의 월급으로는 아내의 사치와 낭비, 허영을 도저히 감당하지 못할 정도로 사치가 심하고 그로 말미암아 가계가 기울거나, 아내가 허영심을 채우기 위해 남편 몰래 빚을 얻는다는 등의 사정이 생겼다면 그 가정은 이미 파탄되었다고 보아야 하지 않을까? 그런 상황에서 남편이 결혼 생활을 계속하는 것이 가능할까?

ℚ 결론

결론은 이렇다. 아내의 사치와 낭비도 요컨대 정도의 문제이다. 어느 가정에서나 볼 수 있는 분에 넘치지 않는 사치와 낭비는 이혼 사유가 되지 않지만, 남편의 월급으로 감당할 수 없는 아내의 사치와 낭비는 '혼인을 계속하기 어려운 중대한 사유'가 된다고 할 수 있다. 이 사건에서는 아내의 사치와 낭비가 그 정도에는 이르지 않는다고 보아 해답은 ③으로 하자.

10. 못 먹어도 고!

고스톱은 엄연히 도박죄가 됨에도 불구하고 '국민 오락(?)'으로 날로 확산되고 있다.

대주무역 김동걸 대리도 고스톱광의 한 사람이다. 그가 얼마나 광적인가 하면, 용돈을 아예 고스톱 판에서 조달할 정도이다. 사내에서 초상집, 집들이, 돌잔치 등 모임이 있으면 어김없이 그가 끼고, 주말이면 아예 회사 동료들을 집으로 불러들여 밤을 새우며 고스톱을 즐긴다.

그의 아내는 아무리 말려도 듣지 않는 남편의 고스톱 병 때문에 결혼 생활이 고통의 연속이다. 그녀가 고스톱에 미친 남편 때문에 이혼을 하겠다고 결심한다면, 이것은 재판상 이혼 사유가 될 수 있을까?

① 될 수 있다. 남편의 고스톱으로 가정이 파탄될 지경이 되었다면 충분한 이혼 사유가 된다.

② 될 수 없다. 남편의 고스톱은 다소 정도가 지나치나 그것으로 이혼 사유가 된다면 남아날 가정이 있겠는가?

③ 이혼 사유가 되지도 않을 뿐만 아니라, 아내로서는 계속 남편을 설득해야 한다.

'고스톱'이 재판상 이혼 사유가 될 수 있는가? 우선 고스톱이 도박죄가 되는가를 살펴보자. 도박이란 재물을 걸고 승부를 겨루는 것을 말한다. 도박의 수단은 화투, 마작, 트럼프, 바둑, 장기 등 아무런 제한이 없다. 도박은 일시 오락의 정도에 불과한 경우를 제외하고는 모두 범죄가 된다.

현재 우리나라에서 성행되고 있는 고스톱은 엄격히 말해서 가벼운 점심내기 정도가 아니라면 모두 도박죄가 된다고 할 수 있다. 그런데도 고스톱이 확산 일로에 있는 것은 도박에 중독성이 있기 때문일 것이다.

그래서 엄연히 도박죄가 되는 고스톱에 중독되어 살림을 돌보지 않거나 가산을 탕진할 정도라면 이는 '혼인을 계속하기 어려운 중대한 사유'에 해당된다고 할 수 있다. 도박에 미쳐 도박죄로 처벌된 전과가 있어야만 이혼 사유가 된다고 할 수는 없다.

🔍 결론

고스톱광인 김동걸 대리의 사례를 판정해보자. 그의 고스톱 병은 확실히 정도가 지나치다. 기회만 있으면, 또 기회를 일부러 만들어서까지 고스톱을 즐기고 있으니 말이다.

그러나 그의 가정은 남편의 고스톱 병 이외에는 별다른 문제가 없어 보인다. 또 남편이 그로 인해 가산을 탕진한 것도 아니다(오히려 그는 고스톱으로 용돈을 조달하는 재주까지 있다). 따라서 그 정도로는 가정이 파탄된 것으로 볼 수 없다. 아내의 계속적인 설득을 기대하면서, 결론을 이혼 사유까지 된다고 하지는 않겠다.

그러나 고스톱은 분명 도박이다. 우리는 선인들이 도박을 잡기(雜技)로 분류하여 주색과 함께 패가망신의 지름길로 경계하였음을 기억해야 할 것이다.

11. 아들이 뭐길래

나하나 양은 5대 독자 집안으로 시집을 갔다. 시가에서는 며느리가 임신하기만을 기다리고 있으나, 3년이 지나도록 기쁜 소식이 없다.

부부가 병원에 가서 정밀 검사를 받아보니 불행하게도 나 여사는 임신 불능이란다. 시간이 갈수록 집안에는 웃음이 사라지고, "아이가 없으면 어떠냐? 양자를 얻으면 된다"라며 위로하던 남편의 시선도 달라지기 시작한다. 시부모는 아들에게 압력을 넣는다. "이혼하고 새장가 가서 아들을 보아야 한다"라면서. 마침내 남편도 이혼을 요구하고 나섰다.

임신 불능! 아이를 못 낳으면 재판상 이혼 사유가 되는가?

① 된다. 완전한 임신 불능은 혼인을 계속하기 어려운 중대한 사유에 해당한다. 더구나 시집은 5대 독자 집안이 아닌가?

② 안 된다. 말도 안 되고 법률상으로는 더욱 그렇다.

③ 임신 불능 그 자체는 이혼 사유는 아니나 그로 인해 가정불화, 가정파탄으로 이어지면 이혼 사유가 될 수도 있다.

과거, 즉 유교 사상이 지배 이념이었던 왕조 시대에서는 남녀평등이라는 관념은 존재할 수 없었다. 이혼 제도에서도 가부장적 권위와 남성의 전권(專權)하에 일정한 사유만 있으면 아내를 축출할 수 있었다.

과거 조선 시대의 이혼 사유라고 할 수 있는 것이 바로 이른바 '칠거지악' 이다. 즉 아내가 아들을 낳지 못하는 것, 부정한 행위가 있는 것, 시부모를 잘 섬기지 못하는 것, 말이 많고 수다스러운 것, 도둑질하는 것, 질투가 많은 것, 나쁜 병이 있는 것이 바로 그것이다.

이리하여 결혼한 여성은 시집의 대를 잇는 것, 곧 아들을 낳는 것이 절대 유일의 가치였던 것이다.

이러한 과거의 잔재는 오늘날에도 남아 있다. 뿌리 깊은 '남아 선호' 관념 이 그것이다. 유례를 찾기 어려운 우리나라의 남아 선호 관념은 건전한 가족 계획의 실천을 어렵게 하고, 높은 낙태율을 낳는 등 심각한 사회 문제의 하나 이다. 정말 '아들이 뭐길래?'인 것이다.

그러나 현대 법의 영역에서는 아내가 아들을 낳지 못하는 것은 재판상 이 혼 사유가 될 수 없다. 한마디로 말이 안 되는 언어도단인 것이다. 오히려 아 내가 아들을 낳지 못한다는 이유로 소위 첩을 얻거나 이혼을 강요하는 것이 재판상 이혼 사유가 된다.

🔍 결론

아내가 아들을 낳지 못한다는 것은 재판상 이혼 사유가 되지 못한다. 이 사건에서 봉건적이고 전근대적인 남아 선호 사상, 아들을 낳아 대를 이어야 한다는 잘못된 강 박 관념이 멀쩡한 부부나 가정을 비극으로 몰고 가는 것을 엿볼 수 있다.

12. 과거를 묻지 마세요

　대단한 미녀인 최고미 양과 부잣집 아들인 오돈만 군이 중매로 결혼을 하였다. 그런데 오돈만 씨는 아내에 대해 궁금하달까 꺼림칙한 대목이 하나 있다. 미녀인 아내가 대학 시절에 연애 한번 못 해보고 자기에게 시집 왔다는 말이 통 믿어지지 않는 것이다.

　그래서 심심할 때마다 아내에게 "솔직히 이야기해달라. 정말 좋아했던 남자가 없었느냐?"라고 졸라댔다. 시달리던 아내는 과거가 있다고 고백 하더라도 문제 삼지 않겠다는 말을 믿고 자기의 대학 시절의 연애 이야기 를 털어놓았다. 갑자기 오돈만 씨는 안색이 변하더니 "당신같이 더러운 과거가 있는 여자와는 살 수 없다"라면서 당장 이혼하자는 것이 아닌가?

　자, 과거가 있다는 것이 이혼 사유가 되는가?

① 말도 안 된다. 결혼 전의 과거는 그 내용이 무엇이었든지 이혼 사유가 되 지 않는다.

② 된다. 아내는 결혼 전에 과거를 말해주고 결혼했어야 한다. 과거를 오랫 동안 숨긴 것은 남편을 속인 것이기 때문이다.

③ 과거도 과거 나름이 아니겠는가? 그러나 본건에서는 이혼 사유가 되지 않 는다.

배우자가 혼인 전에 '과거'가 있었다는 것이 '혼인을 계속하기 어려운 중대한 사유'에 해당되어 재판상 이혼 사유가 될 수 있을까?

이를 선뜻 긍정하기는 어려울 것이다. 왜냐하면 부부간에 지킬 것이 요청되는 순결 의무는 혼인한 후부터이지, 혼인 전까지 소급하여 요청되는 것이 아니기 때문이다. 또 혼인 전의 사유를 혼인 후의 재판상 이혼 사유로 허용한다면 혼인 제도 그 자체가 성립 또는 유지될 수 없을 것이다.

그러므로 혼인 전에 과거가 있었다는 것은 재판상 이혼 사유가 될 수 없다. 설사 혼인 전에 과거가 있었다고 하더라도 혼인 직전 또는 혼인 후 이를 알려야 할 의무도 없고, 알리지 않았다고 해서 상대방을 속였다고 볼 수도 없다.

다만 혼인 전의 과거가 이혼 사유가 될 수 있는 경우는, 혼인 후 이 사실이 배우자에게 알려져 이로 인해 부부간에 갈등이 생기고 끝내는 가정이 파탄에 이르는 경우를 생각해볼 수 있으나, 이 경우에도 혼인 전 과거 그 자체가 이혼 사유가 되는 것이 아니라 가정 파탄의 동기나 단서를 제공하는 것에 불과하다.

🔍 결론

혼인 전의 과거는 혼인 후 재판상 이혼 사유가 되지 않는다. 이 사건에서 우리는 남편 인격의 이중성과 이기성을 엿볼 수 있다. 세상의 여자들은 오돈만 씨에게 묻고 싶어 할 것이다. 아내의 과거를 문제 삼는 당신은 과거가 없느냐고!

13. 아무래도 아내가 수상하다

소심한 성격의 소유자인 강의심 씨는 아내가 요즘 부쩍 수상해진 것 같았다. 전과 달리 화장이 짙어졌고, 외출도 잦아졌다. 집 전화가 와서 강의심 씨가 받으면 상대방은 아무 말 없이 끊어버린다. 아내도 전화하는 모습을 들키면 곧 끊어버린다.

강의심 씨는 아내가 바람이 난 것으로 생각하였다. 그래서 아내에게 전과 같지 않은 수상한 행동에 대해 따지니까, 아내는 진지하게 대답하지도 않는다. 강의심 씨는 아내가 바람이 났다고 확신하였다. 이렇게 되자 강의심 씨는 슬퍼졌고, 마침내 바람난 아내와는 살 수 없으니 이혼해야겠다고 결심했다.

이상의 실례를 들어 강의심 씨가 이혼 소송을 한다면 이길 수 있을까?

① 이길 수 있다. 바람이 나지 않고서야 아내가 그런 행동을 할 수 없다.

② 이길 수 없다. 의심만으로는 이혼 소송에서 이길 수 없다.

③ 이길 수 있다. 의심을 받고 있는 아내는 자기 행동의 결백함을 입증해야 한다.

부부에게는 법률상으로는 동거하고 협조하고 부양해야 하며 정조를 지킬 의무가 있지만, 행복한 부부에게는 이것 말고도 더 필요한 의무가 있다. 바로 서로 사랑할 의무이다. 이 의무는 서로 아껴주고, 이해해주고, 믿어주고, 책임을 다하는 것을 핵심 내용으로 한다.

그리하여 결혼식장에서 "건강할 때나 병들었을 때나 부자일 때나 가난할 때나 어떤 조건하에서도 서로 사랑하겠노라"고 설렘과 떨림으로 맹세하였던 혼인 서약은 죽음이 두 사람을 갈라놓을 때까지 지켜야 하는 부부의 의무인 것이다.

그러한 부부가 파경으로 돌입하는 첩경은 바로 의심이다. 우리는 이를 의처증, 의부증이라고 부른다. 그러면 의처증, 의부증은 혼인을 계속하기 어려운 중대한 사유인가? 즉 재판상 이혼 사유인가? 물론 근거 있는 경우, 즉 배우자가 바람이 난 경우 '배우자의 부정행위'는 그 자체가 재판상 이혼 사유가 됨은 물론이다.

그러나 근거 없는 의심(의처증, 의부증은 정신 질환일 수도 있다)은 재판상 이혼 사유가 안 된다. 의심받는 상대방은 결백하기 때문이다.

만일, 근거 없는 의심에서 출발하여 다른 배우자를 학대하거나 축출하는 경우에는 그 자신이 상대방 배우자로부터 이혼을 청구당할 수 있는 이혼 사유가 될 것이다.

⌕ 결론

배우자가 바람이 났다고 의심하는 것만으로는 이혼 청구를 할 수 없다. 오히려 근거도 없이 배우자가 바람이 났다고 의심하는 것이야말로 이혼 청구를 당하는 사유가 될 것이다.

14. 결혼하기 전에 열 번 기도하라

　서양 속담에 "전쟁에 나가기 전에 세 번 기도하고 결혼하기 전에는 열 번 기도하라"는 말이 있다. 남남끼리 부부가 되어 일생을 함께 지낸다는 것이 얼마나 어려운 것인가를 지적하는 말일 것이다.

　여기 뜨거운 사랑만으로 용감하게 결합한 부부가 있다고 하자. 그러나 결혼해서 애도 낳았고 안정된 중산층이 되었지만, 시간이 갈수록 서로 애정이 식어간다. 그렇다고 특별히 부부 중 한쪽에게 결정적 잘못이 있는 것도 아니다. 성격 차이, 결혼에 대한 기대의 상실, 서서히 식어가는 애정…. 그래서 겉만 멀쩡한 부부인 것이다.

　애정이 없어졌다는 것은 재판상 이혼 사유인가?

① 결혼과 부부는 애정의 존재를 전제로 하는 것이므로, 애정이 없는 부부는 누구라도 이혼 소송을 제기할 수 있다.

② 애정이 없다는 이유만으로는 재판상 이혼 사유가 된다고 할 수 없다.

③ 애정의 냉각으로 인해서 가정이 완전히 파탄되었다고 인정되어야 이혼 사유가 된다.

사람이 결혼이라는 것을 하는 이유가 무엇일까? 많은 대답이 제시될 것이다. '남들이 다 하니까', '부모가 권해서', '독신주의자는 아니기 때문에', '필요해서', '외로워서', '때가 되어서', '조건이 맞아서' 등등….

그러나 가장 바람직한 대답은 '서로 사랑하니까'가 아닐까? 그래서 결혼은 '애정의 결합'인 것이다. 애정은 결혼 후에도 필요하다. 아니 오히려 애정이란 결혼 후에 더 절실히 요청되는 것이리라. 결코 마르는 법이 없는 샘물처럼 애정이 늘 샘솟고 넘치는 부부! 가장 이상적인 부부상이다.

그러나 현실은 반드시 그렇지 않다. 애정은 식거나 마를 수 있다. 애정이 식었다고 해서 모든 부부가 이혼하는 것도 아니다. 그러나 애정이 없는 부부 관계의 유지는 피차 고통이 되는 법, 애정이 없다는 것은 협의 이혼의 동기가 충분히 될 수 있다.

그렇다면 부부간에 분명 애정이 없는데도 한쪽은 이혼에 반대할 경우, 애정이 없다는 것을 재판상 이혼 사유로 주장하여 이혼 소송을 한다면 결과는 어떻게 될까? 왜냐하면 애정이 없다는 것은 '혼인을 계속하기 어려운 중대한 사유'에 해당된다고 볼 여지도 있기 때문이다.

그러나 부부간에 애정이 식었다는 자체만으로는 재판상 이혼 사유가 된다고 볼 수 없다. 또 그것은 혼인을 계속하기 어려운 중대한 사유에 해당되는 것도 아니다. 주장과 판단이 지극히 주관적일 뿐만 아니라, 애정 그 자체도 상대적인 것이기 때문이다. 또 현재는 애정이 식었을지 모르지만, 미래는 어떻게 될지 아무도 모르기 때문이다.

🔍 결론

애정이 없다, 또는 식었다는 것 자체는 재판상 이혼 사유가 아니다. 그로 인하여 부부가 불화하고 가정이 파탄되어 원만한 혼인 생활의 회복이 불가능해야 한다.

15. 소크라테스의 이혼 청구

소크라테스는 악처를 둔 것으로도 유명하다. 그의 아내가 얼마나 악처인가를 말해주는 에피소드는 다 열거할 수조차 없을 정도라고 한다.

이렇게 가정해보자. 악처에게 시달리다 못해 이혼을 요구했으나, 아내가 반대하여 그는 집을 뛰쳐나와 착하고 예쁘고 젊은 아내를 만나 보금자리를 꾸몄다. 그들에게 2세가 태어나 출생 신고를 해야 하는데 본처와 이혼이 되지 않아 할 수 없는 상황이다. 그는 본처를 상대로 아테네 법원에 이혼 소송을 제기하였다. 배우자, 즉 자기에게 '부정행위'가 있었다는 이유로.

만일 아테네 법원이 우리나라 법원이라면 어떻게 판결하겠는가?

① 부부 중 어느 일방에게라도 부정행위가 있으면 이혼 사유가 되므로 소크라테스에게 승소 판결을 내린다.

② 스스로 부정행위를 저지르고 이혼을 청구하는 것은 어떠한 경우에도 받아들여지지 않는다.

③ 이미 악처인 본처와의 혼인은 악처의 더 큰 잘못으로 파탄되었고, 새 아내와 아이까지 생긴 이상 이혼 청구는 받아들여질 수도 있다.

우리 민법이 밝히고 있는 민법 제840조 소정의 재판상의 이혼 사유를 어떻게 볼 것인가에 대해서는 두 가지 입장이 제출되어 있다.

하나는, 민법이 규정한 재판상 이혼 사유는 모두 이를 일으킨 배우자의 일방적인 잘못이나 책임으로 간주하고 책임이 없는 다른 상대방으로 하여금 이혼 청구권을 부여하는 취지라고 보는 것이다. 재판상 이혼의 청구는 부부 공동생활을 파탄시킨 책임이 있는 배우자에게 그 책임을 묻는 것으로 이해하는 것이다. 이를 '유책주의(有責主義)'라고 한다.

이에 비하여 또 하나의 입장은 민법의 재판상 이혼 사유는 모두 혼인 공동생활을 파탄시키는 사유라고 보고, 파탄이 되었으면 누구의 잘잘못을 묻는 것이 아니라, 배우자는 누구든지 파탄된 혼인 공동생활의 해소를 청구할 수 있다고 보는 것이다. 특히 제840조 제6호가 '혼인을 계속하기 어려운 중대한 사유가 있을 때'에 이혼 청구권이 주어지는 것을 보아서 그렇다는 것이다. 이를 '파탄주의(破綻主義)'라고 한다.

유책주의는 가정 파탄이 배우자 일방의 잘못 때문이라고 이해하는 것이고, 파탄주의는 가정 파탄이 부부 모두의 책임에 의해서도 일어날 수 있고 부부 모두의 책임이 아닌 사유에 의해서도 일어날 수 있다고 보는 것이다. 유책주의와 파탄주의의 결정적 차이는 유책주의에서는 가정 파탄의 책임이 있는 배우자(이를 '유책 배우자'라고 한다)의 이혼 청구를 허용하지 않으며, 파탄주의에서는 경우에 따라 유책 배우자의 이혼 청구도 허용될 수 있다고 보는 점에 있다.

세계적인 이혼법의 추세는 유책주의에서 파탄주의로의 변화를 지향하고 있다고 할 수 있다. 우리 민법도 엄밀히 말하면 어느 하나만을 채택한 것은 아니고 실은 양자의 입장을 모두 수용하고 있다고 할 수 있다.

그런데 이혼 청구 소송을 다루는 법원의 입장은 근본적으로 유책주의를 고수하는 편이다. 따라서 가정 파탄에 책임이 있는 유책 배우자의 이혼 청구는 허용되지 않고 있다. 대표적인 실례가 축첩을 한 배우자의 이혼 청구가 모두 배척되고 있는 것이라고 할 수 있다. 축첩의 폐단이 근절되지 않고 있는 우리나라의 현실에 비추어, 본처를 보호하고자 첩을 둔 배우자의 이혼 청구를 기각하는 법원의 입장은 타당하다고 생각된다.

그 밖에도 법원은 가정 파탄의 원인이 있는 배우자의 이혼 청구를 여간해서 허용하지 않고 있는데, 만일 유책 배우자의 이혼 청구를 받아들이게 되면 이는 파탄주의의 입장은 지켜지는 것이겠지만, 아무런 잘못이 없는 배우자를 사실상 가정에서 축출하는 결과를 낳게 되는 셈이 되는 것이다. 이러한 부당한 결과는 국민감정이나 윤리적인 입장에서 허용될 수 없을 것이다.

그러나 유책주의에 입각한 법원의 보수적인 입장에도 여전히 문제는 남게 된다. 유책 배우자의 이혼 청구를 법원이 거부한다고 하여서 이미 파탄된 가정이 회복될 수는 없기 때문이다. 이혼 청구가 기각되더라도 파탄된 가정, 그러면서도 허울만 좋은 부부의 모습은 변함이 없는 것이다.

바로 여기서 엄격한 유책주의적 운영을 완화하여 파탄주의에 입각한 탄력적 운영이 요청된다고 할 수 있다. 즉 유책 배우자의 이혼 청구라고 하더라도 경우에 따라서는 허용될 수 있다는 것이며, 그런 경우로서는 다음 네 가지를 들 수 있을 것이다.

첫째, 유책 배우자의 이혼 청구를 당한 배우자도 이혼할 의사가 있고 그 의사가 소송 중 표시된 경우이다. 이미 우리나라 대법원도 이런 경우와 이혼 청구를 당한 배우자가 오기나 보복적 감정에 사로잡혀 표면적으로만 이혼을 거부하고 있을 뿐, 실제로는 혼인을 계속할 의사가 없는 행동을 하는 등 이혼 의사가 객관적으로 명백한 경우에는 유책 배우자가 청구한 이혼 청구를 받아들이고 있다.

둘째, 유책 배우자의 유책 사유가 있더라도 다른 원인에 의하여 가정이 이미 파탄된 경우이다. 예를 들면 서로 성격 차이로 갈등이 심해져서 오랫동안 별거하고 있는 등 이미 파탄된 상황에서는 배우자 일방의 부정이 있었더라도 그 부정만을 들어 부정한 배우자를 유책 배우자라고 하면서 이혼 청구를 거부하는 것은 타당하지 않다고 할 수 있다.

셋째, 부부 쌍방에게 같은 정도의 파탄의 책임이 있는 경우이다.

넷째, 파탄의 책임이 같은 정도가 아닌 경우, 즉 이혼 청구를 당한 배우자에게는 더 무거운 정도의 책임이 있는 경우에는 가벼운 정도의 책임이 있는 유책 배우자의 이혼 청구 역시 받아들여져야 할 것이다.

요컨대 우리나라 법원은 유책주의를 엄격히 고수하면서도 경우에 따라서는 파탄주의를 병용하여 유책 배우자의 이혼 청구도 허용하는 입장을 취하고 있다고 이해된다.

🔍 결론

소크라테스는 일단 유책 배우자라고 할 수 있다. 따라서 우리나라 법원의 태도로 보아 해답은 ②가 된다. 그러나 소크라테스의 유책의 원인은 악처인 본처가 제공하였다. 즉 본처의 악행으로 인하여 소크라테스의 가정은 이미 파탄되었다. 그래서 본처도 이혼 의사가 있는 것이라면, 소크라테스가 비록 유책 배우자라고 하더라도 그의 이혼 청구는 받아들여질 수도 있다. 그러므로 경우에 따라서는 ③도 해답이 될 수 있다.

16. 장가를 두 번 갈 팔자

장덕팔 씨가 하루는 어느 역술가에게 점을 치니 '장가를 두 번 갈 팔자'
라는 점괘가 나왔다. 아니나 다를까? 나이 30에 중매로 장가든 그는 몇
년 후 도저히 뜻이 맞지 않아 헤어지고 말았다.

그는 곧 참한 색시와 재혼하였다. 그와 헤어진 첫 번째 아내도 풍문으
로 듣기에는 어디선가 재혼하였다고 한다.

장덕팔 씨에게 시집온 신이쁜 여사가 혼인 신고를 하려고 보니, 남편은
전처와 아직 이혼 신고가 되어 있지 않았다.

이 상태대로 10년의 세월이 흘렀다고 하자. 10년 동안 장덕팔 씨와 부
부 생활을 하면서 아들딸 남매까지 둔 신이쁜 여사가 혼인 신고를 하는
방법은?

① 전처가 사망할 때까지 기다려야 한다.

② 남편과 전처가 이혼 신고 할 때까지 기다려야 한다.

③ 남편을 상대로 사실혼 존재 확인의 소를 제기하면 된다.

④ 남편과 전처가 사실상으로는 이혼 상태라는 주위 사람의 확인서를 받아
  이혼 신고를 하고, 자기와의 혼인 신고를 하면 된다.

혼인 신고를 하지 않고(또는 하지 못하고) 부부로서 동거하고, 자식을 낳고 생활하는 혼인인 '사실상의 혼인', 즉 사실혼이 있는 이상, 그 반대 형태인 '사실상의 이혼'도 현실 세계에서는 얼마든지 존재할 수 있다.

사실상의 이혼이란 혼인 신고를 한 부부가 이혼에 합의하고 별거를 함으로써 두 사람 사이에는 혼인 공동생활이 해체되었는데도 아직 이혼 신고만 하지 않고 있는 상태를 말한다.

그런데 사실상의 이혼을 하였더라도 법률상으로는 여전히 부부이다. 왜냐하면 이혼이라고 부를 수 있기 위해서는 이혼 신고가 있어야 하는데 사실상의 이혼 당사자는 아직 그것이 없기 때문에 법률상으로는 계속 이들을 부부로 간주할 수밖에 없는 것이다.

이 모순을 어떻게 보고, 어떻게 해결할 것인가? 사실상의 이혼 당사자에게는 동거, 협조, 부양, 정조의 의무는 소멸했으며, 설령 다른 사람과 혼인(이혼 신고가 되어 있지 않은 이상 '사실혼' 상태에 불과할 것이다)하더라도 부정한 행위라고 할 수 없다. 반대로, 여전히 법률혼의 부부로 간주되는 이상 배우자 한 사람이 사망하면 다른 배우자에게는 상속권이 있다.

사실상의 이혼 상태를 법률적으로 해결하는 길은 늦게라도 당사자가 협의 이혼을 하는 것이다. 그렇지 못할 경우에는 사실상의 이혼 상태를 혼인을 계속하기 어려운 중대한 사유에 해당한다고 보아 쌍방 모두에게 이혼 청구권을 부여하여 재판상 이혼 청구를 허용하는 방법이 있다고 할 수 있다.

Q 결론

사실상의 이혼 상태에 있는 사람과 사실혼 상태에 있는 신이쁜 여사가 혼인 신고를 하는 길은, 남편과 전처가 협의 이혼을 하거나 재판상 이혼의 방법으로 이혼 신고가 되기를 기다리는 수밖에 없다.

17. 농담이 진담 된다

사기꾼에 가까운 김중배는 사업이 잘 안 되자 도산에 대비하여 자기 처와 짜고 협의 이혼을 한 다음, 집도 아내 앞으로 등기를 옮겨놓았다. 그리고 채권자들이 쳐들어올 것에 대비하여 당분간 여관에서 생활을 하였다.

몇 달 후 사업이 다시 번창하게 되자 김중배는 생각이 달라졌다. 젊고 예쁜 여인을 만나 아예 살림을 차린 것이다. 이쯤 되면 피해자는 그의 아내인데, 짜고서 한 이혼 신고, 즉 '가장 이혼'도 효력이 있는가?

① 그렇다. 일단 일시적으로라도 이혼하기로 협의하고 여기에 기초하여 이혼 신고가 된 이상 효력이 있다.

② 그렇지 않다. 가정 파탄의 사실도 없는 상태에서 다른 목적을 위해 편의상 하게 된 이혼 신고는 무효이다.

③ 김중배의 향후 태도에 달려 있다. 복귀할 생각이 있으면 무효이고 제3자와 재혼할 생각이라면 일단 이루어진 이혼 신고는 유효이다.

앞에서도 설명했듯 우리나라에서는 이혼이 쉽다(?) 보니 가짜 이혼도 성행한다. 가짜 이혼, 즉 '가장 이혼'이란 진정으로 혼인 관계를 해소할 의사도 없고 혼인 파탄의 사실도 없이 다른 목적(예를 들면 조세의 회피, 채권자의 강제 집행의 회피)을 위하여 일시적으로 형식상 이혼 신고를 하는 것을 말한다.

부부간에는 진정한 이혼 의사가 없으므로 가짜 이혼 신고 후에도 동거를 계속하는 경우가 대부분이다. 그렇다면 가장 이혼도 이혼으로서의 효력이 있을까?

대답은 "그렇다"이다. 이 대답은 상식에는 반대될 것이다.

처음에 법원은 부부가 혼인 파탄의 사실도 없이 공모하여 형식적인 이혼 신고를 해두고 종전과 다름없이 계속 동거 생활을 계속하고 있는 경우는 이혼으로서의 효력이 없는 것이라고 무효 입장을 취해왔었다.

그러나 나중에는 '가장 이혼의 경우에도 일시나마 이혼을 할 의사가 있었고, 또 이혼 신고가 있는 이상 그 이혼은 일단 유효한 것으로 추정할 수 있다'고 함으로써, '강력한 반증의 제시가 없는 이상 가장 이혼도 이혼의 효력이 있다'는 입장으로 바꾸었다.

○ 결론

가장 이혼도 일단 유효한 이혼이라고 할 수 있다(다만 김중배의 아내는 가장 이혼이 무효라는 증거를 제시할 책임이 있고 그러지 못하더라도 남편이 자기를 속인 것이라고 주장하여 사기에 의한 이혼의 취소를 구해볼 수는 있다). 그러므로 가장 이혼(가짜 이혼 신고)에 함부로 동의할 것은 아니다.

18. 아이들은 어찌하겠소

　우리나라의 이혼율은 아홉 쌍 중 한 쌍의 비율이라고 한다. 숫자로는 연간 11만 쌍 정도이다.

　여기 결혼 10년 만에 성격 차이로 이혼하게 된 한 부부가 있다고 하자. 그들에게는 남매가 있다. 남편의 직업은 회사원이고, 아내는 조그만 선물 가게를 운영해왔다.

　이 부부가 이혼하게 되면 미성년인 자녀의 양육 책임은 누가 지게 되는가? 서로 기르겠다고 하는 경우나, 서로 안 기르겠다고 하는 경우 모두를 상상해보라.

　① 원칙적으로 아버지이다.

　② 원칙적으로 아버지이지만, 어머니에게 경제적 능력이 있으면 어머니도 양육할 수 있다.

　③ 자녀에 대한 애정과 양육 의사, 그리고 양육 능력이 있는 쪽이 부담한다.

　④ 부부가 협의하여 정하되, 협의가 되지 않으면 법원이 개입하여 결정한다.

이혼을 하게 되면 당사자 간에 부부 관계가 소멸한다. 부부간에 생긴 일체의 권리 의무는 소멸한다. 그런데 이혼하게 되면 자녀들은 어떻게 될까?

첫째 문제가 미성년인 자녀들의 양육 문제일 것이다. 이것은 부부나 자녀들의 문제인 동시에 사회적인 문제일 수가 있다. 그래서 민법은 부모의 이혼에 따른 자녀의 양육 문제에 관하여 보호의 차원에서 여러 규정을 두고 있다.

첫째 원칙은 자녀의 양육은 부모가 먼저 협의하라는 것이다. 이혼한 부모간에는 자녀를 서로 양육하겠다거나 서로 양육하지 않겠다는 분쟁이 유발될수 있다. 이때 일단 어느 한 쪽이 양육하기로 하든, 공동으로 양육하기로 하든, 또는 제3자에게 양육을 부탁하기로 하든 부모가 협의해서 결정하라고 하고 있다.

둘째 원칙은, 부모가 협의하지 못하거나 협의할 수 없는 경우(예를 들면 생사 불명이나 불치의 정신병으로 이혼하는 경우)에는 법원이 결정한다는 것이다. 즉 법원은 협의하지 못하는 당사자들로부터 신청을 받게 되면 양육자, 양육 방법, 양육비 등에 관해 결정하게 된다. 이 청구는 먼저 조정을 거치도록되어 있다.

셋째 원칙은, 부모의 협의나 법원의 개입에 의하여 정해진 양육의 결정도언제든지 당사자의 청구에 의하여 적당하게 변경할 수 있다는 것이다. 예를들면 아버지가 양육하기로 협의 또는 결정되었으나, 아버지가 재혼하여 후처가 자녀를 학대하는 경우에는 생모가 자기가 양육하겠으니 양육자를 자신으로 바꾸어 지정해달라고 법원에 청구할 수 있다.

Q 결론

이혼하는 부모의 자녀들에 대한 양육 문제는 이혼 당사자가 협의하여 정하거나 법원이 정한다.

19. 죽어도 손녀는 못 보낸다

갑돌이와 갑순이는 홧김에 이혼을 했다. 그들에게는 2세 된 딸 이쁜이가 있는데, 그 양육은 갑순이가 맡기로 합의했다.

문제는 갑돌이 아버지였다. 손녀가 보고 싶은 나머지 그만 이쁜이가 다니는 어린이집에 가서 이쁜이를 데려간 것이다. 갑순이가 전 시아버지를 찾아가 사정을 해보고 눈물로 호소해보기도 했으나, 시아버지는 "죽으면 죽었지 이쁜이는 못 돌려준다"라며 아주 완강하게 굴고 있다.

갑순이가 이쁜이를 합법적으로 돌려받는 방법이 있는가?

① 전 시아버지를 양육권 침해로 형사 고소 한다.

② 법원에 갑돌이를 상대로 하여 이쁜이를 돌려달라는 청구를 한다.

③ 다시 갑돌이와 재결합한다.

④ 갑돌이와 전 시아버지를 상대로 하여 유아 인도 청구 소송을 한다.

손자, 손녀가 얼마나 귀엽고 예쁜지 이런 말도 있다.

"이렇게 손주가 예쁠 줄 미리 알았다면 손주부터 낳는 건데…"

어쨌든 이혼한 부부에게는 자녀의 양육을 둘러싸고도 분쟁이 얼마든지 일어날 수 있다.

법은 이혼 시에 양육자를 누구로 할지 부부가 협의하라고 하고 있고, 협의가 안 되면(예를 들어 서로 기르겠다고 하거나, 서로 기르지 않겠다고 하는 경우) 법원에 양육자를 누구로 할지 결정해달라고 청구할 수 있다.

이렇게 해서 양육권자가 지정되면, 양육권을 갖지 못한 상대방은 그 자녀에 대한 면접 교섭권만을 갖게 될 뿐이다.

문제는 양육권자가 아닌 상대방 또는 제3자가 유아나 미성년자를 일방적으로 데려가거나(탈취), 또는 강제로 납치해 가서 양육권자에게 돌려주지 않는 경우이다.

이때는 양육권자는 부득이 법원에 상대방 또는 사실상 유아를 데리고 있는 자(이 사례에서는 전 시아버지, 할아버지)를 상대로 '유아 인도 청구 소송'을 제기하여 승소 후 유아 인도 집행의 형식을 통하여 데려오는 것이 합법적이다.

유아도 인격체이므로 무슨 물건처럼 돌려달라는 소송을 하고 강제 집행을 하는 것이 이상해 보이기는 하나 법과 실무는 그렇게 하고 있다.

🔍 결론

양육권자가 양육 대상인 유아를 뺏길 경우 도로 찾아오는 방법은 유아 인도 청구 소송이다.

20. 강속구 투수의 고독

　전동열 군은 고교 제일의 우완 정통파 강속구 투수다. 그가 졸업반이
되자 프로 야구단 사이에 스카우트 경쟁이 벌어졌다. 그는 연고지 구단인
'한양 브라더스' 구단에 입단하고 싶은데, 부모의 동의를 얻어야 한다.

　그러나 그의 부모는 이혼했기 때문에 아버지는 아들을 계약금을 많이
주겠다는 '대서양 웨일스' 구단에 입단시키려 하고, 어머니는 연봉을 많
이 주겠다는 '현대 피존스' 구단에 입단할 것을 요구하고 있다.

　아들이 어느 구단에 입단하든지 그의 입단 계약서에는 친권자의 동의
가 필요한데, 부모 중 누가 도장을 찍어야 하는가? (참고: 부모는 이혼 시
에 미처 친권 행사는 누가 한다고 합의하지 못하였다.)

　① 계약 당사자인 아들이 선택하는 부모가 친권 행사자이다.

　② 원칙적으로 아버지가 친권 행사자이다.

　③ 지금이라도 부모가 협의해야 하고, 협의가 안 되면 법원이 개입하여 결정
　　한다.

미성년자는 부모의 친권에 복종해야 한다(제909조 제1항). 친권이란 미성년의 자녀에 대하여 그 부모가 행사할 수 있는 권리를 말한다. 구체적으로는 자녀를 보호하고 양육하며, 거소를 지정하고, 징계하는 권리이다. 또 미성년자의 영업을 허락하고, 제3자가 억류하고 있을 때 인도를 구할 수 있고, 미성년자를 대리하여 재산을 관리하고, 미성년자의 법률 행위에 대해 동의하거나 취소할 수 있는 권리이다. 친권은 부모가 혼인 중인 때에는 공동으로 행사하게 되어 있다(제909조 제2항).

그런데 문제는 부모가 이혼하게 되면 친권은 누가 행사하는가이다. 민법은 이 문제를 이렇게 해결하고 있다(제909조 제4항).

첫째, 부모의 협의로 친권을 행사할 자를 정하라고 한다. 그러므로 친권의 행사를 부, 모 중 어느 일방이 행사하거나(단독 친권), 또는 이혼 후에도 부모 쌍방이 계속 행사하거나(공동 친권) 하는 문제는 모두 부모의 협의에 달려 있다. 친권 행사자의 협의 문제는 양육 문제와 반드시 같게 할 필요는 없다.

둘째, 부모가 협의하지 못하거나 협의를 할 수 없는 경우에는 이혼 당사자의 청구에 의하여 법원이 결정한다. 그런데 실제로는 협의 이혼 시에는 이혼 신고서에 친권 행사자를 정해서 기재하도록 하고 있고(가족관계의 등록 등에 관한 법률 제74조 제3호), 재판상 이혼의 경우에는 법원이 이 문제를 부모에게 미리 협의하도록 권고해야 한다고 되어 있다(가사소송법 제25조).

Q 결론

이 사건에서 전동열 군의 부모는 이혼하면서 친권 행사자에 관하여 협의가 없었다. 그러므로 지금이라도 협의하여야 하고, 협의하지 못하면 법원에 청구하여 친권 행사자를 결정지어야 한다(현재 상태로는 전동열 군은 프로 야구단에 입단할 수 없다. 친권자의 동의가 있어야 하기 때문이다).

21. 네 엄마는 죽었다

　평생을 독신으로 살겠다던 디자이너 강 씨도 노모의 성화에 못 이겨 조종사가 직업인 남자와 결혼하였다. 아들 하나를 두었는데, 남편은 직업 때문인지 한 달이면 이틀 정도만 집에 들르고 나머지는 비행기 안에서 보낸다. 이런 환경에 절망한 그녀는 독자적 인생의 길을 걷기로 결심하고 이혼을 하였다. 아들은 남편이 기르기로 하였다.

　그러나 1년 후, 그녀는 유치원에 들어간 아들이 보고 싶어 미칠 지경이다. 이 사실을 눈치챈 남편은 이혼한 아내 몰래 이사를 하고 생모를 찾는 아들에게는 "네 엄마는 죽었다"라고 말한다.

　이혼은 하였지만, 생모인 그녀가 자기 아들을 합법적으로 만나 볼 수는 없을까?

　① 아들의 양육을 남편이 하는 것으로 합의한 이상 이혼한 생모는 아들을 만날 수 있는 권리가 없다.

　② 아들이 그렇게 보고 싶으면 다시 남편과 재혼하면 만사가 해결된다.

　③ 법원에 아들을 정기적으로 만날 수 있게 해달라고 청구하면 된다.

더스틴 호프먼이 남편(아버지)으로 분한 〈크레이머 대 크레이머〉라는 영화가 있다. 이혼한 부부가 어린 아들의 양육과 면접 문제를 놓고 소송을 하다가 끝내는 재결합한다는 감동적인(?) 해피엔딩 스토리의 영화이다.

부모가 이혼하면 자녀의 양육 문제가 뒤따른다. 이 문제에 대하여 우리 민법은 부모가 협의해서 정하는 것을 원칙으로 하고 협의가 이루어지지 않을 때는 법원이 결정해주고 있다.

협의나 법원의 결정으로 양육자가 남편(아버지)으로 지정되었다고 할 때, 양육을 맡지 않은 생모는 자녀에 대해 아무 권리가 없을까? 비록 양육자는 아니더라도 자기가 낳은 자녀를 그리워하고 만나고자 하는 욕망은 지극히 자연스럽다. 일종의 천륜(天倫)에 속하는 것이리라. 우리나라에서는 이런 경우, 남편(아버지)이 생모의 접근을 싫어해서 어린 자녀에게 "네 엄마는 죽었다"라든가 "이민 갔다" 등으로 거짓말하는 경우가 많다.

그러나 1990년 민법의 개정으로 양육을 맡지 않은 부(父)나 모(母)가 자기 자녀들을 만날 수 있는 권리가 인정되었다(제837조 제2항). 이를 '면접 교섭권'이라고 한다. 따라서 이혼하는 부모는 양육을 맡지 않은 측의 자녀의 면접 교섭에 관하여도 협의해야 하고, 협의가 되지 않으면 법원에 청구할 수 있다.

이렇게 협의와 법원의 결정에 의하여 면접 교섭의 행사 방법과 범위가 결정되겠지만, 그 내용은 자녀와 만나거나 전화를 하거나 편지를 주고받거나 사진이나 선물을 주고받을 수 있는 것이 되고, 양육과 교육에 지장을 주지 않는 범위 내에서 아주 짧은 기간 동안 함께 숙박하는 것도 포함될 수 있다.

Q 결론

이혼한 부모 중 양육을 맡지 않은 부모는 자기 자녀를 만날 권리가 있다. 상대방이 거부하면 법원의 판결로 이 권리를 행사할 수 있다.

22. 혼자 살고파

시대가 많이 변해 여성도 남성처럼 경제활동을 하지만, 아직도 출산 등으로 기혼 여성이 직장을 그만두는 일은 흔하다. 이때 여자는 이혼을 하고 싶어도 경제력이 없는 경우가 많아 이혼을 결행하지 못한다고 한다. 그러나 '위자료'라는 것이 있지 않은가? 그래서 남편의 외도에 지칠 대로 지친 심순봉 여사도 이혼하면 위자료를 받아 이것으로 혼자 생활하리라고 결심하고 이혼 소송을 제기했다.

남편의 재산은 모두 10억 원쯤 되는데, 심순봉 여사에게 지급되는 위자료는 어느 정도에서 결정되는가?

① 유책 배우자인 남편 재산의 2분의 1에 해당하는 금액이다.

② 이혼 사유에 따라 달리 정해지나 대체로 남편 재산의 3분의 1에 해당하는 금액이다.

③ 가정 파탄의 경위, 남편의 재산, 혼인 기간의 장단, 고통의 정도 등 모든 사정을 종합해서 법관이 자유재량으로 결정한다.

　이른바 유책주의 아래에서 가정 파탄의 책임자(유책 배우자)는 그렇지 않은 배우자의 이혼 청구에 응하여야 할 뿐만 아니라, 가정 파탄을 일으킨 사유로 인하여 상대 배우자가 입은 정신적 고통에 대한 손해도 배상해야 한다. 이처럼 이혼(특히 재판상 이혼) 시에 유책 배우자가 상대방에게 끼친 정신적 고통에 대한 손해를 금전으로 배상하는 것을 이혼 '위자료(慰藉料)'라고 한다.

　이혼 위자료도 일종의 불법 행위로 인한 손해라고 할 수 있다. 그렇다면 이혼 위자료는 어떻게 산출될까? 사회에서의 통념(?)처럼 무조건 '상대방 재산의 몇분의 일'이라는 식일까?

　만일 사회 통념대로 위자료의 산출이 재산을 기준으로 한다면, 재산은 재벌과 서민, 그리고 빈털터리에 이르기까지 다양하고도 천차만별이므로 위자료도 결국 천차만별이 되는 부당한 일이 생기고 만다.

　또 위자료의 본질은 불법 행위로 인하여 피해자가 입은 '정신적 고통을 위로하려는 것'일진대, 고통을 기준으로 한다면 이것 역시 천차만별일 수밖에 없을 것이다. 결국 이혼 위자료는 유책 배우자의 재산 정도, 가정 파탄의 경위와 내용, 이혼 당사자의 신분과 지위, 혼인 기간의 장단, 자녀의 양육, 고통의 정도 등 모든 사정을 종합적으로 고려하여 법관이 자유재량으로 결정할 수밖에 없는 것이다. 그러므로 이혼 위자료가 유책 배우자의 재산의 몇 분의 일이라는 식으로 일률적인 것은 아니다.

　결국 재판상 이혼 청구 시에는 대부분 위자료가 청구되지만, 위자료는 법원이 모든 사정을 참작하여 그 금액을 결정해주는 것이다.

결론

이상의 설명에 비추어 해답은 ③이다.

23. 안 먹고, 안 입고, 안 썼다

큰 부자는 하늘이 내고, 작은 부자는 근검절약이 만드는 법. 그래서 굳은 땅에 물이 괴는가?

맨주먹만 갖고 결혼한 이왈순 여사는 박봉의 남편 월급만으로는 살 수 없어 결혼 10년 동안 안 해본 일이 없다. 새벽에는 우유 배달, 낮에는 화장품 외판원, 밤에는 인형 만들기…. 물론 안 먹고, 안 입고, 안 썼다. 아내의 피나는 근검절약과 부업으로 10년 만에 번듯한 집을 마련했다.

그러나 먹고살 만하니까 남편이 바람을 피우는 것이 아닌가? 이 여사는 이혼을 결심하였다. 그런데 이 여사가 이혼한다면 그동안 억척스럽게 마련한 집에 대한 권리가 있을까? 집이 남편 명의로 되어 있기 때문이다.

① 남편 명의로 되어 있으므로 부동산에 대해서는 아무런 권리가 없다.

② 아내의 노력이 가세되어 있으므로, 무조건 2분의 1은 아내의 재산이라고 보아야 한다.

③ 아내의 노력, 즉 기여도에 해당하는 몫은 내놓으라고 청구할 수 있다.

④ 명의와 관계없이 집은 이 여사의 재산이라고 보아야 한다.

우리 민법은 부부의 재산 문제는 계약에 의해 정하라는 '계약 재산제'와, 계약이 없는 경우에 부부 일방의 혼인 전의 고유 재산과 혼인 후의 자기 명의로 취득한 재산을 특유 재산으로 하고, 부부의 누구에게 속하는 것이 분명하지 않은 재산을 부부 공유로 추정하는 '법정 재산제'를 병용하고 있다.

고유 재산과 특유 재산을 제외하고 부부가 혼인 중에 공동의 노력으로 취득하는 재산은 혼인 관계가 유지되는 한 분할 문제가 발생할 여지는 적다.

그러나 이혼으로 부부 공동체가 해체되면 이때는 재산 분할이 필요해진다. 즉 부부 공동체의 해체는 동시에 부부 공동 경제의 청산을 요구하게 되는 것이다. 이처럼 이혼한 부부의 일방이 다른 배우자에 대하여 자기에게도 재산을 나눌 것을 청구할 수 있는 권리를 '재산 분할 청구권'이라고 한다.

이 제도는 과거에 많은 학자들이 입법론으로 도입할 것을 주장해왔던 것인데, 1990년 민법의 개정으로 신설된 것이다.

1. 재산 분할 청구권 제도의 신설 배경

아직도 여성의 경제적 지위가 열악하고 남성이 가정 경제의 지배권을 장악하고 있는 우리 사회의 현실에 비추어볼 때 이혼하게 되는 아내는 경제적 능력이 없어 생활에 곤란을 겪는 경우가 대부분이다.

한편 고유 재산과 특유 재산을 제외한 '혼인 중에 취득한 재산'은 그 취득 재원이 남편의 사회적 활동에 의한 경제적 수입에 의한 것이라고 해도, 실은 아내가 가정에서 자녀를 양육하고 가사 활동에 종사함으로써 남편의 사회적 활동을 배후에서 지원했기 때문에 가능한 것이고, 또는 아내의 기여나 협력이 있었기 때문일 수도 있다. 그런데도 혼인 중의 취득 재산은 대부분 그 명의가 배우자 일방(우리 현실에서는 남편)으로 되어 있는 경우가 많다.

이러한 상황에서 배우자 일방(우리 현실에서는 아내)은 이혼하면 그 재산에서 자신의 몫을 주장할 수 없었고, 고작해야 보잘것없는 위자료를 받는 것에 만족할 수밖에 없었다. 때문에 이러한 불합리를 시정하려는 오랫동안의 노력이 주효하여 민법 개정 시에 이 제도가 도입된 것이다.

2. 재산 분할 청구권의 성격

이 권리는 본디 혼인 중의 재산을 이혼 후 '청산'하려는 의미이다. 그 밖에도 이혼 후 경제 능력이 없는 쪽에 대한 '부양'의 의미를 동시에 갖고 있다. 이 권리는 이혼 시 가정 파탄에 잘못이 있는 쪽이 부담하는 위자료와는 성질을 달리한다. 즉 별개의 권리이므로 이혼 당사자는 위자료 청구권과 분할 청구권을 동시에 행사할 수 있다.

3. 재산 분할의 방법

재산 분할 청구는 협의 이혼은 물론 재판상 이혼 모두에 적용된다.

① 협의 이혼하는 당사자는 재산 분할을 할 것인가, 한다면 그 액수와 방법은 어떻게 할 것인가를 협의하여 결정하여야 한다(제839조의 2 제1항). 협의 대상은 물론 원칙적으로 '혼인 중에 취득한 재산'이다.

② 만일 협의되지 않거나 협의할 수 없을 때에는 법원에 재산 분할을 청구할 수 있다(동조 제2항). 재산 분할 청구는 재판상 이혼 청구와 동시에 할 수도 있고, 이혼은 협의 이혼의 방식으로 하고 재산 분할 청구는 소송의 형식으로 따로 할 수도 있다.

③ 법원은 부부의 혼인 중의 취득 재산의 분할을 결정할 때에 '당사자 쌍방의 협력으로 이룩한 재산의 액수, 기타 사정을 참작하여' 분할 액수와 방법을 정한다. 분할 대상이 부동산인 경우 경매에 붙여 그 대금을 나누게 하는 것이나, 공동 명의로 등기할 것을 명할 수도 있다. 방법은 당사

자의 청구를 기초로 하되 그 비율은 법원이 자유재량으로 결정한다. 분할 범위, 즉 비율에 대해서는 일체의 사정을 참작한다고 되어 있는데, 구체적으로는 취득의 경위, 취득 재원, 이에 대한 다른 배우자의 기여도, 취득 재산의 관리, 증식, 혼인 기간의 장단, 이혼 후 자녀 양육, 이혼하는 당사자의 경제 능력 등이 참작 사유가 된다.

④ 배우자의 재산 형성에 대한 기여도는 부부간의 형태와 협력의 정도에 따라 달라진다. 재산 분할 청구권 제도가 도입된 이래 서울가정법원의 통계에 나타난 바를 살펴보면, '맞벌이 부부형'인 경우에는 아내의 재산 형성의 기여도를 50퍼센트로 인정한 사례가 많고, 아내가 남편의 가업에 협력한 '가업 협력형'의 경우에도 기여도를 50퍼센트로 인정한 사례가 많다. 또 아내가 전적으로 가사 노동에만 종사해온 이른바 '전업주부형'의 경우에는 기여도를 3분의 1로 인정한 사례가 20퍼센트 정도 되며, 또 50퍼센트로 인정한 사례도 발견된다. 이는 이혼 시 남편은 혼인 중 취득한 재산에서 아내에게 기여도로서 인정된 비율만큼 재산을 나누어주라는 뜻이다.

4. 재산 분할 청구권의 시기

재산 분할 청구권의 행사(법원에 청구하는 것)는 이혼한 날로부터 2년 이내에 하지 않으면 시효로 소멸한다(동조 제3항).

Q 결론

이월순 여사는 혼인 중에 마련한 집에 대해 재산 분할 청구권이 있다. 명의가 남편 명의로 되어 있어도 물론 가능하다(또 이 여사의 기여도는 '맞벌이 부부형'에 해당되므로 분할되어 받을 재산은 적어도 50퍼센트는 되어야 할 것이다).

24. 조강지처는 내치면 안 된다

흥부가 제비 다리 하나 고쳐준 선행으로 벼락부자가 된 사실은 우리가 다 아는 터. 부자가 된 흥부가 근사하게 호화 주택도 짓고 교외에 전원 별장도 짓고, 자동차도 최고급을 타고 다니다 보니 조강지처인 마누라가 왜 그렇게 촌스럽게 보이는지…. 그래서 젊고 미모인 묘령의 아가씨와 뒤늦게 사랑의 불장난에 빠져들었다.

죄 없는 흥부댁은 소박맞을 위기에 처하자 이혼을 결심하였다. 그런데 흥부도 마누라의 결심을 눈치채고 그 많은 재산을 야금야금 새로 사귀고 있는 아가씨에게 이전하는 것이 아닌가?

그냥 두면 흥부댁은 이혼하더라도 소위 재산 분할 청구권을 행사해볼 수도 없게 된다. 이럴 때 흥부댁이 취할 수 있는 법적인 조치는? (아직 이혼 소송은 제기하지 않았다.)

① 남아 있는 재산에 대해서라도 처분 금지 가처분을 해둔다.

② 그 아가씨에게 넘겨준 재산을 흥부 앞으로 돌려놓으라는 청구를 한다.

③ 이럴 때는 시숙인 놀부의 힘과 지혜를 빌려야 한다.

이혼을 하게 되면 그 효과의 하나로서 부부 중 일방은 상대방의 재산에 대한 재산 분할 청구권을 갖게 된다. 그런데 그 상대방이 재산 분할 청구에 대비하여 재산을 다른 사람에게 허위로 매도(가장 매매)하거나 증여한 것처럼 하여 재산을 감소시킨다면 재산 분할 청구가 현실적으로 어려워진다.

이럴 때 그 재산을 보전하는 방법은? 아직 남아 있는 재산에 대해서는 처분 금지 가처분이라는 보전 절차를 이용하면 되지만, 이미 다른 사람 앞으로 넘어간 재산을 돌려놓게 할 수는 없을까?

그 다른 사람과 부부 중 일방이 그 재산에 대하여 짜고 이렇게 한 경우에 그 필요성은 더욱 커진다. 2007년 12월 21일 개정된 가족법에서는 부부의 일방이 다른 일방의 재산 분할 청구권을 해함을 알면서도 재산권을 목적으로 한 법률 행위를 한 때에는 다른 일방은 그 취소 및 원상회복을 청구할 수 있다고 규정하여 입법으로 해결하였다(제406조 제1항). 부부 일방이 제기하는 이러한 채권자 취소 소송은 이혼 전에도 할 수 있고, 반드시 이혼 소송을 제기하거나 이혼이 되어야만 할 수 있는 것은 아니다.

Q 결론

흥부댁은 이혼 전이라도 제3자에게 넘어간 재산에 대해서 채권자 취소 소송을 통해 그 재산을 남편 앞으로 회복시킬 수 있다.

25. 우리는 결혼함으로써 자유인임을 선포하노라

노미호 군과 주리혜 양은 대학 1학년생인데, 미팅에서 만나 교제하던 중 그만 뜨거운 관계가 되었다. 두 사람의 관계를 눈치챈 양가 부모는 서로 협의하여 결혼을 시켰다.

그러나 문제는 그 후부터였다. 미성년자인 그들이 생활 능력이 있을 리 없고, 부부가 된다는 것이 사랑만으로 모든 것이 해결될 수는 없는 법. 그들의 사랑은 금방 식어 둘은 헤어지기로 하였다.

미성년자인 이들이 지금 당장 이혼하게 된다면 부모의 동의가 필요한가?

① 미성년자이므로 법정 대리인의 이혼에 대한 동의가 필요하다.

② 성년이 얼마 안 남았으므로 기다렸다가 성년이 된 후에 부모의 동의 없이 이혼하면 된다.

③ 혼인한 미성년자는 성년으로 간주할 수 있으므로, 부모의 동의는 필요 없다.

미성년자는 부모의 친권에 복종하여야 한다. 미성년자와 계약을 맺는 것과 같은 법률 행위는 반드시 친권자이며 법정 대리인인 부모의 동의를 얻어야 하고, 동의가 없을 때는 부모가 이를 취소할 수 있다. 따라서 만 18세 된 남녀의 약혼에도 부모의 동의가 필요하고, 미성년자의 혼인의 경우에도 마찬가지이다.

그런데 부모의 동의를 얻어 혼인한 미성년자는 혼인한 때로부터 성년자로 간주된다(제826조의 2). 이것을 '성년 의제(成年擬制)'라고 한다. 혼인한 미성년자를 성년자로 간주하는 것은 혼인까지 하여 가정을 꾸렸는데 부모가 간섭하는 것이 타당하지 않고, 또 혼인의 자주성·독립성을 보호하기 위해서이다.

따라서 혼인한 미성년자는 부모의 친권에서 벗어나 법적으로는 독립인이 되고, 자식을 낳으면 자기 자식에 대하여 친권자가 된다. 또 단독으로 법률 행위도 할 수 있다(다만 혼인한 미성년자를 성년자로 대접하는 것은 민법의 영역에 한하며, 그 밖의 법률에서는 미성년자 그대로이다). 그렇다면 혼인한 미성년자가 아직 만 19세에 도달하지 못한 상태에서 이혼을 하게 되었을 경우에, 이 이혼에 부모의 동의가 있어야 할까?

이 문제에 대하여 민법에는 명문의 규정은 없으나, 학자들은 이 경우 부모의 동의를 요하지 않는다고 해석하고 있다. 혼인에 의하여 성년자로 간주되는 미성년자에게 이혼 시 다시 부모의 동의를 얻도록 한다는 것이 성년 의제의 취지(즉 혼인 생활 독립의 요청)에 맞지 않는다고 보기 때문이다.

🔍 결론

혼인한 미성년자는 성년자로 간주되는 이상 이혼하는 경우 부모의 동의는 요하지 않는다.

26. 아이를 기르느라 죽을 고생을 다했소

오금순 여사가 시집을 와서 내리 딸만 다섯을 낳자 남편인 최태평 씨는 자기는 3대 독자이므로 대를 이어야 한다는 명분으로 집을 나가 딴 살림을 차렸다.

물론 아내에게 생활비를 대준 일도 없고 아이들 양육비를 대준 일도 없다. 오 여사는 안 해본 일이 없을 정도로 고생해가면서 딸 다섯을 기르고 대학 교육까지 마쳐주었다. 한편 최태평 씨는 이재에 밝아 그동안 큰 부자가 되었다.

이제 노년에 접어든 오 여사는 남편과 서류상으로도 정리를 하고 싶다. 그리고 생활비, 양육비도 대주지 않고 나 몰라라 한 남편이 괘씸해 아이들 양육비도 청구하려고 한다.

자, 과거의 양육비 청구도 법으로 가능한가?

① 가능하다. 최태평에게도 부양 의무가 있기 때문이다.
② 불가능하다. 오금순도 생모로서 부양 의무가 있었고, 지금까지의 부양은 자기의 의무를 이행한 것에 불과하다.
③ 과거의 부양료는 청구할 수 없지만, 장래의 부양료는 청구할 수 있다.

과거의 부양권(양육비) 청구에 대해서 우리나라 법원은 이를 인정하지 않고 있었다. 이러한 법원의 입장은 실제로 양육한 부나 모의 입장에서 대단히 가혹한 결론이 아닐 수 없었다.

현실에서 자녀의 양육은 부모의 공동 의무임에도 불구하고 가정이 사실상 파탄된 경우에 미성년자인 자녀들을 부모 중 일방이 양육하는 경우가 적지 않다고 할 수 있다.

이렇게 부모 중 일방은 양육의 의무를 다했으나, 양육 능력이 있는 다른 상대방은 이를 거부한 경우에 양육 의무를 다한 사람의 과거 부양료에 대한 청구를 불허한다면 이는 대단히 공평하지 않고 가혹한 경우가 된다.

1994년 5월 13일 마침내 대법원은 대법관 전원 합의로 과거의 부양비 청구가 가능하다는 결정을 함으로써 실무적으로 이를 해결했다. 기념비적인 이 결정 이후 후속되는 사건에서도 계속하여 이를 긍정함으로써 정의와 공평을 향해 진일보하고 있는 것이다.

ℚ 결론
이상의 설명에 비추어 해답은 ①이다.

⚖ 참고 판례
"어떠한 사정으로 인하여 부모 중 어느 한 쪽만이 자녀를 양육하게 된 경우에 … 양육하는 일방은 상대방에 대하여 현재 및 장래에 있어서의 양육비 중 적정 금액의 분담을 청구할 수 있음은 물론이고 … 과거의 양육비에 대하여도 상대방이 분담함이 상당하다고 인정되는 경우에는 그 비용의 상환을 청구할 수 있다."(대법원 1994. 5. 13. 92스21 전원 합의체 결정)

27. 임신 중이면 재혼은 잠시 기다릴 것?

아사달 군과 아사녀 양의 결혼이 6개월 만에 파경을 맞아 협의 이혼 하게 되었다. 두 사람 간의 결혼은 서로 사랑하고 있다는 착각 속에 이루어진 것이고, 이 착각이 환상이었다는 결론에 도달하는 데에는 6개월이면 충분하였던 것이다.

거기에다 두 사람에게는 각자 이상적인 배우자라고 생각되는 사람이 따로 있었다. 그래서 협의 이혼 하게 되었는데, 아사달 군은 이혼 신고가 수리되자마자 새장가를 가게 되었지만, 아사달 양은 임신 6개월째이다.

아사달 양도 속히 재혼하고 싶다. 가능한가?

① 물론이다. 재혼을 막을 아무런 법이 없다.

② 불가능하다. 여자는 임신 중 이혼하였으면, 출산한 후 그 출산된 아이가 누구의 자식인지 밝혀질 때까지는 재혼이 금지된다.

③ 배 속에 든 아이가 누구의 자식인지 의학적으로 밝혀진 뒤에야 재혼할 수 있다.

　예전에 여자는 혼인 관계 종료 후 6개월이 지나지 않으면 다시 혼인할 수 없다는 가족법의 규정이 있었다. 이를 대혼(待婚)기간이라고 했다.

　혼인 관계 종료 당시에 임신을 하였으면 그 임신 중에 있는 아이가 이혼 전의 전부(前夫)의 아이인지, 이혼 후 새 남편의 아이인지 가려볼 필요가 있었기 때문이다. 누구의 자식인지를 가려보는 것은 친자 관계와 비친자 관계를 구별하는 것을 전제로 수립된 가족법의 질서와 관련이 있어서이다.

　그런데 이 대혼 기간 규정은 남녀평등의 이념에 반할 뿐만 아니라, 현대의 유전자 검사 기술의 발달로 누구의 자식인지 쉽게 가려볼 수 있음에도 불구하고 여자의 재혼의 자유를 제약하는 것이라는 비판에 직면하여 2003년 3월 31일 가족법의 개정으로 대혼 기간은 폐지되었다.

　임신 중의 아내가 재혼하여 출산된 아이가 누구의 자식인지 또는 아닌지가 실제 문제가 된다면 이는 고도로 발달한 유전자 검사 기술로 가려보면 되는 것이다.

🔍 결론

아사달 양도 임신 여부와 관계없이 이혼 후 즉시 재혼할 수 있다.

28. 하늘로 올라가버린 선녀

금강산 나무꾼 먹쇠는 사슴의 생명을 구해준 선행으로 예쁜 선녀를 아내로 얻었다. 그러나 먹쇠가 오늘날처럼 혼인 신고를 한 것도 아니므로 먹쇠와 선녀는 실은 사실혼 관계에 불과하다.

아이 셋을 낳을 때까지 감추었던 옷을 내주어서는 안 되거늘, 먹쇠가 선녀의 애원에 못 이겨 옷을 내주었더니 선녀는 그 옷을 입고 아이 둘을 데리고 친정인 하늘로 올라가버렸다. 그러고는 일자 소식도 없다. 말하자면 선녀는 먹쇠와의 사실혼을 부당하게 깨버린 것이다.

선녀에게 법적 책임이 있는가?

① 없다. 사실혼은 법률혼과 달라 언제라도 자유롭게 헤어질 수 있고 이를 해소하더라도 아무런 법적 책임을 지지 않는다.

② 있다. 사실혼도 부당하게 파기하면 손해 배상 책임을 져야 한다.

③ 혼인할 때부터 옷을 감춘 먹쇠의 잘못이 더 크므로, 아내에게 아무런 책임을 추궁할 수 없다.

적법하고 유효한 혼인이 성립하기 위해서는 혼인 신고를 할 것을 요구하고 있는 우리 민법의 '신고혼주의'하에서도 혼인 신고 하나만 빠진 혼인, 부부 관계의 존재가 허다하다. 이것이 '사실혼'이다.

사실혼이란 부부가 되겠다는 '합의'가 있고, 또 부부로서 공동생활을 하는 '사실' 또는 '실체'가 있으나 혼인 신고는 하지 않은(또는 못한) 부부 관계를 말한다. 대표적인 사례는 결혼식을 올리고 동거하고 있으나, 아직 혼인 신고를 하지 못한 경우일 것이다.

사실혼은 장차 부부가 되자는 합의만 있고 부부 공동생활의 실체가 아직 없는 '약혼'이나, 본처가 있는 남자가 특정한 제3의 여성과 성적 관계 또는 부부 관계를 지속하고 있는 '첩 관계', 또는 혼인 의사와 관계없이 이루어지는 일시적 또는 간헐적인 '사통(私通)'과는 구별된다.

원래 민법의 입장은 빠짐없이 혼인 신고를 할 것을 요구하고 있고 혼인 신고가 있는 '법률혼'만을 보호하고 있지만, 사실혼도 부부가 되겠다는 합의와 부부로서의 실체가 있는 것이므로 법률혼에 준하여 보호되어야 한다.

그 내용의 하나가, 사실혼을 정당한 이유 없이 깬 경우 손해 배상 책임을 인정하자는 것이다. 그래서 판례와 학설은 "사실혼의 부부가 정당한 이유 없이 이를 깨버린 경우 당사자 일방은 과실(책임)이 있는 상대방에 대하여 혼인 예약 불이행 또는 불법 행위를 주장하여 손해의 배상을 청구할 수 있다"라고 하고 있다. 그리고 이 손해는 재산상의 손해(예컨대 예물이나 혼수 비용)는 물론, 정신적인 손해(위자료)도 포함된다.

Q 결론

먹쇠는 사실혼을 정당한 이유 없이 깨버린 아내(선녀)에게 손해 배상 책임을 물을 수 있는 것이다.

29. 양육비를 제대로 주지 않고 있사옵니다

방자란 놈이 향단이와 동거하여 애까지 낳고서도, 과거에 급제한 이 도령을 만나 한양으로 올라갔다. 이 도령이 이조 판서에 제수되자 방자도 이조(吏曹)에 종9품 벼슬자리를 얻었다.

향단이는 방자를 기다리다 못해 남원지원에 양육비 지급 청구 소송을 제기하였고, 양육비로 매월 50냥을 향단이 계좌에 입금해주기로 하는 '조정'이 성립되었다.

그런데 방자도 화려한 한양 생활에 바쁜 나머지, 씀씀이가 커지자 양육비는 생각나면 보내주고 그렇지 않으면 까맣게 잊어버리곤 하였다.

요즘에 육아, 보육에 얼마나 돈이 많이 드는가? 이럴 때 향단이가 양육비를 꼬박꼬박 받아내는 방법은?

① 아직 실정을 모르고 있는 이조 판서에게 진정을 하거나 한양에서 신문고를 울려본다.

② 방자에게 월급을 주는 이조 판서에게 그 월급에서 양육비 50냥을 공제하여 이를 향단이에게 직접 지급하도록 법원에 청구한다.

③ 조정만으로는 효력이 약하므로, 이번에는 양육비 지급 청구 소송을 제기하여 판결을 얻어 강제 집행을 한다.

　이혼 소송이나 양육비 지급 청구 소송에서 양육받아야 할 자가 성년에 달할 때까지 양육비를 매월 정기적으로 지급하기로 하는 조정이 성립되면, 채무자는 이를 성실히 이행하여야 한다.

　그런데 이 사례에서처럼 채무자가 직장에서 정기적으로 월급을 받으면서도 매월 정기적인 양육비 지급을 게을리하는 경우에는 어떤 구제 수단이 있을까?

　가사소송법 제63조의 2는 "양육비를 정기적으로 지급할 의무가 있는 사람이 정당한 사유 없이 2회 이상 양육비를 지급하지 아니한 경우, 정기금 양육비 채권에 관한 집행 권원을 가진 채권자의 신청에 따라 양육비 채무자에 대하여 정기적 급여 채무를 부담하는 소득세 원천 징수 의무자(채무자의 고용주를 뜻한다)에게 양육비 채무자의 급여에서 정기적으로 양육비를 공제하여 양육비 채권자에게 직접 지급하도록 명할 수 있다"라고 규정하여 이를 해결하고 있다.

　이로써 매월 정기적으로 월급을 지급받는 양육비 채무자가 양육비 지급 의무를 다하지 않는 경우에는 양육비 직접 지급 명령을 법원에 신청하면 되는 것이다. 2009년 가사소송법에 개정, 도입되어 시행 중인 제도이다.

Q 결론

향단이는 조정 조서를 근거로 법원에 양육비 지급 의무자를 고용하고 있는 고용주를 상대로 양육비 직접 지급 명령을 신청할 수 있다.

PART 2

상속

● 상속에 관한 기초적 설명

1. 상속 편의 구성

우리나라 민법의 제5편에 해당하는 상속 편에는 약 120여 개 조문이 있습니다. 또 상속 편은 다음과 같이 세 개의 장으로 세분되어 있으며, 그중 제1장 상속은 여섯 개 절로, 제2장 유언은 다섯 개 절로 되어 있습니다.

제1장 상속

　　제1절 총칙

　　제2절 상속인

　　제3절 상속의 효력

　　제4절 상속의 승인 및 포기

　　제5절 재산의 분리

　　제6절 상속인의 부존재

제2장 유언

　　제1절 총칙

　　제2절 유언의 방식

　　제3절 유언의 효력

　　제4절 유언의 집행

　　제5절 유언의 철회

제3장 유류분

상속 편은 제목에 나타난 상속에 관련된 조문들 외에도 유언과 유류분에 관해서도 규정하고 있습니다. 이들도 상속과 관련된 제도이므로 결국 상속 편은 명실공히 상속 제도에 관한 것이라고 할 수 있습니다.

2. 상속 편 각 장의 내용 요약

제1장 상속

제1절에서는 상속이 시작되는 사유와 상속의 장소, 상속의 비용, 그리고 상속권이 침해된 경우 이를 회복하는 방법에 관해 규정하고 있습니다.

제2절에서는 상속인이 되는 순위와, 상속인 자격을 상실하는 사유에 관한 규정을 두고 있습니다.

제3절에서는 상속의 효과는 무엇이고, 상속인이 2인 이상인 경우에 이들 공동 상속인들이 공동 상속한 재산을 나누는 방법 등을 다루고 있습니다.

제4절에서는 상속은 포기할 수 있다는 것을 전제로 그 포기의 방법과 절차 및 효과를, 재산보다 빚을 더 많이 상속하게 될 경우에 상속의 한도 내에서 빚을 처리하는 한정 승인의 방법과 절차 등을 길게 규정해놓고 있습니다.

제5절에서는 상속인들이 상속받은 재산을 실제로 나누는 방법과 절차에 대해 규정하고 있습니다.

제6절에서는 상속인이 없는 경우에 어떠한 절차를 거쳐서 국가에 귀속되는가를 규정해두고 있습니다.

제2장 유언

유언은 사람의 임종 순간에 후손에게 남기는 말이라기보다는 법률이 정하는 방식대로 하는 의미 있는 사항을 말합니다.

제2장은 바로 유언의 방식과 절차 그리고 효력에 관한 규정들입니다.

제1절은 유언의 요식성, 유언할 수 있는 나이, 유언할 수 있는 능력에 관한 규정들입니다.

제2절에서는 민법이 정하는 유언의 방식에 대해서 규정하고 있습니다. 민법이 정하는 유언의 방식은 자필 증서, 녹음, 공정 증서, 비밀 증서, 구수 증서에 의한 유언 등 다섯 가지인데, 이들의 실제 방식과 절차가 하나하나 규정되어 있습니다.

제3절에서는 위와 같은 방식에 의한 유언의 효력 발생 시기, 유언에 의한 증여의 승인과 포기, 유언에 의하여 증여받은 경우에 권리와 의무 및 상속인과의 관계, 유증이 무효나 실효되는 경우 등에 관한 규정이 나와 있습니다.

제4절은 유언은 어떻게 집행되는가에 관한 규정입니다. 유언 집행자는 어떻게 선정되며, 유언 집행자의 임무·보수·사퇴나 해임에 관한 규정입니다.

제5절은 일단 유효하게 성립한 유언은 어떤 경우에 철회·변경할 수 있는가, 또 어떤 사유가 있으면 유언이 철회된 것으로 보는가, 유언이 철회되거나 저촉되면 어떻게 처리되는가에 관한 규정입니다.

제3장 유류분

우리 가족법은 유언을 통해서 재산 처분의 자유를 인정하고 있으나, 이것도 무한정 인정하게 되면 유족들의 지위나 생계를 위협할 수 있으므로 유언에 의한 증여를 어느 정도 제한하고 있습니다. 이처럼 상속될 재산이 유언으로 타인에게 증여되어 상속인의 지위가 침해된 경우 상속인이 법정 상속분의 일정 범위를 반환받을 수 있는데, 이를 유류분(遺留分)이라고 합니다.

제3장은 유류분의 범위, 산정 방법, 반환받는 절차를 규정하고 있습니다. 이 유류분 제도는 민법 제정 당시에는 인정되지 않다가 1977년의 민법 개정 당시 도입된 제도입니다.

3. 상속에 관한 바른 이해를 위하여

상속은 상식적으로 말하더라도 유산을 물려받는 것입니다. 유산을 남기지 않으면 상속의 문제는 발생할 여지가 없습니다. 그러나 대부분의 경우 유산의 크기는 차이가 있으나 사람은 유산을 남기는 것이 보통이므로 상속의 문제는 누구에게나 있게 되는 보편적인 현상입니다.

우리 사회에서는 상속을 둘러싼 분쟁이 의외로 많습니다. 이것은 상속 재산을 남기고 가는 측의 부주의나 합리적인 '교통정리'가 없었던 탓도 있고, 유산을 둘러싼 유족들의 물욕의 탓일 수도 있습니다. 어쨌거나 유산 분쟁은 골육상쟁으로서 많은 사람의 빈축의 대상이 되는데도 현실 세계에서 끊이지 않는 것은 상속법에 관한 무지의 탓도 있습니다.

이러한 이유로 우리는 상속법에 대한 지식을 쌓아둘 필요가 있습니다. '재미있는 법률여행' 시리즈 제2권은 상속 분야에서 중요하고도 발생 빈도가 높은 사례를 통해 상속법에 관한 튼튼한 지식으로 무장케 할 목적으로 집필된 것입니다. 상속에 관한 자기의 권리와 의무가 어떠한 것인지를 정확히 이해한다면 합리적인 대처를 통하여 상속 분쟁은 피할 수 있을 것입니다.

참고로 상속의 문제를 다루자면 '상속세' 문제도 언급해야 마땅하나, 상속세는 민법이 규정하는 영역을 넘는 것이고, 이미 시중에 상속세를 다룬 서적이 많이 출판되어 이 책에서는 다루지 않았음을 밝힙니다.

1. 나 죽으면 제사는 누가 지낼꼬?

수(壽), 부(富), 귀(貴), 다남(多男)의 복을 골고루 누린 오병철 회장이 8남 2녀의 자녀를 남기고 사망하였다. 오 회장 집안은 대대로 이어져오는 양반 가문에 유교를 신봉하였는데, 문제는 그의 자녀들 중 그 누구도 아버지의 제사를 모시지 않으려는 데 있다. "요새 누가 촌스럽게 제사를 모시느냐?"면서 말이다.

그렇다면 법률에는 제사를 모셔야 하는 사람이 정해져 있을까?

① 그렇다. 장남이 제1순위다. 장남이 죽었으면 장손이다.

② 그렇다. 장남, 차남, 삼남 등의 순서로 아들들이 모신다.

③ 그렇다. 자녀들(딸들도) 모두에게 제사를 모실 의무가 있다.

④ 그렇지 않다. 제사를 모셔야 하는 의무는 법적인 의무가 아니다.

우리나라는 오래전부터(대체로 조선 건국 이후부터), 유교의 이념에 따라 조상에 대한 제사를 받드는 것을 미풍양속으로 생각해왔고, 그것이 유구한 전통이 되어왔다.

유교식 제사 받들기는 대개 장남·장손의 주된 의무였지만, 남자 후손이 없는 경우에는 시집간 딸들도 친정 부모의 제사를 모시기도 했다.

오늘날에도 제사를 받드는 전통은 이어지고 있지만, 현대인은 이를 점점 부담으로 느끼고 피곤해하는 것 같다. 오죽하면 설과 추석에 지내는 제사에 대해 '명절 증후군'이라는 말이 유행을 할까.

그렇다면 가족법은 제사에 대해 어떻게 규정하고 있을까? 즉 제사를 후손들의 법률적 의무로 인정하고 있을까? 가족법 제정 당시(1950년대)에는 상속 형태의 하나인 신분 상속, 즉 호주 상속제를 인정하였고, 이 호주를 상속하게 되는 자가 제사도 상속하는 것이 관행이었지만, 요즘은 그렇지 않다. 2005년 3월 31일 가족법 개정으로 호주제가 폐지되고 그에 따른 호주 승계제도 폐지되었다.

다만, "분묘에 속한 1정보 이내의 금양(禁養) 임야와 600평 이내의 묘토인 농지, 족보와 제구의 소유권은 제사를 주재하는 자가 이를 승계한다"(제1008조의3)라는 규정만이 퇴화한 맹장처럼 남아 있을 뿐이다. 따라서 제사 의무는 법률상의 의무를 떠난 윤리적 의무, 즉 '관습상의 의무'로만 남아 있다.

🔍 결론

제사 의무는 후손들의 윤리적·관습상의 의무일 뿐 법률상의 의무는 아니다. 따라서 이 의무를 이행할지 여부, 이행한다면 구체적으로 누가 이행할지는 후손들의 성의와 협의에 따라 정해진다고 할 수 있다.

2. 뇌사인가, 심장사인가

현세그룹 장 회장이 헬기로 지방의 계열 기업 시찰을 나갔다가 악천후로 인해 헬기가 추락하였다. 급히 병원에 후송되었으나, 뇌를 심하게 다쳐 소생의 가능성이 없게 되었다. 말하자면 '뇌사 상태'가 된 것이다. 그는 산소 호흡기로 호흡은 하고 있지만, 이를 제거할 경우 일주일 이내에 사망하게 된다.

장 회장은 언제 사망한 것으로 보아야 하는가? 다시 말하면 그의 상속은 언제 개시되는가?

① 그가 뇌사 상태에 빠진 순간 사망한 것으로 보아야 하고 상속도 그 무렵 개시된다.

② 산소 호흡기를 제거하는 때에 사망한 것으로 보아야 한다.

③ 심장의 박동과 호흡이 정지된 때에 사망한 것으로 보아야 한다.

상속은 물론 사람(피상속인)이 '사망'한 때로부터 개시된다(제997조, 다만 예외적으로 생사가 불명한 사람이 '실종 선고'를 받으면 실종 선고 기간이 만료된 때에 상속이 개시된다). 그렇다면 법적으로 상속의 개시 시점이 되는 '사망'이란 무엇인가? 육체의 기능 중 무엇의 작동 정지를 사람의 사망으로 보는가? 법률에는 이에 대한 규정이 없다. 따라서 이 점은 학설과 판례에 맡겨져 있다. 지금까지 가장 많은 지지를 받는 학설('통설'이라고 한다)과 판례의 입장은 '심장의 박동이 정지되어 호흡이 정지된 것'을 사망, 즉 사람의 죽음이라고 보고 있다('심장사설'). 따라서 심장(과 호흡)의 정지와 동시에 상속은 시작되는 것이다.

이에 대하여 최근 뇌의 완전한 기능 정지를 죽음으로 봐야 한다는 뇌사설이 강력하게 제기되고 있다. 뇌사는 주로 뇌를 다치는 사고나 약물, 가스 중독 등의 경우에 초래되며, 대뇌·소뇌·뇌간 등 뇌의 모든 기능이 정지된 상태를 말한다(따라서 뇌사는 뇌간의 기능이 남아 있어 자발적 호흡이 있는 '식물인간 상태'와는 구별된다). 뇌사 상태에 빠지면 거의 반드시 1, 2주 후에는 심장사로 이어진다. 현재 세계 20여 개 나라가 뇌사를 죽음의 시기로 보는 입법을 하거나 인정하는 추세를 보이고 있고, 최근 우리나라에서도 '장기등 이식에 관한 법률'이 제정되어 뇌사 판정을 받은 사람으로부터 장기를 꺼내어 이식하는 것을 허용하고 있다. 그러나 이것은 '뇌사 판정'을 받은 뇌사자의 경우이고, 아직도 민법의 상속 분야에서 죽음의 시기는 심장, 호흡이 정지된 때이다.

🔍 결론

상속은 사망으로 시작되고, 그 사망은 심장과 폐의 완전한 작동 중지를 말한다(통설, 판례의 입장). 따라서 오 회장도 심장과 호흡이 멎는 때에 사망한 것이 되고 그때부터 상속이 시작된다.

3. 아버지도 너무하셨다

오랜 공직 생활 끝에 퇴직한 이공복 씨가 퇴직금으로 컴퓨터 대리점을 차렸다. 그러나 사회 물정에 어두운 책상물림인 이 양반이 난생처음 벌인 사업이 성공할 리가 있나? 잔뜩 빚만 지고 망했는데, 이 일로 충격을 받아 그만 세상을 떠나고 말았다.

그에게는 회사원인 아들과 시집간 딸이 있는데, 딸은 자기 명의의 재산이 없고 아들은 집 한 채가 있다. 이 집도 아들이 벌어서 마련한 것이고, 아들은 아버지 사업에 일체 관여한 바도 없다.

아버지가 남긴 빚을 갚아야 하는가? 갚는다면 누가 맡아야 할까?

① 아버지 사업에 관여하지 않았으면 빚은 누구에게도 상속되지 않는다.

② 재산 능력이 있는 아들이 빚을 상속받아 갚아야 한다.

③ 상속인인 아들과 시집간 딸이 균등하게 상속하여 갚는다.

어느 시대 어느 사회를 막론하고, 사람이 사망한 경우 그의 재산이 유족 등 일정한 사람에게 이전되는 상속 제도는 존재해왔다. 그리고 이 상속 제도는 사유 재산제의 발생과 기원을 함께한다고 알려져 있다.

상속권의 본질이 무엇인가에 대해서는 혈연의 대가(유전설), 사망한 자의 의사, 즉 유언이 그 근거(유언 자유설), 재산은 가족의 공유이기 때문(가족 공유설), 사후에라도 가족을 부양하기 위해서(사후 부양설), 공익의 견지에서 허용되는 것(공익설)이라는 등 다양한 학설이 제기되었다.

근대법은 평등과 합리를 지향하고 있어서 전통의 영향은 점차 퇴색하고 있다. 우리나라 가족법에 나타나고 있는 상속의 형태와 원칙은 다음과 같다.

1. 가족법에 나타나고 있는 상속의 형태와 상속에 관한 원칙

첫째, 종전의 가족법에서는 호주제를 두어 호주의 사망 시에 그 호주를 승계하는 일족의 신분 상속제를 인정하였으나, 2005년 3월 31일 가족법이 개정되면서 호주제와 승계제가 폐지되었다. 현재는 재산 상속제만 남아 있다.

둘째, 재산 상속은 사망 상속만 인정하고 생전 상속은 인정하지 않는다.

셋째, 상속시키는 방법에 있어서는 유언에 의한 상속(지정 상속)을 원칙으로 하되, 유언이 없는 경우에 상속인의 범위와 순위를 법률로 정해놓은 법정 상속에 따르게 하고 있다.

넷째, 상속인이 될 사람이 복수인 경우에 이들이 공동으로 상속하는 공동 상속주의를 채택하고 있다.

다섯째, 상속인이 상속 재산을 포기할 수도 있도록 하는 임의 상속제를 채택하고 있다.

여섯째, 법정 상속에 있어서 공동 상속인의 상속분이 평등한 균등 상속제를 채택하고 있다.

2. 상속의 대상(재산 상속의 범위)

상속을 법률적으로 정의하면 '피상속인(사망자)의 사망에 의하여 상속인이 피상속인에게 속하였던 모든 재산상의 권리와 의무를 포괄적으로 승계하는 것'이라고 할 수 있다. 따라서 상속의 대상은 피상속인의 재산상의 권리와 의무이다. 이어서 이를 권리와 의무로 나누어 살펴보겠다.

3. 재산상의 권리

① 소유권, 점유권, 지상권, 지역권, 전세권, 유치권, 질권, 저당권 등 모든 '물권'은 상속 대상이다. 물권의 변동은 등기하여야 하지만, 상속으로 인한 물권의 취득은 등기를 필요로 하지 않는다.

② 특허권, 상표권, 저작권, 실용신안권, 광업권, 어업권 등의 '무체 재산권'도 상속이 된다.

③ 채권도 원칙적으로 상속된다고 본다. 다만 부양 청구권은 상속되지 않는다. 위자료 청구권도 물론 상속된다.

④ 생명 침해로 인한 손해 배상 청구권도 재산상 및 정신적 손해 배상 청구권을 가리지 않고 상속되는 권리이다.

⑤ 보험금 청구권도 피상속인이 수령자로 되어 있을 때 상속 재산이며 상속 대상이다.

⑥ 주택 임차권도 상속된다.

4. 재산상의 의무

① 원칙적으로 피상속인의 채무, 즉 빚도 상속된다. 피상속인이 재산을 남기지 못하고 빚만 남겼을 경우에도 이 빚이 상속되는 것이다.

② 피상속인이 남의 보증을 선 경우에 이러한 통상적인 보증 채무도 상속

된다. 신원 보증 채무는 신원 보증인의 사망으로 효력을 잃으므로 상속인이 신원 보증 계약상의 지위를 상속하는 것은 아니나, 신원 보증을 한 피상속인이 사망하기 전에 이미 발생한 채무는 상속된다.

③ 피상속인의 손해 배상 채무도, 벌금 납부 의무도 상속된다.

④ 계약상의 지위는 당사자 간의 신뢰성을 기초로 하는 위임 계약이나 근로 계약과 같은 경우에는 상속되지 않으나 그렇지 않은 경우, 예를 들면 피상속인이 부동산을 팔고 등기를 해주지 않은 경우에는 그 등기 의무도 상속되는 것이 원칙이다.

⑤ 특정한 자만이 갖게 되는 일신 전속권(예를 들면 부양료 청구권)은 사망하더라도 상속되지 않는다. 또 예술가나 저작가의 공연, 출연, 저술 의무도 상속되지 않는다.

5. 그 밖의 권리 및 의무

① 분묘에 속하는 1정보 이내의 임야, 600평 이내의 묘지 토지인 농지, 족보와 제사 도구는 상속 재산과 구별되어 '제사를 주재하는 자' 만이 상속한다.

🔍 결론

재산 상속에 있어서 상속의 대상은 대부분 적극적인 재산(상속인에게 플러스가 되는 것)이겠지만, 소극적인 재산(마이너스가 되는 것), 즉 채무도 원칙적으로 상속인에게 상속되는 것이다. 바꾸어 말하면 빚도 상속된다. 여기서 '상속된다'는 뜻은 구체적으로 상속인이 자기의 고유 재산으로 갚아야 한다는 말이다. 채무도 상속되는 것이며, 상속인들이 상속받는 범위는 균등하다. 따라서 상속인이 1남 1녀이고, 빚이 1,000만 원이라면 아들과 딸이 각 500만 원씩 상속받는 셈이 된다.

4. 봉이 김선달의 유산은 누가?

　평생을 직업 한번 가져본 일 없이 재담이나 하면서 남의 호의로 근근이 살아가던 봉이 김선달도 말년에 대동강 물을 팔아 단번에 큰 부자가 되었다. 그는 그동안 신세졌던 사람에게는 신세를 갚고, 가난한 사람들에게는 자선을 베풀었으나, 사후에도 많은 재산을 유산으로 남길 수 있었다. 그에게는 그가 부양하였던 노부모, 처, 자식들, 그리고 형제와 조카 들까지 대식구가 남아 있다.

　그의 유산을 법적으로 누가 상속받는가?

① 부모, 처, 자식 들이 공동 상속한다.

② 부모, 처, 자식 들 및 4촌 이내의 형제자매들이 공동 상속한다.

③ 처와 자식들만이 공동 상속한다.

④ 처가 전부 단독으로 상속하고, 처가 사망하면 자식들이 공동 상속한다.

'상속인'이란 상속을 받을 자격이 있다고 법률로 인정된 사람을 말한다. 이렇게 법률로 상속인의 범위를 정해놓은 이유는, 상속은 피상속인의 권리와 의무를 포괄적으로 승계하는 것이므로 이해관계가 대단히 크기 때문이다. 또 상속의 자격을 가진 자가 한 사람밖에 없을 경우에는 별 문제가 없지만, 2인 이상인 경우에는 그 순서(순위)를 법률이 정해놓을 필요가 생긴다. 법률이 획일적으로 정한 상속인의 순위는 다음과 같다.

1. 제1순위: 직계 비속

제1순위에 있는 상속인은 피상속인의 직계 비속, 즉 자식이나 손자 들이다(제1000조 제1항 제1호). 자식들이 2인 이상이면 이들의 순위는 같고, 직계 비속으로 자식과 손자 들이 있으면 자식들만 상속인이 된다. 상속인이 되는 직계 비속은 혼인 중의 출생자는 물론 혼인 외의 출생자도 상속인이 되며, 남자와 여자, 기혼과 미혼을 묻지 않는다. 또는 같은 가족관계등록부에 없어도(혼인하여 분가하거나 다른 집에 입양한 경우) 직계 비속은 같은 순위의 상속인이 된다. 양자는 양부모의 사망 시에 상속인이 된다.

태아도 상속 순위에 관하여는 출생한 것으로 본다는 특별 규정이 있다(제1000조 제3항). 예를 들어 1남 1녀를 출생하고 아버지가 사망한 경우에 어머니가 임신 중이라면, 그 아기도 이미 태어난 형제와 함께 상속인이 된다.

피상속인의 사망 전에 직계 비속이 사망한 경우에는 물론 상속인이 될 수 없지만, 그 직계 비속에게 직계 비속이 있으면 상속인의 자격이 있다. 예를 들어 아버지가 사망하였는데, 그 전에 결혼한 장남이 자식을 두고 사망한 경우에는 장남의 자식, 즉 손자가 다른 상속인들과 함께 장남의 상속분을 상속할 수 있다(이를 '대습상속'이라고 한다).

2. 제2순위: 직계 존속

피상속인에게 직계 비속이 없는 경우에는 거슬러 올라가 직계 존속, 즉 사망한 사람의 부모 또는 조부모 들이 상속인이 된다(제1000조 제1항 제2호). 말하자면 피상속인의 직계 존속은 직계 비속이 없는 경우에 상속을 받을 수 있는 예비 순위를 확보한 상속인인 셈이다.

직계 존속이 2인 이상인 경우에 그들의 촌수가 같으면 같은 순위의 상속인이 되고, 촌수가 다르면 피상속인과 촌수가 가까운 사람이 우선한다. 예를 들어 피상속인에게 부모와 조부모가 있으면 촌수가 가까운 부모가 우선하여 상속인이 되고, 조부모는 피상속인의 부모가 없는 경우에만 상속인이 된다. 순위가 같은 상속인이라도 피상속인의 사망 당시 생존하고 있지 않으면 그 사람은 물론 상속받을 수 없으며 거슬러 올라가 대습상속은 인정되지 않는다. 예를 들어 피상속인의 사망 당시 어머니는 그 전에 사망하였다면 아버지가 단독으로 상속인이 되는 것이며, 어머니의 직계 존속(즉 피상속인에게는 외조부모)이 대신 상속받는 것이 아니다.

상속인이 되는 직계 존속에는 피상속인이 서자(庶子)인 경우에 이른바 큰어머니(즉 아버지의 본처, '적모(嫡母)'라고 한다)는 포함되지 않으며, 아버지가 다시 맞아들인 아내(즉 계모(繼母))도 마찬가지이다. 1990년의 민법 개정에서 적모 서자 관계와 계모자 관계를 폐지하였기 때문이다.

3. 제3순위: 형제자매

피상속인의 형제자매는 피상속인에게 직계 비속도 없고, 직계 존속도 없는 경우에 상속인이 된다(제1000조 제1항 제3호). 여기서 형제자매란 피상속인의 부계의 형제자매와 모계의 형제자매를 말하며, 부나 모가 서로 다른 형제자매도 포함된다.

형제자매는 남녀, 기혼과 미혼, 동일 가족 관계 등록 여부를 묻지 않으며, 피상속인인 아버지에게 재가해서 온 어머니가 낳은 이복 형제자매도 포함된다. 피상속인의 사망 당시 상속인이 될 형제자매 중 사망자가 있는 경우에 그 형제자매에게 직계 비속이 있으면 그 직계 비속에게도 대습상속이 인정된다.

4. 제4순위: 4촌 이내의 방계 혈족

피상속인의 3촌, 4촌은 방계 혈족으로서 피상속인에게 직계 비속, 직계 존속, 배우자, 형제자매가 없는 경우에 상속인이 된다. 2인 이상이면 순위는 서로 같다. '4촌 이내의 방계 혈족'이란, 예를 들면 백부·숙부·고모·외숙모·이모·조카 등은 3촌 이내의 방계 혈족이고, 사촌 형제자매·고종 형제자매·외종 형제자매·이종 형제자매는 4촌 이내의 방계 혈족이다.

5. 배우자

피상속인의 배우자(아내, 남편)도 당연히 상속인이다. 여기서 '배우자'란 물론 혼인 신고를 한 법률상의 배우자를 말하며, 사실혼의 배우자는 원칙적으로 상속권이 없다. 그리고 배우자의 상속 순위는, 첫째 피상속인에게 직계 비속이 있는 경우에는 같은 순위가 되고, 둘째 직계 비속이 없고 직계 존속이 있는 경우에는 직계 존속과 같은 순위가 되며, 셋째 직계 비속, 직계 존속도 없는 경우에만 단독 상속인이 된다(제1003조).

¤ 결론

김선달에게는 직계 비속, 배우자, 직계 존속, 형제자매, 4촌 이내의 방계 혈족(조카)까지 골고루 존재한다. 그러나 이들 중 상속인이 되는 사람은 처와 자식들(직계 비속)뿐이다(제1000조 제1항 제1호, 제1003조).

5. 만석꾼의 걱정

옛말에 '천석꾼의 천 가지 걱정, 만석꾼의 만 가지 걱정'이라는 말이 있다. 강남의 부동산 부자 심만석 씨가 꼭 그렇다. 그에게는 본처가 낳은 자식이 다섯 명, 후처가 낳은 자식이 세 명, 그래서 총 여덟 명의 자녀가 있는데, 그의 사후에는 처와 자녀들이 유산 분쟁을 벌일 것이 분명하여 밤이면 잠도 제대로 이루지 못한다. 법대로 공평하게 상속시키자니 후처가 낳은 어린 세 자녀의 앞날이 걱정이기 때문이다.

심만석 씨가 재산을 다소 불공평하게 상속시킬 수 있을까?

① 불가능하다. 민법의 개정으로 상속분이 평등해졌기 때문이다.

② 가능하다. 미리 상속받을 처와 자녀들의 동의를 얻으면 된다.

③ 가능하다. 상속인의 유류분을 침해하지 않는 범위 내에서 유언(장)으로 불평등 상속을 시킬 수 있다.

상속은 원칙적으로 피상속인이 사망(그리고 예외적으로 실종 선고)함으로써 시작된다. 따라서 생전 상속은 인정되지 않는다. 재벌 총수나 큰 부자들이 사망 전에 재산을 자식들에게 미리미리 분배하는 것은 엄밀한 의미에서 '증여'이지, 사망으로서 개시되는 '상속'은 아닌 것이다.

그러나 생전에라도 상속인들에게 상속 분량을 미리 지정해놓을 수는 있다. 생전에 상속분을 미리 정해놓더라도 지정된 대로 상속이 이루어지는 시기는 사망한 때부터가 된다. 이처럼 우리 민법은 상속인에게 상속분을 미리 지정하는 자유를 인정하고, 그 방법은 엄격한 요건을 갖추어야 하는 '유언'에 따른다. 이를 '지정 상속'이라고 한다. 민법이 유언의 방법으로 '생전에 상속인에게 상속분을 자유롭게 지정'하거나, '효력이 사후에 발생하는 것을 조건으로 하여 생전에 상속인에게 상속분을 자유롭게 지정'하거나, '자기 재산을 다른 사람이나 단체·기관에게 증여'하는 것을 인정하는 이유는 간단하다. 우리 사회 경제 체제가 사유 재산권을 보장하는 자본주의이기 때문이다.

그러나 유언에 의한 지정 상속도 한계가 있다. 상속인이 될 사람의 상속에 대한 기본적인 권리를 침해하여서는 안 된다. 즉 민법이 상속인의 보호를 위해서 법률로 정해놓은 최소한의 상속분('유류분'이라고 한다)을 부정하는 지정 상속은 불가능하다. 예를 들어 자식들에게는 한 푼의 유산도 주지 않고 이를 자선 단체에 전부 증여한다거나, 본처의 자식들에게는 상속권을 주지 않고 후처나 그의 자식들에게만 주는 것은 안 된다.

🔍 결론

사후의 유산 분쟁을 걱정하는 심만석 씨가 고민을 더는 방법은, 유언으로 상속인들의 상속분을 적절히 조절하는 것이다. 유류분을 침해하지 않는다면 유언으로 불공평한 상속을 할 수 있고, 이는 상속인들의 동의도 필요 없다.

6. 불효자의 상속권

맹 사장의 장남은 천하의 난봉꾼이고 불효자이다. 갑부인 맹 사장은 사후에 장남이 차남을 구박할까 염려하여 "전 재산을 장남과 차남에게 공평하게 분배한다"는 내용의 유언장을 써놓았다. 장남은 어느 날 이 유언장을 몰래 훔쳐보고 "유산은 전부 장남에게 물려준다"고 유언장을 변조하였다. 그런데 아버지 사후에 이 유언장을 변조한 사실이 들통이 났다.

불효막심한 장남에게 상속은 어떻게 되는가?

① 변조한 유언이 무효이므로, 변조 전의 진짜 유언장대로 재산의 반을 상속받게 된다.

② 없다. 상속권은 부모를 정성껏 모신 자에게만 주어진다. 불효자인 장남은 그런 자격이 없다.

③ 없다. 유언장의 변조라는 범죄 행위 때문에 상속권 전부가 박탈된다.

상속인의 범위와 순위는 법률이 미리 정해놓았다. 즉 사망한 자(피상속인)의 직계 비속, 배우자, 직계 존속, 형제자매, 4촌 이내의 방계 혈족이 그것이다. 이들은 피상속인을 모셨다거나 요양 간호를 하였다거나 하는 효행과 관계없이 상속권이 부여되어 있다.

그러나 어떤 상속인이 고의로 피상속인이나 다른 상속인에 대하여 어떤 범죄 행위를 한 경우에는 그 상속인은 상속 자격이 박탈, 상실된다. 이를 '상속의 결격'이라고 한다.

상속의 결격 사유가 있으면 그 자격을 박탈하는 이유는 상속이 본디 피상속인과 상속인 간의 상속 협동체인 윤리적·경제적 결합 관계를 전제로 하는데, 이 협동체적 결합을 깨뜨리는 부도덕한 범죄 행위를 한 자에게까지 상속권을 인정한다는 것은 공평과 정의의 견지에서 볼 때 부당하기 때문이다.

상속 결격 사유는 상속인이 '피상속인이나, 다른 상속인에 대한 범죄 행위와 상속에 관한 유언에 대한 부정행위'를 한 경우이다.

1. 상속 결격 사유: 범죄 행위

① 고의로 직계 존속, 피상속인 그 배우자 또는 상속의 선순위자나 동 순위자를 살해하거나 살해하려 한 경우에는 상속 자격이 없다(제1004조 제1호). 여기서 '살해'는 고의에 의한 경우를 말하고 과실로 인한 경우는 제외된다. 고의에 의한 경우이면 살인의 결과가 발생하지 않아도, 즉 살인 미수도 상속 자격은 상실된다. 또 남편이 임종 무렵에 상속권을 독차지하려고 태아를 낙태한 경우에도 아내는 상속 자격이 부정된다. 우리 사회에서 상속권을 노리고 피상속인을 살해하거나 다른 상속인을 해치는 끔찍한 범죄가 없다고는 할 수 없다.

② 고의로 직계 존속, 피상속인과 그 배우자에게 상해를 가하여 사망에 이

르게 한 때에도 상속 자격이 상실된다(제1004조 제2호). 피해자는 가해자의 직계 존속, 피상속인과 그 배우자여야 하고, 상속의 선순위자나 동순위자에 대한 상해 치사 행위는 여기서 제외된다. 상해를 가하여 사망에 이르게 하여야 하므로 단순한 상해를 입힌 경우에는 상속 결격 사유가 된다고 할 수 없다.

2. 상속 결격 사유: 유언에 대한 부정행위나 방해 행위

① 사기, 강박으로 피상속인의 상속에 관한 유언이나 그 철회를 방해한 경우에는 상속 자격이 상실된다(제1004조 제3호). '상속에 관한 유언'이란 피상속인이 유언의 방법으로 재산 상속에 관하여 상속분을 지정하거나 유증, 혼인 외의 출생자에 대하여 인지하거나, 상속 재산을 제3자에게 유증하는 것 등을 말한다. 피상속인으로 하여금 사기나 강박을 하여 이러한 유언을 방해하거나 기왕의 유언을 철회하는 것을 방해하는 것이 상속 결격 사유가 되는 것이다. 단순히 방해한 것에 그치지 않고 실제로 방해의 결과가 발생하여야 한다.

② 사기 또는 강박으로 피상속인의 상속에 관한 유언을 하게 한 때에도 상속 자격은 상실된다(제1004조 제4호). 사기 또는 강박의 행위를 자행하여 피상속인이 상속에 관한 유언에 이르게 된 경우, 상속 자격이 없다는 뜻이다.

③ 피상속인의 상속에 관한 유언장을 위조, 변조, 파기 또는 은닉한 때에도 상속 자격은 상실된다(제1004조 제5호). 피상속인이 유효한 유언장을 작성하였는데 이를 위조, 변조, 파기, 은닉하는 행위를 한 경우에 그자는 상속 자격이 없다는 뜻이다.

3. 상속 결격의 효과

상속 결격 행위가 있으면 당연히 그 행위를 한 상속인은 상속할 자격을 상실한다. 피상속인의 사망 전에 결격 행위를 한 경우에는 피상속인의 사망 후에 상속을 할 수 없게 된다. 즉 상속에서 배제된다. 또 사망 후에 결격 행위자가 일단 상속을 하였다고 하더라도 이 상속은 사망 시로 소급하여 무효가 된다. 따라서 다른 진정 상속인에게 자기가 상속한 것을 반환해야 한다.

상속 자격이 상실된 자는 이처럼 상속인이 될 수도 없거니와 동시에 피상속인으로부터 유증을 받을 자격도 상실한다. 다만 상속 결격자가 그 결격 행위로 인하여 상속 자격이 없더라도 결격자의 직계 비속이나 배우자가 법정 상속분을 대습상속하는 것까지 금지되지는 않는다. 마지막으로 상속 결격의 효과는 법률상 당연히 발생하는 것이고 법원에 청구하여 그 무효가 확인되어야만 하는 것은 아니다.

ℚ 결론

아버지의 유언장을 변조하는 것은 민법이 정한 상속 결격 행위이다. 따라서 그 행위자는 상속인이 되지 못한다. 그러므로 불효자라고 해서 상속권이 없는 것은 아니지만, 민법이 정한 상속 결격 행위라는 구체적인 특정 행위를 한 불효자는 상속권이 없다고 할 수 있다.

7. 야곱이 남긴 양 1만 3,500마리

《구약 성서》를 보면 이삭의 차남인 야곱은 배고픈 형 에서에게 팥죽 한 그릇을 주고 장자의 권리를 양도받고, 또 눈이 어두운 아버지를 속여 장자의 상속권을 가로챘다. 그는 네 명의 아내에게서 열두 명의 아들을 얻었는데 본처라고 할 수 있는 여자는 '레아'이다.

야곱이 죽으면서 양 1만 3,500마리를 유산으로 남겼다면, 배우자인 레아의 상속분은 어느 정도인가?

① 배우자의 상속분은 열두 명의 아들과 같다.

② 아들 1인의 상속분에 100퍼센트를 가산하므로 (양 13,500마리 × 2 ÷ 13.5)이다.

③ 아들 1인의 상속분에 50퍼센트를 가산하므로 (양 13,500마리 × 1.5 ÷ 13.5)이다.

　배우자(남편이 사망한 경우 아내, 아내가 사망한 경우 남편)의 상속 순위는 사망한 자에게 자식이 있으면 자식들과 공동으로, 자식이 없고 사망한 자의 부모 등이 있는 경우에는 그 부모 등과 공동으로 상속하고, 마지막으로 자식도 부모도 없는 경우에는 단독으로 상속하게 된다(제1003조).

　또 배우자의 법정 상속분은 자식이나 부모와 공동으로 상속하는 경우에는 5할을 가산해준다. 구체적인 실례를 분수로 표시하면 다음과 같다.

　① 남편이 사망한 경우(상속인: 처, 아들, 딸): 아들과 딸의 법정 상속분은 각각 분자 1이 되며, 처는 자녀의 상속분에 5할이 가산되므로 분자는 1.5이다. 상속인 모두의 분모는 7이 되므로 아들과 딸의 상속분은 각 7분의 2가 되고, 아내는 7분의 3이 된다(만일 상속인으로 아들딸이 더 있다면 이들의 분자도 모두 각 1이 되며, 그만큼 분모도 늘어나게 된다).

　② 처가 사망한 경우(상속인: 남편, 2남 2녀): 아들과 딸은 각 분자 1이고 남편 역시 1.5이다. 따라서 아들과 딸의 상속분은 각 11분의 2, 남편은 11분의 3이 된다.

　③ 남편 또는 아내가 사망하고 자식은 없으나 그 부모가 있는 경우: 부모는 각 분자 1, 배우자는 분자 1.5이다. 따라서 그 부모는 각 7분의 2, 배우자는 7분의 3이 된다.

　이렇게 법정 상속분을 분수로 산출하여 〔상속 재산의 가액 × 각자의 분수〕대로 계산하면 각자의 구체적 상속 범위가 나온다.

🔍 결론

야곱이 유족으로 아내와 12명의 자식을 남겼으므로, 아내의 법정 상속분은 13.5분의 1.5(또는 27분의 3)이다. 이를 양 1만 3,500마리에 곱하면 된다.

8. 출가외인은 빠져라

유교적 잔재가 남아 있는 탓에 아직도 여자는 결혼하면 '출가외인'이라고들 한다.

부자라고 소문이 난 최억만 씨에게 5남 1녀가 있었는데, 외동딸을 시집보내면서 딸과 사위에게 '열쇠 다섯 개'를 주었다. 그런데 막내딸의 혼인이라는 대사를 치른 뒤 최억만 씨가 과로로 그만 세상을 떠나고 말았다. 장례 후 상속 문제가 거론되자 오빠들은 여동생에게, 혼수를 많이 해 갔으니 상속은 이로 대신하라고 하면서 출가외인은 빠지라고 말한다.

법률은 어떤 결론을 내려줄까?

① 결혼한 딸도 상속권은 있으나, 그 범위는 남자(오빠들)의 4분의 1이다.

② 결혼한 딸도 똑같이 상속권은 있으나, 특별히 증여받은 혼수 비용은 상속분에서 공제하여야 한다.

③ 결혼한 딸의 상속분은 무조건 오빠들과 같다.

④ 결혼한 딸도 상속권은 있으나, 동일 호적에 없으면 남자의 2분의 1이다.

1990년 민법 개정으로 자식들의 법정 상속분을 완전히 균등하게 하였으므로, 이른바 '출가외인'에 대한 상속분의 차별은 완전히 해소되었다. 결혼한 딸도 친정 부모의 상속에 관하여 남자 형제나 아직 결혼하지 않은 자매들과 법정 상속분이 똑같아진 것이다.

이러한 평등한 법정 상속분의 확보는 이 땅의 여성들의 오랜 숙원이었는데, 민법의 개정은 바로 헌법상의 남녀평등 이념을 가족법 영역에서 관철시키고자 한 것임은 두말할 것도 없다.

그러나 실제의 상속에 있어서 공평을 기하지 않는다면 이것도 문제가 아닐 수 없다. 예컨대 부모 생전에 자식 중 하나가 상당한 재산을 증여받았는데, 부모가 사망한 경우에 평등한 법정 상속분을 주장하는 것은 다른 상속인들에게는 불공평한 처사가 될 것이다.

그래서 민법은, 공동 상속인 중에 피상속인으로부터 재산의 증여나 유증(사망 시기에 증여의 효력이 발생하는 증여)을 받은 자가 있는 경우에 그 증여받은 재산이 자기의 법정 상속분에 미달하는 때에는 그 미달되는 부분의 한도 내에서만 상속분이 있다고 규정하였다(제1008조).

예컨대 5남매의 형제자매와 10억 원의 유산을 남긴 아버지가 생전에 딸에게 혼수 비용으로 1억 원어치를 해주었다면, 이 딸의 상속분은 혼수 비용을 공제한 나머지가 되는 것이다. 말하자면 생전의 증여는 상속분이 미리 지급된 것으로 보는 것이다. 그래야 공평할 것 아닌가?

○ 결론

결혼한 딸도 법정 상속분은 다른 상속인과 똑같다. 그러나 결혼한 딸이든 누구든 피상속인에게 증여받은 것이 있으면 이를 자기 법정 상속분에서 공제해야 한다.

9. 굳세어라 금순아

마포의 황 부자는 아들만 다섯을 두었는데, 사관 학교를 졸업하고 장교가 된 큰아들은 월남전에 참전하였다가 그만 전사하였다. 이 비극으로 황 부자의 아내도 시름시름 앓다가 세상을 떠나고 말았다. 큰아들은 참전 당시 신혼의 아내가 있었는데 임신 중이었다. 그 아이가 바로 '유복녀'인 황금순 씨이다.

최근에 황 부자가 돌아가셨는데, 많은 재산을 네 아들이 서로 차지하려고 으르렁거린다. 큰아들의 유복녀인 황금순 씨에게도 상속권이 있을까?

① 없다. 상속권은 상속 당시 '살아 있는' 상속인에게만 주어진다.

② 있다. 금순 씨는 아버지가 상속받을 몫을 대신 상속받을 수 있다.

③ 금순 씨가 조부 사망 당시 시집가서 동일 가족관계등록부에 없으면 상속권이 없으나, 아직 미혼이면 아버지 몫을 대신 상속받을 수 있다.

재산 상속은 피상속인이 사망 당시 생존해 있는 상속인들에게만 인정된다. 그러나 피상속인의 사망 당시, 이미 그 전에 상속인이나 상속인 중의 한 사람이 사망하였으나, 그 사망자에게 직계 비속이나 배우자가 있는 경우에는 이들이 이미 사망한 자를 대신하여 상속권을 갖게 된다. 예를 들면 피상속인을 갑이라고 하고 자식 네 명을 A, B, C, D라 하자. A는 갑의 사망 전에 사망하였으나, A에게 X라는 자식이 있다. 이 경우엔 X가 A의 상속분을 상속받게 된다. 이를 '대습상속'이라고 한다.

대습상속 제도가 인정되는 이유는, 그렇게 하는 것이 상속 제도의 취지에 비추어 정당하고 공평의 이념에 부합되기 때문이다. 대습상속은 본래 상속받을 자가 피상속인보다 먼저 사망한 경우는 물론이고, 어떤 사유로 인해 상속인의 자격을 상실한 경우에도 인정된다. 또 본래 상속받을 자의 직계 비속은 물론이고, 직계 비속의 법률상의 배우자도 대습상속인이 된다.

피상속인에게 대습상속인만 있으면 대습상속인이 단독으로 상속하고, 다른 상속인(위의 예에서 표시)이 있으면 이들과 공동 상속하는데, 대습상속인의 상속분은 본래 상속받을 자의 상속분이 자기 상속분이 된다.

⌕ 결론

유복녀인 황금순 씨는 대습상속인이다. 따라서 자기 아버지의 상속분을 상속받는다(만일 어머니가 생존해 있으면 어머니와 함께 아버지의 상속분을 공동 상속한다). '굳세어라 금순아'가 아닐 수 없다.

10. 신판 홍길동전

아버지를 아버지라고, 형을 형이라고 부를 수 없었던 서자 홍길동은 자기의 처지를 비관하여 가출했다.

그가 산속에서 검술을 연마하던 중, 그의 아버지 홍 판서가 별세하였다는 소식을 듣고는 하산하여 장례를 치렀다. 판서를 역임한 아버지의 많은 재산은 그의 형이 모두 차지하려고 한다. 홍길동도 검술 수업료, 하숙비 등 적잖은 비용이 필요하여 일부라도 상속받고 싶은데 형의 눈치를 보느라 아무 소리를 못 하고 있다.

오늘날 우리 민법은 어떻게 하고 있을까? 서자도 상속권이 있는가?

① 서자도 아버지의 가족관계등록부에 입적되어 있는 것을 조건으로 상속권이 있다.

② 서자도 상속권은 있으나, 그 범위는 적자(본처 소생)의 2분의 1이다.

③ 홍길동이 홍 판서의 자식인 이상, 서자도 적자와 마찬가지로 평등하게 상속권이 있다.

'서자'란 소위 첩에게서 난 아들을 말한다. 이와 반대되는 개념이 본처에게서 난 아들, 즉 '적자'이다. 서자는 오늘날의 법률 용어로는 혼인 관계에 있지 아니한 남녀 사이에 출생하였으므로, '혼인 외의 출생자(또는 사생자)'라고 할 수 있다.

과거의 왕조 시대에는 서자에 대한 차별 대우가 많았다. 서자는 원칙적으로 벼슬길에 나아가는 것이 봉쇄되어 있었고, 신분상으로는 첩의 소생이라고 하여 자식으로서 떳떳한 대우를 받지 못하였다. 또 상속 문제에서도 적자에 비해 차별 대우를 받아왔다. 이러한 과거의 관습은 현행 민법의 제정 이전까지도 관습법으로서 유지되어왔다고 할 수 있다.

그러나 1960년 근대적 법률인 민법이 제정되면서부터 상속에 관한 한 적서의 차별은 완전히 해소되어 상속인이 되는 것은 물론 상속분도 평등해졌다. 뿐만 아니라 상속은 동일 가족관계등록부 내에 있을 것을 요건으로 하지 않으므로 서자, 즉 혼인 외의 출생자가 비록 다른 사람의 가(家)에 입적되어 있더라도 부(父)의 직계 비속임을 증명할 수 있는 한 혼인 중의 출생자인 본처 소생과 공동 상속인이 된다(다만 1990년 민법의 개정으로 적모 서자 관계가 폐지되어, 서자는 적모 사망 시 적모 재산에 대한 상속권은 없다).

서자에 대한 민법의 평등한 대우에 관하여는 일부일처제의 기본 질서를 흔들고 첩 관계를 공인·조장할 우려가 있다는 이유로 비판도 제기되고 있으나, '죄 없는 열매'인 서자를 중심으로 생각하면 평등 대우야말로 법의 인도주의적 경향에 충실한 것이라고 하지 않을 수 없다.

♀ 결론

서자(혼인 외의 출생자)인 홍길동도 당연히 상속권이 있으며, 또한 그 상속분은 적자와 똑같다.

11. 시어머니와 며느리는 영원한 적?

　홀어머니의 외아들! 요즘 여자들이 혼인하기를 꺼린다는 조건이다. 그러나 우리의 하미라 양은 그렇지 않다. 친정 부모의 반대를 무릅쓰고 홀어머니의 외아들인 최태발 씨와 결혼을 감행하였다.

　그런데 그들의 행복한 결혼을 악마가 질투했을까? 남편이 결혼한 지 6개월 만에 교통사고로 사망하고 말았다. 우리 모두 그녀의 불행에 위로와 동정을 보내야 하겠지만, 우선 상속 문제는 어떻게 될까? (참고: 그들에게는 자녀가 없었고, 상속 대상으로는 집과 손해 배상금이 있다.)

　① 처이자 며느리인 하미라 여사가 단독으로 상속한다.

　② 최태발 씨의 직계 존속인 시어머니가 단독으로 상속한다.

　③ 며느리와 시어머니가 공동으로 상속한다.

며느리는 시부모(배우자 외 직계 존속)가 사망하더라도 원칙적으로 상속권은 없다. 다만 자기의 친정 부모가 사망하면 그 직계 비속의 자격으로 상속권이 있다. 그런데 피상속인이 배우자(남편)일 경우에는 어떻게 될까?

우선 직계 비속(남편과 자기의 소생들)이 있으면, 그들과 같은 순위에서 피상속인의 재산을 공동으로 상속한다. 그런데 직계 비속은 없으나 피상속인에게 직계 존속, 즉 시부모가 있으면 그들과 같은 순위로 공동 상속한다. 마지막으로 직계 비속도, 직계 존속도 없으면 그때는 단독으로 상속한다(제1003조 제1항).

또 법정 상속분은 직계 비속이나 직계 존속과 공동으로 상속하는 경우 직계 비속, 직계 존속의 상속분에 5할이라는 일종의 보너스가 가산된다. 남편의 경우도 마찬가지이다. 아내가 죽은 경우 배우자로서 상속권이 있으며, 그 상속분은 다른 공동 상속인이 있는 경우에 5할이 가산된다.

⌕ 결론

하미라 여사의 남편의 상속인은 배우자인 하 여사와 어머니(시어머니)가 된다. 다만 하 여사의 상속분은 시어머니의 상속분보다 5할이 더 가산된다(예를 들어 상속 재산이 금전으로 2억 5,000만 원이라면 시어머니가 1억, 하 여사는 여기에 5할이 가산된 1억 5,000만 원을 상속받게 된다).

12. 용기 있는 자는 미인도 얻고 재산도 얻는다

"용기 있는 자만이 미인을 얻는다"라는 서양 속담의 원조는 사실 우리 나라 칠복이의 사례가 아닌가? "사윗감이 없으시면 이 몸이 어떠시냐"라 고 용감하게 대시한 칠복이는 소원대로 최 진사의 셋째 사위가 되었다.

칠복이 놈이 대단히 맘에 들었던 최 진사는 외손자를 보게 되면 말년을 심심치 않게 보낼 생각으로 모든 재산을 셋째 딸에게 물려주었다. 그러나 칠복이 아내는 첫아기를 출산하던 중 그만…….

자식 없이 죽은 아내의 재산은 누가 상속받는가?

① 남편인 칠복이가 단독으로 상속한다.

② 칠복이와 최 진사 내외가 공동으로 상속한다.

③ 칠복이와 칠복이 부모가 공동으로 상속한다.

결혼한 딸이 자식을 두지 못하고 사망한 경우에 그 재산은 누가 상속받게
되는가?

1990년 민법 개정 전까지는 남편이 자식들과 함께 공동으로 상속하고, 자
식이 없는 경우에는 남편이 단독으로 상속하게 하였다. 따라서 친정 부모는
딸의 직계 존속으로서 아무런 상속 권리가 없었다.

그러나 남편이 사망한 경우에 자식들이 없으면 아내가 남편의 부모와 공
동으로 상속하게 하면서도, 아내가 사망하면 자식들이 없는 경우 남편이 단
독으로 상속하게 하는 것은 남녀 차별이 아닐 수 없었다.

그래서 1990년 민법의 개정으로 이러한 차별이 시정되었다. 즉 아내가 사
망한 경우에 그 재산은 자식들이 있으면 남편이 자식들과 공동으로 상속하
지만(이 점은 구민법과 동일), 자식들이 없으면 남편과 아내의 직계 존속(즉
아내의 친정 부모)이 공동으로 상속하도록 고쳤다(제1003조 제2항). 다만 이
때에도 남편은 처부모의 상속분보다 5할이 가산된다(제1009조 제2항).

Q 결론

칠복이 아내의 재산은 비록 최 진사 내외가 증여한 것이지만, 일단 상속 재산이 된
다. 이 재산은 칠복이와 장인, 장모가 공동으로 상속한다. 다만 칠복이의 상속분은
장인, 장모의 상속분보다 5할이 가산된다(가령 아내의 재산이 금전으로 3억 5,000만
원이라면 장인, 장모가 각각 1억 원씩, 칠복이가 1억 5,000만 원을 상속하게 된다).

13. 양자로 간 흥부의 둘째 아들

놀부는 흥부네 식구들을 내쫓고 혼자서 잘 먹고 잘사는 중이다. 세상에 부러울 것이 없는 놀부에게도 한 가지 걱정은 있었으니, 바로 대를 이을 아들이 없다는 것이었다. 생각다 못해, 자존심은 상했으나 흥부의 많은 아들 중 가장 순해빠진 차남을 양자로 들였다.

그 후 고생만 하던 흥부도 제비 다리를 고쳐준 덕분에 조선 제1의 갑부가 되었다. 그런데 흥부가 사망하게 되었다고 하자. 그 많은 재산은 처와 자녀들이 상속하게 됨은 물론이지만, 놀부에게 양자로 간 차남도 흥부의 유산에 대해서 상속권이 있는가?

① 있다. 양자로 갔어도 흥부의 자식임이 틀림없기 때문이다.

② 없다. 양자로 가면 법적으로는 친아버지와의 친자 관계는 소멸하고 양아버지와 친자 관계가 성립하기 때문이다.

③ 양자로 간 아들이 친가이든 양가이든 선택하는 한 곳에서만 상속권이 있다.

"양자는 재산 보고 간다"라는 옛말이 있다. 살림이 넉넉해야 양자를 들이고, 양자를 보내는 측은 살림이 어려운 경우가 많아서 이런 말이 생겨났을 것이다.

이러한 말대로 입양에 의하여 양부모와 양자 사이에는 양친자 관계가 성립하므로, 양자는 양부모의 사후에는 상속권자가 된다. 양가에 양부모의 친생자가 있으면 양자는 이들 친생자와 공동 상속인이 되고, 친생자가 없으면 자기가 단독 상속권자가 되는 것이다. 그러면 반대로 친부모가 사망한 경우에는 어떻게 될까? 양자도 친부모의 사망 후에 상속권이 있는 것일까?

대답은 '그렇다'이다. 다른 집에 양자로 가더라도 친부모와의 친생자 관계가 소멸되는 것이 아니기 때문이다. 이러한 결론은 매우 불공평하다고 생각될 수 있을 것이다. 양자는 말하자면 양가와 친가 두 군데 모두 상속권이 있게 되기 때문이다.

그러나 다른 집에 입양한 경우라도 그 양자와 친부모 간의 친생자 관계는 소멸하지 않을 뿐만 아니라, 양자와 양부모 간에는 입양 관계를 해소(파양)하면 양자는 다시 친가로 복귀하여야 하기 때문에 두 군데의 상속권이 있다는 것은 불공평한 처사라고는 할 수 없다. 다만, 통상의 양자가 아니라 법원의 입양 허가로 '친양자'가 된 경우에는 그 친양자와 생가 부모 사이의 친족 관계는 소멸되고 양부모와의 사이에 혼인 중의 출생자가 되므로, 친양자는 생가 부모의 사망 시에 상속권은 없다고 본다.

🔍 결론

양자도 친부모가 사망하면 상속권이 있다(만일 양자가 양부모의 재산도 상속받고 친부모의 재산도 상속받는 것이 불공평하다면 상속인끼리 협의해서 어느 한 곳의 상속을 포기하거나 제한하면 될 것이다).

14. 향단이는 억울하옵니다

스타 이 도령과 성춘향의 그늘에 가려 조연 배우인 방자와 향단이는 주목을 받지 못했지만, 실은 그들도 《춘향전》의 스토리가 해피 엔딩으로 끝남에 따라 혼인한 사이다(라고 가정하자). 물론 혼인 신고는 하지 않았다.

이재에 밝았던 방자는 돈이 생기는 대로 남원에 땅을 많이 사놓았다. 어느 날 방자가 이조 판서 이몽룡 대감의 출근길에 견마잡이가 되었다가 교통사고(날뛰는 말에 채여)로 사망하고 말았다(라고 역시 가정하자).

남원의 땅은 누가 상속하게 되는가? (참고: 방자에게는 부모, 형제, 자식이 없다).

① 후손이 없으므로 국가 소유가 된다.

② 사실혼의 배우자일지라도 엄연한 처인 향단이가 상속한다.

③ 국가 소유가 되는 것이 원칙이나, 향단이로서는 법원에 자기에게도 유산을 일부 분배해줄 것을 청구할 수 있다.

혼인 신고를 하지 않은 '사실혼'의 경우에 배우자는 서로 상속권이 없다. 이 점이 법률혼에 비해 결정적으로 불리한 것이다.

다만 민법이 규정하는 상속권은 없지만, 다른 법률에서는 사실혼 배우자를 법률상의 배우자와 동일하게 취급하는 경우가 적지 않다. 예를 들면 근로기준법상의 유족 보상금, 산업재해보상보험법상의 유족 보상 연금, 공무원연금법상의 유족 급여, 군인연금법상의 유족 급여, 사립학교교직원 연금법상의 유족 급여, 선원법상의 유족 수당에 관하여는 사실혼의 배우자도 '유족'으로 포함하고 있어서 이러한 보상금 등을 받을 수 있지만, 엄밀한 의미에서 이것들은 상속은 아니다.

사실혼의 배우자가 사망하여 법률상으로 상속인이 없는 경우(상속인 자격이 있는 사람이 전혀 없는 경우)에 재산은 국가에 귀속되는 것이 원칙이지만, 이때에 '피상속인과 생계를 같이하고 있던 자, 피상속인의 요양 간호를 한 자, 기타 피상속인과 특별한 연고가 있던 자'는 법원에 상속 재산의 전부나 일부를 자기에게 나누어줄 것을 청구할 수 있다(제1057조의 2). 이는 '특별 연고자의 분여 청구권'으로서 1990년 민법 개정으로 새로 도입되었다.

사실혼 배우자는 대체로 피상속인과 생계를 같이하면서 피상속인의 요양 간호를 한 특별 연고자라고 보아야 할 것이다. 그러나 사실혼 배우자의 상속 재산 분여 청구권도 엄밀한 의미에서 상속은 아니다.

🔍 결론

향단이는 사실혼 관계에 있었음에 불과하므로 원칙적으로 상속권은 없다. 다만 방자에게 상속인이 없는 경우에 한하여 특별 연고자로서 상속 재산에 대한 분여 청구권을 주장해서 상속 재산의 전부나 일부를 나누어 받을 수 있다.

15. 임신한 줄 몰랐어요

배 속의 아이도 상속권은 있다. 특별히 강조할 것도 없겠다.

자식들도 다 크고, 돈도 많은, 그러나 홀아비인 김중배 씨가 '쓰리랑 컨트리클럽'의 캐디 아가씨 김 씨와 어쩌다 보니 살림까지 차리게 되었다.

노년에 새 희망을 갖게 되었던 김중배 씨는 어느 날 그만 고혈압으로 쓰러져 죽고 말았다. 그의 자식들 5남매는 김 씨와 아버지가 1년간 동거한 사실을 알고는, 어쩔 수 없이 아버지의 많은 재산 중에서 새 발의 피 같은 몇 푼의 전세 보증금만 김 씨가 갖도록 하고 나머지는 5남매가 각자 상속을 하였다. 그런데 9개월 뒤 김 씨가 김중배 씨의 아들을 낳았다.

상속은 이미 종결되었는데, 이런 경우 뒤늦게 태어난 아이의 상속권은 어떻게 되는가?

① 없다. 상속이 종결된 뒤에는 어떻게 해볼 도리가 없다.

② 없다. 민법은 예외적으로 태아에게 상속권을 부여하고 있지만, 태아는 '상속 개시 당시'에 임신하였음이 알려졌어야만 한다.

③ 있다. 상속인들은 김 씨가 낳은 아이에게 각자 6분의 1씩을 내놓아야 한다.

배 속의 아이, 즉 태아도 상속에 관한 한 출생한 것으로 보아야 한다(제 1000조 제3항). 따라서 상속인들이 상속 재산을 구체적으로 분할함에 있어서는 태아도 한 사람의 몫으로 간주하고 계산하여야 한다.

그런데 상속 당시 피상속인의 배우자(처)가 임신 중인 사실을 모르고 상속인들이 상속 재산을 나누어 가짐으로써 상속 절차가 종결된 경우에 그 후에 태어난 아이의 상속권은 어떻게 될까?

이런 문제는 태어난 아이가 피상속인과 혼인 중에 있는 배우자로부터 태어난 경우에도 발생할 수 있고, 피상속인이 외도를 해서 태어난 경우에도 발생할 수 있다. 이런 경우에는 민법 제1014조의 규정에 따라 해결해야 한다. 즉 태어난 아이가 피상속인의 자식이라는 조건하에(인지), 다른 공동 상속인들은 상속 절차 종결 후라도 상속인 자격을 갖춘 자(태어난 아이)의 상속분을 내놓아야 하는 것이다.

Q 결론

김중배의 본처 소생인 5인의 공동 상속인은 뒤늦게 태어난 아기의 상속분에 해당하는 가액을 물어주어야 한다.

16. 조상님 산소는 누가 모시나?

멸치와 오징어는 서로 혼인하지 않는다. 비록 체구는 보잘것없는 멸치이지만 '뼈대 있는 집안'이고 빛나는 조상을 모시고 있기 때문이다.

경기도 용인에 사는 이왕손 씨네도 예전에는 떵떵거리던 집안이었다. 그러나 세월이 흐르고 시대가 바뀌자 장손을 비롯한 모든 형제는 서울로 가서 살고, 고향에는 막내아들이 겨우 농사를 지으며 살아가고 있다. 그래도 막내는 집안의 명예를 위해 조상님 제사는 거르는 법이 없다. 서울의 큰아들과 함께 살던 아버지가 돌아가시자 고향의 선산에 모셨다.

그렇다면 선산 600평, 이 산에 묻힌 조상님 산소, 족보, 제구는 누가 상속하여야 하는가?

① 장손, 즉 장남이 상속한다.
② 형제자매들이 공동 상속한다.
③ 종중에서 상속한다.
④ 제사를 실제 모시게 될 막내아들이 상속한다.

우리나라의 대가족 제도와 조상 경배를 위한 제사 제도는 세계에서 그 유례를 찾기 어려운 우리 민족만의 전통이자 풍습이라고 할 수 있다.

그 영향이 남아 있는 탓(?)에 제사에 관한 승계 제도를 갖고 있다. 즉 '분묘가 설치된 1정보 이내의 금양 임야와 600평 이내의 묘토(墓土)인 농지, 족보와 제구의 소유권은 제사를 주재하는 자가 이를 승계한다'는 것이 그것이다 (제1008조의 3).

분묘가 있는 임야는 나무를 기르고 벌목을 금지하며 아울러 처분도 금지된다는 뜻에서 '금양 임야'라고 하며, 묘토는 위토(位土)라고도 하는데 제사와 선산에서 지내는 시제(時祭)에 소요되는 비용을 충당하기 위한 농지를 말한다. 임야, 묘토, 족보, 제사 도구는 조상에 대한 제사를 위해서 반드시 있어야 하는 필수 요소로서 상속 재산 중에서 분리·구별되어 집안(家)의 재산으로 승계되고 또 승계한다.

승계자는 반드시 장남이라는 법은 없고, 가족 중 '실제로 제사를 주재할 자 또는 주재하는 자'가 이를 승계할 수 있다. 상속이 많으나 이들 중에 제사를 주재할 사람이 여의치 않다면 가족의 협의에 따라 제사의 주재자를 결정할 수도 있고, 만일 협의가 되지 않으면 공동 승계가 된다.

ℚ 결론

1정보 이내의 금양 임야, 600평 이내의 위토, 족보와 제사 도구는 제사를 실제로 주재하는 자가 승계한다. 이 사건에서는 막내아들이다.

17. 흥부의 하소연

놀부는 아버지가 돌아가시자마자 흥부를 내쫓아버렸다. 쫓아낸 것은 그의 타고난 심술 탓도 있지만, 흥부가 상속 재산을 나누어달라고 할까 봐 미리 선수를 친 것이다. 그러나 본디 마음씨 착하기로 유명한 흥부를 동방에서 누가 따르랴?

쫓겨난 흥부는 놀부에 대해 불평 한마디 없이 많은 식솔들을 거느리고 살아가느라 고생이 막심하다. 아직 그가 제비 다리를 고쳐주기 전인데, 놀부는 벌써 아버지의 재산을 전부 자기 앞으로 해두었다.

아버지 돌아가신 지 5년이 된 지금, 흥부가 형에게 상속을 주장해볼 수 없을까?

① 지금이라도 놀부에 대해 자기 상속분에 해당하는 재산을 달라고 청구할 수 있다.

② 이미 상속 재산이 놀부 앞으로 전부 등기된 이상 상속권을 주장할 수 없다. 너무 늦었다.

③ 아버지의 사후 3년 이내에는 상속권을 주장할 수 있으나, 5년이 지난 지금은 불가능하다.

상속권자가 상속권을 침해당한 경우에는 그 회복을 청구할 수 있다. 이를 '상속 회복 청구권'이라고 한다. 자세히 알아보자.

1. 상속 회복 청구권의 의의

사람이 사망하면 그가 남긴 재산은 진실한 상속인이 상속받아야 함은 너무나 당연한 일이리라.

그런데 상속인이 아닌 사람이나 공동 상속인 중 일부가 재산을 독차지하거나, 후순위 상속인이 선순위 상속인을 제쳐두고 상속을 하는 경우가 있다. 이처럼 다른 사람의 상속권을 침해한 자를 '잠칭(潛稱) 상속인'이라고 하며, 진실한 상속인이 잠칭 상속인을 상대로 하여 법원에 상속 회복 청구를 할 권리를 '상속 회복 청구권'이라고 한다(제999조 제1항).

잠칭 상속인이 상속을 했다고 해서 진실한 상속인의 상속권이 박탈당한 것은 아니지만, 그래도 이러한 상속 회복 청구권의 방법에 따르지 않고는 상속권을 되찾을 수 없다. 이 권리는 전적으로 진실한 상속인을 보호하기 위해서 인정된 특별 권리다.

2. 상속 회복 청구권자

상속권 회복을 청구할 수 있는 자는 잠칭 상속인에 의하여 상속권을 침해당한 정당한 상속권자이다.

상속권을 침해당한 상속인이 상속 회복 청구권을 행사하지 못하고 사망한 경우에 그 상속인이 이 청구권을 상속하는가에 대해서는 찬반이 대립된다.

정당한 상속권자가 미성년인 경우에는 법정 대리인이 상속 회복 청구권을 행사할 수 있다. 또 상속이 개시된 후 인지된 혼인 외 출생자도 다른 공동 상속인에 대하여 이 권리를 행사할 수 있다.

3. 상속 회복 청구의 상대방

① 잠칭 상속인: 상속권자도 아니면서 상속인이라고 잠칭하여 상속 재산의 전부나 일부를 소유 또는 점유하는 자가 그 상대방이다. 정당한 상속권자에 대하여 자기가 상속권자라거나 자기도 상속권이 있다고 다투는 자는 상대방이 아니다.

② 상속권을 주장하지 않고 상속 재산을 점유하는 자: 특정 권리를 주장하여 상속 재산을 점유하는 자, 자기가 점유하는 재산이 상속의 대상이 아니라고 주장하는 자도 일단은 정당한 상속권자의 지위를 침해, 위협하는 것이므로 당연히 상대방이 될 수 있다.

③ 자기 상속분의 범위를 넘어 다른 공동 상속인의 상속분을 침해하는 자: 상속인 중의 일부가 다른 공동 상속인의 상속분을 침해하여 상속 재산을 차지하는 경우이다.

④ 위와 같은 사람들로부터 상속 재산을 취득한 제3자: 상속 재산이 잠칭 상속인 등에 의하여 제3자에게 처분된 경우에도 상속 회복 청구권의 행사가 가능하다(통설 및 판례). 만일 이 경우에 청구권 행사가 허용되지 않는다면 잠칭 상속인은 누구나 상속 재산을 재빨리 처분해버릴 것이기 때문이다.

4. 상속 회복 청구권의 행사 방법과 효과

① 이 청구권은 소송에 따르지 않고도 행사할 수는 있다. 즉 잠칭 상속인에 대하여 상속 재산의 인도나, 잠칭 상속인이 한 상속 등기나 그로부터 취득한 제3자의 이전 등기에 대해 말소를 요구하는 것이다. 그러나 상대방은 대체로 이러한 소송 외의 청구에 대해서 응하지 않을 것이므로 결국은 상속 회복 청구 소송을 제기하는 수밖에 없을 것이다.

②상속 회복의 청구 소송에서 진정한 상속인이 이기면 잠칭 상속인은 그가 점유하는 상속 재산을 반환하여야 한다. 패소자가 공동 상속인일 경우에는 승소자의 상속분에 해당하는 재산 분할 청구에 응하여야 한다.

5. 상속 회복 청구권의 소멸

①상속은 포기할 수 있기 때문에 상속권을 침해당한 상속인이 상속 회복 청구권을 행사할 것인가는 전적으로 그의 자유다. 포기한 경우에는 물론 그 권리가 소멸한다.

②상속 회복 청구권은 진정한 상속인이 그 침해를 안 날로부터 3년, 상속권을 침해하는 행위가 있은 날로부터 10년이 경과하면 소멸한다(제999조 제2항). 일정 기간 경과 후에 상속 회복 청구권을 행사할 수 없게 한 이유는 상속권의 침해로 빚어진 상태라고 해도 이를 기초로 한 새로운 권리관계가 형성될 수 있기에 이 기존 상태를 존중할 필요가 있어서다. 진정한 상속인의 회복 청구를 무한정 인정하지 않는 것이다. 여기서 침해를 안 날이란 실제로 안 날을 뜻한다. 침해를 안 날은 상속 회복 청구권 행사의 기산점이므로 이를 주장하는 자가 입증해야 한다. 판례는 혼인 외 출생자가 인지 청구를 한 경우에 그 소송 확정일에 침해를 안 것으로 해석한다. 또 진정 상속인이 침해를 알았든 몰랐든 피상속인이 사망한 날로부터 10년이 경과되면 역시 상속 회복 청구권은 소멸한다.

🔍 결론

오늘날의 법에 비추어보면, 놀부는 공동 상속인인 흥부의 상속권을 침해한 것이다. 따라서 흥부는 자기 상속권의 침해자인 놀부에 대하여 자기의 상속분에 해당하는 상속 회복 청구를 할 수 있다.

18. 배비장의 숨겨둔 자식을 위하여

일찍이 한양에서 본처와 자식을 두었던 배비장 나리가 제주에 부임하여 기생 아랑에게 푹 빠진 결과 1남을 얻었다.

임기 만료로 한양으로 되돌아간 배비장이 입적 절차도 밟지 못하고 있던 중, 어느 날 먹은 것이 체하여 급사하게 되었다. 아랑과 배비장의 관계를 모르는 본처와 그의 자식들은 유산을 모두 상속하였다.

아랑은 뒤늦게 한양지방검찰청 검사를 상대로 인지 청구 소송을 제기한 끝에 아들을 배비장의 가족관계등록부에 입적시키는 데까지는 성공하였으나, 본처와 그의 자식들은 상속은 어림없다고 펄쩍 뛴다.

아랑의 아들에게도 상속권이 있다고 보아야 할까?

① 있다. 서자라도 입적된 이상 상속권이 있으며, 본처와 그 자식들을 상대로 상속권을 주장할 수 있다.

② 없다. 인지 청구 소송과 상속권은 아무 관계가 없다. 상속은 배비장의 사망 당시 그 호적에 있는 상속인들만을 기준으로 하기 때문이다.

③ 있다. 뒤늦게 서자로 입적했어도 상속권은 주장할 수 있다. 다만 그 범위는 적자의 2분의 1이다.

상속 재산은 상속인들이 분할해서 나누어 가지면 사실상 상속 절차는 끝나는 것이다. 상속 재산이 부동산인 경우에는 상속인들이 공동 소유로 각자의 법정 상속분과 같은 지분별로 상속 등기를 하게 되고, 예금 등과 같이 현금인 경우에는 각자 상속분대로 나누어 가지면 끝난다고 할 수 있다.

이렇게 상속 절차가 완결된 경우에 뒤늦게 상속 자격이 있는 상속인이 출현하면 어떻게 될까? 대표적인 사례는 피상속인(사망자)이 혼인 외의 출생자를 둔 경우이다. 혼인 외의 출생자는 부(父)의 사망 후에도 인지 청구를 할 수 있고 인지 청구의 소송에서 승소하면 혼인 외 출생자도 뒤늦게나마 상속권을 갖게 되는데, 문제는 그 전에 다른 공동 상속인들이 그 사실을 알았든 몰랐든 이미 상속 절차를 끝냈다면 어떻게 상속권을 실효성 있게 보장할 수 있는가이다.

민법은 이런 경우에 '인지 또는 재판의 확정에 의하여 공동 상속인이 된 자가 상속 재산의 분할을 청구할 경우에 다른 공동 상속인이 이미 분할, 기타 처분을 한 때에는 그 상속분에 상당한 가액의 지급을 청구할 권리가 있다'라고 하여 해결하고 있다(제1014조).

따라서 예를 들어 상속 재산이 7억 원이라고 하면 상속을 끝낸 여섯 명의 다른 공동 상속인들은 뒤늦게 상속인이 된 자에게 그 사람의 상속분에 해당하는 가액 1억 원을 지급해야 한다. 이를 '상속 가액 지급 청구권'이라고 한다. 이 권리도 일종의 상속 회복 청구권에 속하므로 일정한 기간 내에 행사해야 한다는 것이 판례의 입장이다.

⌕ 결론

배비장과 아랑의 아들은 지금이라도 다른 공동 상속인들에게 자기의 상속분에 해당하는 가액의 지급을 청구할 수 있다.

19. 효자의 상속분은?

　3남 3녀 중의 장남으로서 농사를 짓는 선량해 씨는 어려서 집안이 가난한 탓에 배울 수가 없었다. 그래서 농사를 짓는 부모를 도와 열심히 살림을 일구며 다섯 동생들을 모두 대학교까지 마치게 하고 결혼까지 시켰다. 뿐만 아니라 노부모도 돌아가실 때까지 극진히 모셨다.

　최근에 혼자 된 아버지가 돌아가시자 형제자매들은 민법의 개정으로 상속분이 같아졌다고 하면서 아버지 명의로 된 40마지기의 농토를 똑같이 나누자고 나섰다. 사실 이 농토는 선량해 씨가 40년간 부모와 공동으로 형성한 땀의 결정체이다.

　과연 균등하게 상속해야 하는가? 선량해 씨는 답답해서 한숨만 쉬고 있다.

① 선량해 씨는 유산 중에서 자기의 기여분을 먼저 공제해달라고 법원에 청구할 수 있다.

② 유산은 모두 형제자매가 균등하게 상속하여야 한다.

③ 형제자매들이 장남의 공로를 인정해주면 기여분만큼 더 상속받을 수 있으나, 인정하지 않는다면 균등하게 상속할 수밖에 없다.

우리 민법은 상속 분야에서의 평등 이념을 구현하기 위해 자식들의 상속 분은 완전히 균등하게 하고 있다. 따라서 남·녀, 기혼·미혼, 적자·서자의 차별이 없는 것이다.

그런데 평등한 상속을 예외 없이 관철하면 실제로는 불평등한 결과가 초래될 수 있다. 즉 부모가 물려주신 상속 재산은 실은 자식들 중 누군가가 부모와 협력하여 이를 형성하고 유지·증가시킨 것이며, 또 부모를 오랫동안 봉양해왔는데, 이러한 사정을 전혀 고려하지 않고 무조건 평등하게 상속한다면 사실상 불공평한 처사라는 것은 두말할 필요가 없다.

그래서 1990년 민법의 개정 시에는 법정 상속분을 완전히 평등하게 하면서 동시에 상속 재산에 관하여 특별히 공로 및 기여가 있거나 부모를 부양한 상속인이 있는 경우에는 그 상속인의 기여분을 인정해주어 실제상의 불공평이 없도록 배려하였다. 이를 '기여 상속인(寄與相續人)' 제도라고 하며, 기여 상속인이 상속 재산에서 주장할 수 있는 권리를 '기여분(寄與分)'이라고 한다.

1. 기여의 내용과 범위

① 상속 재산 중에서 자기의 기여분이 있음을 주장할 수 있는 권리자는 첫째, 상속 재산의 유지 또는 증가에 관하여 특별히 기여한 자이고, 둘째, 피상속인을 특별히 부양한 자이다(제1008조의 2 제1항). 기여분 권리자는 공동 상속인 중에 포함되어 있어야 한다. 따라서 상속인 자격이 없는 사람은 아무리 기여가 있어도 기여분 권리자가 아니다.

② 기여분 권리자는 한 사람에 한하지 않는다. 예를 들어 형제가 함께 아버지의 사업에 기여, 공헌하여 아버지의 재산이 증가하였다면 두 사람이 모두 기여분 권리자가 되는 것이다. 기여분 권리자는 반드시 장남이라고 할 수 없다.

③ 기여의 내용에 대해서 민법은 단순히 '상속 재산의 유지와 증가에 특별히 기여한 자' 또는 '피상속인을 특별히 부양한 자를 포함한다'라고만 되어 있어, 기여의 구체적 내용은 학설과 판례를 통해서 정립되어나갈 수밖에 없으나, 대체로 다음과 같은 경우에는 기여가 될 것이다. 즉, 자식이 월급을 받지 않고 아버지가 경영하는 점포, 공장 또는 사업에 함께 종사하여 아버지의 재산을 증가시킨 경우, 아버지가 경영하는 사업에 자식이 자본을 대거나 아버지의 사업상 빚을 대신 갚아 아버지의 재산이 남에게 넘어가지 않게 한 경우, 아내가 남편과 함께 점포를 공동으로 경영하여 높은 이익을 올리게 하거나 남편 명의의 재산을 크게 증가시킨 경우, 장기간 요양을 하게 된 부모를 옆에서 헌신적으로 간호하여 직업 간호인에게 지출하게 될 비용을 지출하지 않게 된 경우 등이 그것이다.

2. 기여분의 결정 방법

① 공동 상속인 중에서 위와 같은 기여(또는 부양)를 한 사람에 대하여 기여분을 인정할 것인가, 인정한다면 어느 범위까지 인정할 것인가는 먼저 공동 상속인들이 '협의'하여 결정한다(제1008조의 2 제1항). 협의를 하자는 제안은 기여한 자가 먼저 해야 하는 것은 아니고, 공동 상속인이면 누구나 제안할 수 있다. 협의 시기는 피상속인 사망 후 최소한 상속 재산을 분할하기 전까지이다.

② 공동 상속인 간에 협의가 되지 않거나 협의할 수 없을 때에는 기여자가 법원에 청구할 수 있고, 이때에는 법원이 결정하게 된다.

③ 기여분을 산정할 때에는 기여의 시기, 방법, 내용, 상속 재산의 가액, 그밖에 모든 사정이 참작된다(제1008조의 2 제2항). 기여분은 미리 상속 재산 중 몇분의 몇이라거나 몇 할이라고 확정되어 있지 않으므로 모든

사정이 참작되어 융통성 있게 결정될 수밖에 없을 것이다. 다만 기여분이 인정되더라도 상한선은 정해져 있다. 즉 피상속인의 상속 재산 가액에서 피상속인이 다른 데에 유증한 가액을 공제한 가액을 넘지 못한다(제1008조의 2 제3항). 예를 들면 상속 재산 가액이 1억 원이고 유증한 가액이 3,000만 원이라면 기여분의 가액은 1억 원에서 3,000만 원을 공제한 7,000만 원을 넘어서는 안 되는 것이다. 또 기여 상속인이 2인 이상인 경우에도 그 기여분의 합계액은 위 7,000만 원을 넘지 못한다.

3. 기여분 인정의 효과

공동 상속인들 간에 기여분에 관한 협의가 이루어지거나 법원에서 기여분이 인정되는 경우에는 피상속인의 상속 재산의 가액에서 기여분의 가액을 공제하게 되고, 공제된 상속 재산을 공동 상속인들이 공동 상속하게 된다. 따라서 기여 상속인은 총 상속 재산에서 자기 기여분을 받는 외에 또다시 기여분이 공제된 상속 재산에서 자기의 법정 상속분만큼 상속되는 것이다.

🔍 결론

장남인 선량해 씨는 아버지의 상속 재산의 증가에 특별히 기여하였고, 또 부모를 특별히 부양하였기 때문에 기여 상속인이다. 따라서 선량해 씨는 자기의 기여분을 주장할 수 있고, 다른 형제들은 장남의 기여분을 인정해야 한다. 인정하지 않는다면 선량해 씨가 법원에 청구하는 수밖에 없다. 이처럼 효자는 기여 상속인의 자격을 갖추면 상속에 있어서 기여분이라는 보너스가 있다. 모름지기 효도는 하고 볼 일이다.

20. 배보다 배꼽이 커서야

사업가의 외아들인 성실한 씨는 사업에 바쁜 아버지의 얼굴도 제대로 못 보고 자랐기 때문에, 자기는 커서 사업가는 되지 않겠다고 결심하고 교사가 되었다.

아버지는 사업에서 흥망성쇠를 거듭하다가 많은 빚만 지고 화병으로 돌아가셨다. 아버지의 빚쟁이들은 성실한 씨에게 몰려와 빚도 상속된다 면서 갚으라고 독촉이 성화같다. 그의 재산은 그가 근검절약하여 마련한 아파트 한 채이고, 아버지의 빚은 아버지의 집과 자기 집을 팔아도 10분 의 1이 될까 말까 한 상태이다.

성실한 씨가 이 빚을 상속받지 않는 방법이 있을까?

① 빚도 상속된다. 따라서 자기 고유 재산으로라도 빚을 갚을 의무가 있다.

② 자기 고유 재산의 범위 안에서만 빚을 상속하겠다고 채권자들에게 선언 하면 된다.

③ 아버지의 유산을 포기하면 빚의 상속을 면할 수 있다.

상속인은 임의로 상속을 포기할 수 있는가? 그렇다. 단독 상속인은 자기의 상속권을 전부 포기할 수 있고, 공동 상속인은 누구나 자기의 상속분을 포기할 수 있다. '평양 감사도 저 하기 싫으면 그만'인데, 하물며 상속인들 포기하지 못할 리 없다. 더구나 상속의 내용이 재산보다도 채무가 많은 경우에는 '상속의 포기'라는 방법에 의해서만 상속된 빚에서 벗어날 수 있기 때문에 상속 포기 제도는 실용성도 크다.

이처럼 우리 민법은 상속 포기의 자유를 인정하고 있다. 상속 포기는 피상속인의 권리와 의무가 자기에게 승계, 이전되는 것을 부인하는 의사 표시이다. 다만 상속의 포기는 첫째, 반드시 상속인이 상속 개시 원인(즉 사망)이 있음을 안 날로부터 3개월 이내에(제1019조), 둘째, 법원에 상속 포기 신고를 하여야만(제1041조) 법률상 유효한 포기가 된다.

또 상속의 포기는 상속 재산 전부에 대해 해야 한다. 특정한 재산은 상속하고 특정한 재산이나 빚만 포기한다는 식으로는 허용되지 않는다. 포기에 기한이나 조건을 붙여서도 안 된다. 포기했다가 이를 취소하는 것도 원칙적으로 허용되지 않는다. 이러한 요건하에 상속을 포기하면 상속 개시 당시에 소급하여 상속의 효력은 없어지고(제1042조), 자기 상속분을 포기하면 포기된 상속분은 다른 상속인들이 자기 상속분의 비율대로 인수하게 된다(제1043조).

🔍 결론

상속은 포기할 수 있다. 특히 빚만 상속된 경우에는 포기하는 것이 실용적이다. 다만 포기는 그 시기와 절차를 엄수해야 하고, 상속을 포기하면 상속된 재산에 대해 일체의 권리가 없어진다.

21. 안토니오의 샤일록에 대한 빚은?

    피도 눈물도 없는 고리대금업자 샤일록은 안토니오 씨에게 돈 3억 원을 빌려주었다가, 그가 이 돈을 갚지 않자 베니스 지방 법원에 민사 소송을 제기했다.

    소송 중 안토니오 씨가 사망하게 되자 원고인 샤일록은 그의 유족인 처 포샤와 1남 1녀를 상대로 하여 승소 판결을 받았다. 안토니오 씨는 샤일록에게 진 빚 때문에 유산으로 남긴 것이라고는 고작 전세 보증금 1억 원뿐이다.

    유족들이 전세 보증금만 샤일록에게 넘겨주고 나머지 빚을 물지 않는 방법은 없을까?

① 있다. 유산인 전세 보증금의 범위 내에서 빚을 갚겠다고 법원에 신고하면 된다.

② 있다. 빚도 상속되지만, 전세 보증금으로 일부 갚고 나머지는 법원의 연기 허가를 얻으면 된다.

③ 없다. 빚도 상속되므로 상속인들은 자기의 고유 재산으로라도 빚을 전부 갚아야 된다.

상속은 임의로 포기할 수도 있다. 그러나 상속의 내용에 따라서는 상속의 포기라는 방법보다는 '한정 승인(限定承認)'이라는 방법이 더 유용할 수 있다. 예를 들어 아버지가 2억 원가량 되는 집과 5억 원가량의 빚을 남기고 돌아가신 경우, 상속인은 상속으로 얻은 이익의 한도인 2억 원의 범위 내에서 채무를 변제하겠다고 할 수도 있는 것이다. 이 제도는 전적으로 피상속인이 적극 재산과 함께 채무도 상속하게 한 경우에 상속인을 보호하기 위해서 인정된 제도이므로, 한정 승인을 할 것인가 여부는 상속인의 자유에 속한다.

상속인은 상속 개시 원인, 즉 피상속인의 사망을 안 날로부터 3개월 내에는 상속을 포기할 것인지, 한정 승인을 할 것인지를 선택할 수 있다. 이 3개월의 기간을 '고려 기간'이라고 한다. 한정 승인은 상속 포기와 마찬가지로 상속 개시 원인이 있음을 안 날로부터 3개월 이내에 법원에 한정 승인 신고를 하여야 한다. 이 신고에는 상속 재산의 내용을 명백히 하기 위해 '상속 재산 목록'을 첨부하여야 한다. 재산 목록에서 자기에게 유리한 재산을 일부러 누락시키는 것은 허용되지 않으며 한정 승인으로서의 효력이 없다.

일단 적법한 한정 승인 신고가 이루어지면 상속인은 상속으로 얻은 재산의 한도 내에서만 피상속인의 채무를 변제하면 된다. 예를 들어 상속으로 얻은 이익이 2억 원이고 상속된 채무가 5억 원이라면, 한정 승인을 한 경우에는 2억 원의 채무만 갚으면 되는 것이다. 여러 명의 공동 상속인들이 있는 경우에도 이들은 자기들의 법정 상속분의 비율대로 한정 승인할 수 있다.

🔍 결론

안토니오의 유족들은 한정 승인을 함으로써, 상속된 재산의 가액을 초과하는 채무를 변제하지 않을 수 있다. 한정 승인을 한 상속인에 대하여 채권자는 상속인들의 고유 재산에 대해서는 강제 집행을 하지 못한다.

22. 사람은 한 우물을 파야 한다

　화가 장승업은 말년에는 오랜 음주벽으로 손이 떨려 더 이상 그림을 그릴 수 없게 되자 화방을 차렸다. 명나라에서 고급 화선지와 붓을 수입하여 팔았는데, 처음에는 잘나가더니 너도나도 수입하는 바람에 빚만 지고 끝내 쓸쓸한 최후를 마쳤다.

　그에게는 상속인으로 처와 아들이 있었는데, 빚쟁이의 성화같은 독촉으로 살던 집을 팔아 일부 빚을 갚았으나 아직 4분의 3이나 되는 빚이 남아 있다.

　불쌍한 그의 처자식을 위하여 그들이 이제라도 빚의 상속을 면할 수 있는가를 모색해보자. 가능한가?

① 불가능하다. 이미 상속 재산을 처분하는 행위를 하였기 때문에 나머지 빚도 갚아야 한다.

② 가능하다. 지금이라도 법원에 상속 포기 신고를 하면 된다.

③ 가능, 불가능을 따질 필요가 있는가? 갚을 능력조차 없으니….

상속은 피상속인의 권리(재산) 및 의무(채무)를 포괄적으로 승계하는 것이지만, 예외적으로 상속인이 이를 포기할 수도 있고, 상속으로 얻은 이익(재산)의 한도 내에서만 한정적으로 상속할 수도 있다. 일정한 기간 내에 이러한 상속의 포기나 한정 승인이 없는 경우에는 상속인이 상속을 승인하는 것이 된다. 이를 '단순 승인'이라고 한다.

상속인이 승인을 하면(즉 일정한 기간 내에 상속의 포기나 한정 승인 절차를 밟지 않으면) 상속 재산으로 피상속인의 채무를 갚지 못하는 경우에도 상속인은 자신의 고유 재산으로도 채무를 갚아야 한다. 상속의 승인, 즉 단순 승인은 별도의 절차가 필요하지 않고 상속 포기나 한정 승인을 할 수 있는 기간이 경과하면 자동적으로 승인하는 것이 된다(제1026조 제2호).

그런데 상속인이 이 기간 동안 상속 재산을 자기 고유 재산과 혼합하거나 상속 재산을 처분한 뒤에 상속을 포기하거나 한정 승인을 하게 되면 채권자를 해칠 우려가 있으므로, 민법은 상속인이 일정한 행위를 하면 이를 '단순 승인한 것으로 간주'하여 일종의 제재를 가하고 있다(제1026조). 이를 '법정 단순 승인'이라고 한다. 그 사유는 상속인이 상속 재산을 처분하는 행위를 한 때, 상속 개시의 원인이 있음을 안 날로부터 3개월 이내에 상속을 포기하거나 한정 승인을 하지 않은 때, 그리고 상속의 포기 및 한정 승인을 한 후에 상속 재산을 은닉하거나 부정 소비 하거나 고의로 재산 목록에 기입하지 않은 때이다. 이러한 행위가 있으면 상속인이 상속을 승인한 것으로 간주하며 채권자는 상속인의 고유 재산에 대해서도 강제 집행을 할 수 있게 된다.

Q 결론

장승업의 유족은 상속 재산을 처분함으로써, 상속을 승인했다고 간주된다. 따라서 상속인들은 자기 고유 재산이나 노력으로 상속 채무를 갚을 의무가 있게 된다.

23. 김삿갓의 재산은 누가 상속하는가?

　방랑 시인 김삿갓은 원래 명문의 후예였던 만큼 고향에 부모가 남겨준 재산이 있었다. 그러나 과거장에서 자기 조상을 욕되게 한 것을 비관하여 방랑 생활에 들어갔던 것이다.

　결혼한 일도 없고, 따라서 처자식이 있을 리 없던 그가 객지에서 삶을 마감하게 되었다. 고향에는 그의 10촌 동생쯤 되는 사람이 그의 재산인 농토를 경작하면서 관리하고 있다.

　처자식 없이 사망한 그의 재산은 어떻게 되는가?

　① 국가의 차지가 된다.

　② 상속 재산 소재지의 지방 자치 단체 소유가 된다.

　③ 연고자인 10촌 동생이 무조건 상속한다.

어떤 사람이 많은 재산을 남기고 사망하였는데, 가족이 없는 경우에 그 재산은 어떻게 될까? 상속인이 없는 경우에는 일정한 절차를 거쳐 국가의 소유가 된다(제1053조, 제1058조).

'상속인이 존재하지 않는다'는 것은 정확하게는 상속인이 있는지 없는지가 분명하지 않은 경우를 말한다. 상속인이 어딘가 있다는 것이 분명한데 소재가 분명하지 않으면 이때는 부재자(不在者)라고 하여 재산 관리의 문제가 생길 뿐 재산의 귀속 문제는 생기지 않는다.

상속인의 부존재는 그 밖에도 가족관계등록부상으로 상속받을 자가 없을 때에도 생긴다. 상속인의 존부가 불분명하면 법원이 피상속인의 친족, 이해관계인(예컨대 채권자), 검사의 청구에 의하여 상속 재산 관리인을 선임하여 이를 공고하고 동시에 관리인으로 하여금 상속 재산을 동결, 관리하는 한편(제1053조 제1항), 공고일로부터 3개월 내에 2개월 이상의 기간을 정하여 상속 채권자는 채권을 신고할 것과 유증받은 자는 이를 신고할 것을 공고한다(제1056조). 신고가 있으면 일정한 조사와 절차를 거쳐 변제하고, 아직 상속 재산이 남아 있고 위 공고 기간이 끝났는데도 상속인의 존부를 알 수 없으면 2년 이상의 기간을 정하여 상속인이 기간 내에 그 권리를 주장할 것을 공고한다. 이를 '상속인 수색 공고'라고 한다(제1057조). 상속인 수색 공고 기간이 끝났는데도 상속인이 나타나지 않으면 상속 재산은 국가에 귀속된다(제1058조). 이런 절차에 따라 상속 재산이 일단 국가에 귀속되면 그 후에는 상속 채권자나 유증을 받은 자도 국가에 대하여 변제를 청구하지 못한다(제1059조).

Q 결론

상속인이 없는 김삿갓의 재산은 위와 같은 절차와 기간을 거쳐 국가의 소유가 된다. 10촌 동생은 상속 자격이 있는 상속인이 아니다.

24. 혼인 신고만 안 했지…

예로부터 '효(孝)는 백행(百行)의 근본'이라고 하였다. 그런데 오늘날은 그렇지도 않다.

김오복 노인의 외아들은 20년 전에 남미로 이민을 갔는데, 죽었는지 살았는지 전혀 소식이 없다. 김 노인은 노년에 혼자 살다가 어찌어찌해서 역시 자식들로부터 버림받은 최 여사를 만나 3년간 그의 간병을 받다가 돌아가셨다.

김 노인에게는 그가 살던 집이 한 채 있었는데, 최 여사가 이를 상속받을 수 있는가? 단, 최 여사는 김 노인과 혼인 신고를 한 일은 없고, 이민간 외아들은 일단 사망했다고 간주해도 좋다.

① 없다. 혼인 신고를 하지 않았기 때문이다.

② 없다. 김 노인의 유언이 없었기 때문이다.

③ 있다. 김 노인을 부양하고 간병한 사실혼의 배우자로서의 상속권은 있다.

어떤 사람이 재산을 남기고 사망한 경우 상속인이 없으면 그 재산은 일정한 절차를 거쳐 국가의 소유가 된다.

상속인의 자격과 순위, 그리고 상속분 등은 법률로 정해져 있으므로 여기에 해당되지 않는 사람은 피상속인과 아무리 특별한 연고가 있었다고 하더라도 상속인은 될 수 없다. 사실혼의 배우자가 대표적인 예일 것이다.

그러나 이러한 조치가 연고자에게는 매우 가혹한 것이므로, 상속인의 자격은 없으나 피상속인과 연고가 있었던 사람에게 국가에 귀속된 상속 재산을 나누어줄 수 있는 제도가 1990년 민법의 개정과 함께 도입되었다. 이를 '특별 연고자의 상속 재산 분여(分與)' 제도라고 한다. 여기의 '특별 연고자'에 대하여 민법은 '피상속인과 생계를 같이한 사람', '피상속인의 요양 간호를 한 사람'이라고 구체적으로 표시한 것 외에도 '그 밖에 피상속인과 특별한 연고가 있던 자'라고 표현하고 있다. 기타의 특별 연고자로는 사실혼의 배우자, 사실상의 양자, 피상속인과 동거하고 있던 친척, 피상속인이 장기간 도움을 받았던 요양소나 양로원을 들 수 있을 것이다.

이러한 특별 연고자는 상속인 수색 공고 기간이 끝난 뒤에도 상속인이 나타나지 않는 경우에 2개월 이내에 법원에 상속 재산을 나누어달라고 청구할 수 있다. 특별 연고자의 분여 청구가 타당하다면 상속 재산의 일부는 물론, 경우에 따라서는(예컨대 사실혼의 배우자) 전부가 돌아갈 수도 있다(제1057조의 2).

Q 결론

김 노인을 간병한 최 여사에게도 상속 재산의 분여 청구권이 있다.

25. 너무 늦게 찾아온 행운

평생 무명작가였던 이분열 씨가 노년에 펴낸《올라가는 것은 날개가 있다》라는 소설은 단번에 화제작이 되면서 수백만 부가 팔려 나가는 베스트셀러가 되었다. 그러나 그는 늦게 찾아온 물질적 풍요를 누릴 사이도 없이 곧 임종을 맞게 되었다.

그는 무명작가 시절의 설움을 생각하고 가족들에게 "출판사에서 나오는 인세의 반을 재원으로 삼아 '이분열 문학상'을 제정, 시행하라"는 유언을 남겼다. 이 유언을 알게 된 동료 작가들은 이분열 씨가 사망하기 전 부랴부랴 문학상 위원회를 설립하고 법인 등기까지 마쳤는데, 문제는 가난에 시달렸던 유족들이 동의하지 않는 것이다.

자, 이분열 문학상 위원회도 상속권이 있는가?

① 있다. 유언에 의해 설립된 법인 앞으로 인세의 반을 넘기라는 유언이 확실하기 때문이다.

② 없다. 유족들이 유언에 동의하지 않는 한 위원회는 상속권이 없다.

③ 없다. 상속권자들인 유족이 유언에 의한 증여를 철회하였기 때문이다.

이 문제는 이분열 씨가 유언으로 재산을 증여한 경우에 그 효력은 무엇인가를 묻는 것이다. 우리 민법은 원칙적으로 유언에 의한 재산 처분의 자유를 인정하고 있고, 또 유언에 의하여 상속을 시키는 '지정 상속 제도'를 채택하고 있다. 따라서 피상속인은 유언으로 재산을 다른 사람이나 단체에게 증여할 수 있다. 이를 '유증(遺贈)'이라고 한다. 유증이 이루어지면 그 효력은 상속처럼 사망 시에 발생하게 된다. 유증에는 상속 재산의 전부나 일부를 준다는 식으로 비율이 정해진 '포괄(包括) 유증'이 있고, 상속 재산 중 몇 번지의 땅을 준다는 식의 '특정적 유증' 등 두 가지가 있다.

유언으로 유증을 하면 유언 중에 이를 받도록 지정된 자를 '수증자(受贈者)'라고 하며 자연인은 물론 단체, 기구, 법인도 수증자가 될 수 있다. 또 유증한 대로 이를 실행할 의무가 있는 자를 '유증 의무자'라고 하며 상속인, 유언 집행자가 여기에 해당한다.

포괄 유증을 받은 수증자는 상속인의 지위를 갖는다. 즉 상속인과 동일한 권리와 의무가 있다(제1078조). 따라서 포괄 유증은 피상속인이 유언으로 또 하나의 상속인을 만들어내는 것이다.

적법한 유증이 있게 되면 유증 의무자는 유증에 따라 피상속인 사후에 포괄 수증자에게 유언으로 정해진 상속 재산의 비율대로 분배해주어야 한다. 포괄 수증자와 상속인 간은 상속 재산에 관하여 공동 상속, 공유 관계가 되고, 분할의 협의라는 문제가 발생한다. 물론 포괄 수증자도 임의로 상속을 한정 승인 하거나 포기할 수 있다.

⌕ 결론

이분열 씨가 유언으로 '이분열 문학상 위원회'에 인세의 반을 증여한다고 한 것은 포괄 유증이다. 따라서 유족의 동의와 관계없이 위원회는 유증 효력을 주장할 수 있다.

26. 아버지의 선견지명

　평생을 농사만 짓던 서울 근교의 농사꾼 어진이 씨가 돌아가셨다. 그는 선견지명이 있었는지, 5남매에게 "유산인 농토는 앞으로 10년간은 나누지 말고 장남이 관리하고 있거라" 하고 유언을 남겼다.

　아버지 별세 후 3년이 되자, 그 일대의 땅이 신도시 개발 지역이 됨으로써, 유산인 농토는 하루아침에 금싸라기 땅이 되었다. 이렇게 되자 형편이 어려운 자식들은 땅을 나누어 각자 처분하고 싶은 생각이 굴뚝같은데, 가능한가?

① 유언 때문에 10년간은 나눌 수 없다.

② 상속인들이 전원 일치로 합의하면 지금이라도 가능하다.

③ 아버지의 사망 후 5년이 지나야 가능하다.

상속 재산은 상속인이 2인 이상인 경우 이들 공동 상속인 간에 '공유'가 된다. 상속 재산을 공동 상속인들의 공유로 보는 것은 말하자면 과도적인 단계이고, 이 공유 재산을 각자의 상속분대로 분배함으로써 상속 재산은 청산되고 비로소 상속 절차는 완결되는 것이다. 이처럼 공동으로 상속한 재산을 상속인들이 자기 상속분대로 분배하는 것을 '상속 재산의 분할'이라고 한다.

1. 상속 재산의 분할 방법

① 유언에 의한 분할: 상속 재산은 이를 물려줄 사람('피상속인')이 유언으로 분할 방법을 정할 수 있다. 또 분할 방법의 결정을 유언으로 제3자에게 부탁할 수도 있다(제1012조). 분할은 현물 분할이든, 팔아서 그 가격을 분할하든 제한이 없고, 대상도 상속 재산 전부는 물론 일부에 대해서도 유언으로 분할하도록 할 수 있다. 또 피상속인은 유언으로 사망 후 5년 이내의 기간에는 분할을 금지시킬 수도 있다(제1012조).

② 협의에 의한 분할: 피상속인이 유언으로 분할 방법을 지정하지 않았으면, 그리고 유언으로 분할을 금지하지 않았으면 공동 상속인들은 언제라도 분할을 협의할 수 있다(제1013조). 분할의 협의는 상속인들 전원이 참여해야만 한다.

분할의 대상은 일단 피상속인이 남긴 상속 재산의 전부이지만, 상속인들은 일부만을 분할할 것을 협의할 수 있다. 분할을 협의할 때 반드시 상속인들의 상속분대로 분할하여야 하는 것은 아니다. 상속인들은 자기의 상속분을 포기할 수도 있으므로, 상속 재산의 소유권을 한 사람에게 몰아주는 협의도 가능하다.

예를 들어 상속인이 2인이고 상속 재산이 집 한 채라고 할 경우 A가 그 집의 소유권 전부를 갖고, B는 A로부터 그 집의 시가에서 2분의 1을 받는다는 식의 분할도 가능하다. 더 나아가 상속 재산을 팔아서 그 대금을 상속분대로 나누어 갖는 가격 분할의 방법이나, 각자의 상속분대로 공유 지분 등기를 하는 방법, 또 상속 재산이 대지인 경우에 토지 그 자체를 분할해서 각자 등기를 하는 현물 분할의 방법도 가능하다.

상속인 간의 분할 협의는 구두로도 성립하지만, 보통 분할 협의가 이루어지면 '상속 재산 분할 협의서'가 작성된다. 상속 재산이 부동산인 경우 분할 협의대로 상속 등기를 하기 위해서도 분할 협의서가 필요하다.

③ 조정 또는 재판에 의한 분할: 상속인 간에 분할 협의가 되지 않으면, 즉 분할할 것이냐의 여부, 분할 방법 등에 대해 협의되지 않거나 상속인 중 일부가 행방불명 또는 정신 질환을 앓고 있어서 협의가 불가능한 경우에 상속인들은 누구나 법원에 분할 조정을 신청하거나 분할의 재판을 청구할 수 있다. 이때에는 법원이 개입하여 분할해준다.

법원에 의한 분할에는 상속인 자격을 확정하고, 상속 재산의 범위를 확정하는 것이 절대적으로 필요하게 된다. 또 분할의 전제로서 상속 재산의 평가가 이루어져야만 한다.

법원이 상속인들의 청구에 의하여 분할해주는 방법은 현물 분할을 원칙으로 하나, 현물로 분할할 수 없거나(예를 들어 집이나 건물), 분할하면 현저하게 그 가격이 감해지는 경우에는 분할 대상인 상속 재산을 경매에 붙여 그 대금을 분할할 것을 명하게 된다.

2. 분할의 효과

① 상속 재산이 상속인들의 협의나 법원의 조정 또는 재판에 의하여 분할되면 그 분할의 효력은 상속 개시 시점(즉 사망 시)으로 소급하여 발생한다(제1015조 본문). 예를 들어 상속 재산이 부동산, 동산, 채권이라고 가정

하고 상속인으로 3인(A, B, C)이 있는 경우, A는 부동산, B는 동산, C는 채권을 갖는다고 협의되거나 조정 또는 재판이 이루어졌다고 가정하자. 이런 경우 그 효력은 피상속인의 사망 시부터 A가 부동산, B가 동산, C 가 채권을 상속·소유한 것으로 된다는 것이다.

② 다만 분할의 소급적 효력에도 예외는 있다. 즉 제3자의 권리는 침해할 수 없다(제1015조 단서). 여기서 '제3자'는 상속 개시 후 분할 전까지 상속 재산에 대하여 거래하거나 권리가 있었던 자이다. 예를 들면 상속 재산의 지분을 매수하거나 담보로 제공받은 자, 또는 상속 지분에 대해 압류를 한 채권자가 그 실례이다.

③ 분할 후, 즉 상속 재산의 청산 절차가 종결된 후 새로운 상속인이 출현한 경우에는 모든 공동 상속인이 새로운 상속인에게 그 사람의 상속분에 해당하는 가액을 내놓아야 한다(제1014조).

🔍 결론

상속 재산의 분할은 피상속인이 유언으로 분할을 금지하지 않은 경우에 비로소 가능하다. 사후의 분할에 의해 재산 가치가 감소하는 것을 예방하거나 상속인이 성장하는 것을 기다릴 필요가 있기 때문에 유언에 의한 금지가 인정되고 있는 것이다. 다만 금지 기간은 사후 5년 이내의 기간이다. 이 사건에서는 유언으로 10년간 분할이 금지되어 있으나, 5년이 지나면 분할이 가능하다고 해야 한다.

27. 모든 재산은 빈민 구제 재단에 기증한다

10년을 작정하고 글 읽기에 들어갔던 선비 허생은 마누라의 바가지에 못 견디어 7년 만에 글 읽기를 중단하고 장삿길로 나섰다. 한양 제일의 부호 변 부자에게 만 냥을 빌린 그는 소위 매점매석으로 3년 만에 100만 냥을 손에 넣었다.

너무나 쉽게 거금을 모으게 된 허생은 조선 땅의 좁음을 탄식하고 "이 돈은 몽땅 사후에 설립될 '허생 빈민 구제 재단'에 기증한다"라는 유언을 남기고 사망하였다. 그에게는 처와 3남매가 있는데, 이들에게 상속권이 있는가?

① 없다. 우리 민법은 유언에 의한 재산 처분 자유를 인정한다. 따라서 그의 재산은 모두 재단에 귀속한다.

② 없다. 다만 상속인들은 법원에 생계유지에 필요한 범위 내에서 상속할 수 있게 해달라고 청구할 수는 있다.

③ 있다. 재단에 기증될 유산 중에서 상속인들이 원래 받을 수 있는 상속분 중 일부는 소송으로 되찾을 수 있다.

사유 재산 제도를 채택하고 있는 나라에서 사람은 자기 재산을 생전에는 물론 유언에 의해 사후에도 처분할 수 있는 자유를 인정하게 마련이다. 우리 나라도 사정은 같다. 유언에 의해 자기 재산을 유족이 아닌 제3자(개인, 사회, 국가)에게 증여할 수 있기 때문이다.

그러나 유언에 의한 재산 처분의 자유를 무한정 허용하면 그로 인해 유족 들의 생계가 곤란해지는 경우가 예상된다. 또 상속 재산도 따지고 보면 처와 자식들을 비롯한 자녀들의 공동 노력에 의한 것이고, 상속이 허용되는 이유 도 남은 유족들에 대한 부양료 성격이 포함되어 있는 것이다.

이러한 이유로, 세계 각국은 방식에는 다소 차이가 있으나 한편으로는 유 언에 의한 재산 처분의 자유를 인정하면서, 다른 한편으로는 유족의 보호를 위해 그 자유를 일정한 범위까지는 제한하고 있다.

우리 민법은 제정 이후 1977년까지는 이러한 자유의 제한을 두지 않다가 그 후 피상속인은 유족들의 법정 상속분이 2분의 1 내지 3분의 1의 범위는 유언으로도 배제하지 못하는 제도, 곧 '유족을 위해 남겨두어야 하는 재산의 몫'인 유류분(遺留分) 제도를 도입하여 오늘에 이르고 있다.

다만 우리 민법은 피상속인이 유언으로 상속 재산 전부를 제3자에게 처분 (증여)하는 것 자체는 제한하지 않고, 이를 전부 처분한 경우에 상속인들로 하여금 자기의 유류분을 반환해달라고 하는 유류분 반환 청구권을 허용하는 방식을 취하고 있다.

1. 유류분의 범위

① 유류분 권리자는 피상속인의 직계 비속, 배우자, 직계 존속, 형제자매들 로서 원래의 법정 상속권자들이다. 다만 후순위 상속권자는 선순위 상 속권자가 없는 경우에 한하여 유류분 권리를 갖는다. 태아도 살아서 출

생하면 직계 비속으로서 유류분을 갖고, 대습상속인도 유류분 권리가 있다. 상속권자로서의 결격 사유가 있거나 상속을 포기한 경우에는 유류분 권리도 상실된다. 또 유류분 권리는 상속의 포기가 인정되는 이상 얼마든지 포기할 수 있다.

② 상속권자의 유류분의 범위는 '직계 비속 및 배우자'는 자기의 법정 상속분의 2분의 1이며, '직계 존속과 형제자매'는 자기 상속분의 3분의 1이다(제1112조). 따라서 피상속인이 상속 재산을 전부 유언으로 처분해도 직계 비속과 배우자는 자기 법정 상속분의 2분의 1을, 직계 존속과 형제자매는 3분의 1을 유류분으로 반환 청구할 수 있다는 뜻이다.

2. 유류분의 산정 방법과 행사 방법

① 유류분을 계산하기 위해서는 먼저 피상속인의 상속 재산의 가액을 확정하여야 한다. 즉 상속 개시 당시 피상속인이 가진 재산의 가액에 상속 개시 전 1년 이내에 제3자에게 증여한 재산의 가액을 더한다. 여기에서 피상속인의 채무 전액을 빼면 유류분을 산정하기 위한 상속 재산의 가액이 확정되는데, 여기에 상속인들이 각자의 유류분의 비율을 곱하면 각자의 유류분 가액이 산출되는 것이다. 예를 들어 처와 1남 1녀를 둔 A의 총 재산액이 10억 원, A가 사망하기 전 1년 이내 제3자에게 증여한 재산 가액이 2억 원, 빚이 5억 원이었다면 유류분의 산정 기초가 되는 상속 재산 가액은 〔총 재산액 10억 원 + 증여 가액 2억 원 – 채무 5억 원〕으로 총 7억 원이 된다. 그런데 A가 이를 전부 제3자에게 유증한 경우라고 할 때 처의 법정 상속분은 7억 원에 대한 7분의 3인 3억 원, 자녀들은 각 7분의 2씩인 2억 원이다. 다만 유류분은 그 법정 상속분의 각 2분의 1이므로 처의 유류분 가액은 1억 5,000만 원, 자녀들은 각 1억 원이 되는 것

이고, 이를 유증받은 자에게 청구하면 된다.

② 유류분이 침해된 경우에 반환 청구의 상대방은 이를 침해한 자, 즉 유증을 받은 자 및 그 상속인이다. 다른 공동 상속인이 전부 유증받은 경우에는 유증받은 공동 상속인이 상대방이 된다. 또 유언 집행자가 지정 또는 선임된 경우에는 유언 집행자에 대해서도 할 수 있다. 또 유류분은 침해된 범위, 즉 부족한 한도 내에서 해야 한다(제1115조 제1항). 상속 재산의 일부만을 유증한 경우에는 유류분이 일부 부족해지기 때문이다.

3. 유류분 반환 청구권 행사의 효력

피상속인의 유증은 유류분 권리자의 유류분이 부족한 한도에서 효력이 없다. 따라서 수증자는 부족한 유류분을 유류분 권리자에게 반환하여야 한다. 수증자가 유증받은 재산을 이미 소비하여 빈털터리가 된 경우에는 권리자들은 도리가 없이 감수해야 할 것이다.

4. 유류분 반환 청구권의 소멸

유류분 반환 청구권은 유류분 권리자가 상속의 개시(사망), 반환하여야 할 유증의 사실을 안 때로부터 1년, 또는 상속이 개시된 때로부터 10년이 경과하도록 행사하지 않으면 소멸한다(제1117조).

🔍 결론

허생 씨는 유족들의 유류분을 무시하는 유증을 한 것이고, 유증을 받은 '허생 빈민 구제 재단'은 결과적으로 허생 씨 유족들의 유류분을 침해하였다. 따라서 유족들은 재단에 대하여 자기들의 법정 상속분의 각 2분의 1에 해당하는 유류분의 반환을 청구할 수 있다. 이렇게 함으로써 유족들은 일부라도 상속받게 되는 것이다.

28. 옹고집의 유언

탐욕을 부리다가 월출봉 취암사의 학 대사에게 크게 혼이 난 옹고집은 그 후 마음을 고쳐먹고 새사람이 되었다.

그에게는 열 명의 자녀가 있었는데 사후가 걱정이다. 이리하여 옹고집은 임종 순간에 자녀들을 모아놓고 "내가 죽거든 절대 싸우지 마라. 재산의 반은 '월출 사회 복지 재단'에 기증한다. 나머지는 공평하게 나누어준다"라고 유언을 하고 별세하였다.

그러나 못 믿을 것이 재산을 본 사람의 마음인지라, 열 명의 자녀들은 유언을 무시하고 서로 한 푼이라도 더 갖겠다고 싸우니 이 노릇을 어찌할 것인가? 자, 그렇다면 임종 자리에서 옹고집이 남긴 유언은 그 효력이 어떻게 되는가?

① 고인이 임종하면서 남긴 말은 모두 유언이다. 따라서 효력이 있고 자녀들을 구속하게 된다.

② 일정한 방식을 갖춘 유언만이 효력이 있다. 자녀들이 옹고집의 유언을 무시해도 도리가 없다.

③ 옹고집의 유언 중에 상속인의 지위를 침해한 부분은 무효가 된다.

"새가 죽을 때의 울음소리는 가장 처량하고, 사람이 죽을 때의 말은 가장 선하다"라는 말이 있다. 인간만이 유언을 할 수 있는데, 인간의 마지막 말이야말로 가장 진실하고 순수하다는 것은 의심할 여지가 없을 것이다.

국어사전에서는 '유언(遺言)'을 '사람이 죽음에 임하여 가족에게나 사회에 부탁하여 남기는 말'이라고 정의했다. 이런 식의 유언은 누구나 할 수 있다.

그러나 민법이 정의하는 유언의 개념은 국어사전의 풀이와는 다르다. 법률상의 유언이란 '유언자가 사망과 동시에 일정한 법률 효과를 발생시키는 것을 목적으로 일정한 방식에 따라서 하는 단독적 법률 행위'이다.

사람은 임종의 자리에서 많은 내용의 유언을 남길 수 있고, 이 유언 내용에는 법률상 의미 있는 유언도 포함될 수 있다. 그러나 유언은 엄격한 법정 방식에 따르지 않으면 법률상 효력이 부여되지 않는다. 유언은 상속과 밀접한 관련을 갖는 제도이고, 우리 민법은 법정 방식의 유언에 의한 상속 재산의 처분의 자유를 인정하고 있기 때문에 법률은 유언에 대하여 법률이 정한 방식을 따를 것을 요구하고 있다. 이를 '유언의 요식성(要式性)'이라고 한다(제 1060조). 또 유언은 제3자가 대리할 수 없고, 만 17세 미만의 자는 법률상 유언 행위를 할 능력이 없다.

법적으로 유효한 유언을 남기면 이 유언의 효력이 발생하는 시기는 유언 당시가 아니라 사망 이후가 된다. 유언은 법률이 정한 방식대로 해야 효력이 있음을 명심하라.

결론

옹고집 유언은 법률이 정한 방식에 따르지 아니한 것이므로 효력은 없다. 따라서 상속인들이 이를 지키지 않는다고 하더라도 도리가 없다.

29. 현대는 과학의 시대

　동양그룹 최 회장은 본처와 후처의 소생이 열두 명이나 되므로, 자기 사후에 자식들이 유산을 둘러싸고 틀림없이 분쟁이 있을 것으로 예상하고 회장실에서 자기 유언을 녹화하였다. 물론 이 녹화에는 변호사와 증인이 입회하였고, 이들의 모습과 음성도 비디오테이프에 담겨 있다.

　장례 후 자녀들이 비디오테이프를 재생해보니, 내용인즉 유산의 대부분을 사후에 설립될 장학 재단에 기증한다는 것이고, 자녀들에게는 겨우 먹고살 정도의 약간의 재산만을 물려준다고 되어 있다.

　자녀들은 승복하지 않으려 한다. 녹화 방식의 유언도 유효한가?

① 법률이 정한 유언 방식이 아니므로 무효인 유언이다.

② 비디오테이프에 최 회장의 육성, 그리고 증인의 육성이 담겨 있는 한 '녹음에 의한 유언'에 준하는 유효한 유언으로 보아야 한다.

③ 유언 방식도 문제가 있고, 유언 내용도 마찬가지이므로 상속인들이 승복하지 않는 한 무효인 유언이다.

유언은 법률상 상속이나 신분 문제와 관련되고, 유언자의 의사가 분명히 나타나야 하므로 일정한 방식을 갖춘 유언이어야 효력이 있다고 설명하였다. 법률이 유언에 관하여 엄격한 방식에 따를 것을 요구하는 이유는, 유언자의 진의를 명확히 하여 분쟁과 혼란을 예방하기 위해서다. 민법이 정하는 유언 방식은 다섯 가지이다.

1. 자필 증서(自筆證書)에 의한 유언

이것은 유언자가 직접 유언장을 쓰는 것이다. 유언자가 유언의 전문(全文)을 직접 쓰고 작성 연월일, 주소, 성명을 기재하고 날인하는 방식이다(제1066조 제1항). 직접 써야 하므로(自書), 타인이 대필하거나 타인에게 불러주어 타인이 쓰는 것도 무효이다.

작성 연월일은 유언의 성립의 시기이므로 매우 중요한 요건인데, 이것이 없으면 무효이다. 대개는 연월일이 명시되어야 하지만, 가령 '만 60세 생일' 또는 '만 30회 결혼기념일'에 또는 '자(子) 누구의 제 몇 회 생일'에 하는 식으로 기재하더라도 작성 연월일을 식별할 수 있으므로 무효가 아니다.

성명은 유언자가 누구인가를 알 수 있으면 되므로 호(號)나 예명을 써도 무방하다. 날인은 타인이 대신해도 괜찮고, 손도장도 무방하다. 자필 증서에 의한 유언은 간편하고 비밀 유지가 가능하나, 문자를 모르는 사람은 이 방법을 쓸 수 없고, 유언장의 소재가 판명되지 않으며, 위변조의 위험이 많다.

2. 녹음에 의한 유언

이 방식은 유언자가 녹음기라는 문명의 이기를 이용하여 유언의 취지, 유언자의 성명, 유언의 연월일을 녹음하고, 여기에 참여한 증인이 유언자의 유언임이 틀림없고 정확하다는 내용과 자기 성명을 녹음하는 것이다(제1067조).

녹음기에 의한 유언은 증인의 참여가 반드시 필요한데 미성년자, 피성년 후견인, 피한정 후견인, 그 유언에 의하여 이익을 받게 될 자나 그 배우자와 직계 혈족은 증인 자격이 없다. 만일 이러한 자가 녹음 유언에 증인 자격으로 참여하게 되면 이 녹음에 의한 유언은 무효가 된다.

3. 공정 증서(公正證書)에 의한 유언

이 방식은 유언자가 직접 유언장을 작성하지 않고 공증인에게 유언을 부탁하는 것이다(제1068조). 즉 유언자가 공증인(공증인법에 의하여 임명된 사람으로서 전국에서 개업 활동을 하고 있는 자)이나, 5인 이상의 변호사가 법무부 장관의 설립 허가를 받아 개설한 공증 합동 법률 사무소, 또는 법무 법인에 유언에 관한 공정 증서의 작성을 부탁하여 이루어지는 유언이다. 반드시 공증인 사무소에 출석하지 않아도 되고 공증인을 유언자의 자택이나 병원으로 오게 해서 진행할 수도 있다.

공정 증서에 의한 유언에도 증인 2인 이상이 참여해야 하고, 유언자가 공증인 앞에서 유언의 취지를 말해주거나 자기가 정리한 유언의 문서를 보여주면 공증인이 유언자의 구술 또는 문서 내용을 필기하여 이를 유언자와 증인 앞에서 낭독하여 확인시키고, 유언자와 증인이 그 정확성을 시인한 후 각자 서명 또는 날인함으로써 완료된다. 최근 이 방식에 의한 유언을 많이 이용하고 있다.

4. 비밀 증서(秘密證書)에 의한 유언

이 방식은 유언장의 존재를 자기 생전에 비밀로 하고 싶은 경우에 이용될 수 있다. 비밀 증서는 타인이 써도 되고, 유언자가 문자를 쓸 줄 모르더라도 읽을 수 있고 자기 이름만 쓸 수 있으면 된다. 이 방식에 의한 유언이 유효하기 위해서는 유언자가 자기 또는 타인이 작성해준 유언장에 이름을 쓴 후 타인이 함부로 열어볼 수 없도록 봉하고, 봉한 곳에 날인을 하고, 밀봉 날인한 유언장을 2인 이상의 증인에게 제시하여 자기의 유언장임을 표시한 뒤, 유언장의 겉봉에 유언서의 제시 연월일을 기재하고 유언자와 증인이 각자 서명 또는 날인한다. 그리고 이러한 절차가 완료된 날로부터 5일 이내에 공증인이나 법원에 제출하여 그 봉인된 곳에 '확정 일자 인'이라는 것을 받으면 비밀증서에 의한 유언이 되는 것이다.

5. 구수 증서(口授證書)에 의한 유언

이 방식은 질병이나 그 밖의 급박한 사정 때문에 앞에서 설명한 방식으로 유언을 성립시킬 수 없는 경우에 인정되는 방식이다. 구체적인 시행 방법은 2인 이상의 증인을 참여시켜 그중 1인에게 유언의 취지를 불러주고, 그 증인이 이를 필기하여 읽어준 다음, 유언자와 증인이 정확성을 확인하여 각자 서명 또는 날인한다. 그 후 급박한 사유가 종료된 날로부터 7일 이내에 법원에 검인(檢認)을 신청하여 검인을 받으면 된다(제1069조).

🔍 결론

민법이 제정된 당시에는 비디오카메라나 캠코더라는 현대 과학의 산물이 없었기 때문에 녹음에 의한 유언만을 규정하였을 것이다. 그러나 비디오테이프는 음성과 화상을 동시에 수록하는 것이므로 유언의 정확성과 신빙성은 녹음보다 더 강하다. 따라서 명문의 규정은 없지만 해석론으로, 비디오테이프에 유언자의 유언 내용, 성명, 연월일, 증인의 참여와 성명이 녹음되어 있다면 이는 녹음에 의한 유언에 준하는 유효한 유언 방식이라고 보아야 할 것이다.

30. 못 배운 것이 한이 된 또순이 할머니

평생 청진동 한곳에서 해장국을 팔아온 또순이 할머니는 상당한 재산을 모았다. 출가한 자식들은 모두 먹고살 만하여 걱정이 없는데, 다만 할머니는 못 배운 것이 한이 되었다. 그래서 갖고 있는 재산으로 장학 재단을 설립하여 고학생들을 키우고 싶었다. 그러나 유감스럽게도 또순이 할머니는 문맹이어서 유언장을 쓸 능력이 없다.

생각다 못해 큰아들을 불러 설득한 다음 "모든 재산의 반을 청진 장학 재단에 기증한다"는 내용의 유언장을 대필시켰다. 이 유언장의 법적 효력은 어떠한가?

① 무효이다. 민법이 정하는 유언 방식이 아니다.

② 유효이다. 문맹이어서 제3자가 대필하였다는 취지가 기록되어 있고 유언자의 인감 증명만 첨부되면 된다.

③ 원칙적으로는 무효이나 사후 상속인들이 동의하면 유효하게 된다.

죽으면 모든 재산을 자식들에게 남기는 것이 대부분인 우리 사회에 최근 신선한 충격을 주는 사건이나 운동이 전개된 바 있다. 평생 김밥 장사를 해서 살아온 할머니가 50억 원을 장학금으로 내놓은 사건이나, 종교계와 지식인들이 중심이 된 '유언장 쓰기와 유산을 자식에게 안 물려주기' 운동이 그 실례이다. 우리나라 재벌들이 정신을 차리고 이런 운동에 발 벗고 나선다면 얼마나 좋을까?

또 우리나라 사람들은 유언장을 잘 쓰지도, 남기지도 않는 경향이 있다. 사후에 유족들이 유산을 둘러싸고 골육상쟁의 소송을 하여 뜻있는 이들의 이맛살을 찌푸리게 하는 것도 따지고 보면 유언장 무시나 부재의 탓이다. 민법은 자필 증서, 녹음, 공정 증서, 비밀 증서, 구수 증서에 의한 유언 등 다섯 가지나 되는 유언 방식을 마련해놓고 있으므로 형편과 사정에 따라 선택하면 되는 것이다.

그런데 유언은 자필 증서에 의한 방식을 제외하고는 모두 증인의 참여가 필요하게 되어 있고, 유언에 참여할 수 있는 증인의 자격은 법률로 정해져 있다. 즉 미성년자, 피성년 후견인, 피한정 후견인은 아예 증인 자격이 없다. 또 유언에 의하여 이익을 받게 될 자나, 그 배우자와 직계 혈족도 증인이 되는 것을 허용하지 않는다. 만일 이런 사람을 증인으로 참여하는 것을 허용하면 이들이 자기 이익을 꾀할 우려가 있다고 보기 때문이다.

〇 결론

문맹자인 또순이 할머니가 선택한 유언 방식은 타인이 대필한 '비밀 증서' 또는 '구수 증서'에 의한 유언으로 볼 수 있다. 그러나 큰아들이라는 직계 혈족이 대필 또는 증인으로 참여한 것이므로 이 유언은 무효라고 볼 수밖에 없다.

31. 제2의 탄생

　오억척 씨는 초등학교만을 졸업하였으나, 피나는 노력으로 거부가 되었다. 못 배운 것을 한으로 여긴 그는 자녀들을 모두 유학까지 마치게 했다. 그런데 그가 어느 날 배가 살살 아프고 소화가 잘되지 않아 병원에 가보니, 검진 결과 위암이라는 것이 아닌가?

　앞으로 잘해야 3개월. 충격을 받은 그는 모든 재산을 처와 자녀들에게 분배하는 유언장을 써놓고 사후 준비를 하였다. 그러나 몇 개월 후 위암 판명은 오진으로 밝혀졌다. 생과 사를 넘나드는 극적 체험을 한 그는 깊이 생각한 후 "전 재산 중 반은 암 정복을 위해 의학계에 기증한다"라고 유언장을 다시 썼다. 말하자면 제2의 탄생을 기념하기 위해서였다.

　어느 유언장이 효력이 있는가?

　① 최초의 유언장이다.

　② 나중의 유언장이다.

　③ 이해관계인이 상충되는 두 개의 유언장 중 어느 것이 효력이 있는가를 법원에 제소할 수 있고, 그 경우 법원의 판결에 따른다.

유언 제도는 재산과 신분에 관하여 사람의 최종 의사를 존중하는 제도이
므로, 유언자가 민법이 정한 적법한 유언 방식에 의하여 유언을 남겼더라도
사망 전까지는 언제든지 자유롭게 유언 내용의 전부나 일부를 철회·변경할
수 있다고 인정하지 않으면 안 된다. 또한 유언의 철회, 변경이 가능한 이상
유언자가 그 철회권을 포기할 수 없도록 강제하는 것도 허용되지 않는다.

따라서 유언자는 자기의 유언을 생전에 언제든지 철회할 수 있고, 유언으
로 앞의 유언도 철회할 수 있다(제1108조). 이를 유언의 '임의 철회(任意撤
回)'라고 한다. 그런데 별도의 철회 의사 표시 없이 유언 증서를 파기하는 행
위가 있으면 그 역시 유언을 철회한 것으로 보게 된다(제1109조).

그 밖에도 일정한 사유가 있는 경우에는 유언자가 이를 철회한 것으로 간
주한다('법정 철회'). 즉 전후 두 개의 유언이 있는 경우에 이 유언이 서로 저
촉되면 저촉되는 앞의 유언 부분은 철회한 것으로 본다(제1109조). 예를 들
어 앞의 유언에서는 재산의 일정 부분을 A에게 준다고 하였다가 뒤의 유언
에서는 이를 B에게 준다고 유언한 경우, 앞의 A에게 준다는 유언을 유언자
가 철회한 것으로 본다. 또 유언 후에 유언자가 상속될 재산의 처분 행위를
한 경우 이 처분 행위와 유언은 저촉될 수밖에 없는데, 이때는 유언을 철회한
것으로 본다. 또 유언자가 유언 증서를 파기·소각하는 경우나, 여러 장의 유
언장 중 어느 한 부분을 파기하면 그 부분은 철회된 것으로 보게 된다.

유언을 철회하거나 철회된 것으로 보게 되면 철회된 유언은 처음부터 하
지 않거나 없었던 것과 마찬가지 결과가 된다.

♀ 결론

오억척 씨의 전, 후의 유언은 서로 저촉되므로 앞의 유언 중 저촉되는 부분은 무효
이고, 나중의 유언이 유효하게 된다.

32. 피가소 씨의 그림

세계적 화가인 우리나라의 피가소 씨는 생전에 많은 걸작을 그렸지만, 자신은 일생 사치했으며, 화려한 여성 편력 탓으로 죽을 무렵에는 거의 빈털터리였다. 그에게는 본처와 애인이 있었는데, 본처에게 "거실에 걸린 그림은 팔아서 애인에게 주라"고 유언하였다.

그가 사망하자 본처는 잽싸게 그 그림을 단돈 만 원에 처분하여 그 돈을 애인에게 전하였다. 애인이 본처에게 그림을 너무 싸게 판 처사를 항의하자, 본처는 "팔아서 주라고 한 유언대로 집행하였을 뿐"이라고 대답하였다.

유언 집행자로서의 본처의 행위는 정당한가?

① 정당하다. 유언의 내용대로 집행하였기 때문이다.

② 유언자인 피가소 씨의 잘못이다. 유언의 취지가 명확하지 않았기 때문에 집행상의 혼란이 온 것이다.

③ 부당하다. 유언의 취지는 그림을 시세대로 팔아서 주라고 한 것으로 보아야 하기 때문이다.

민법이 정한 적법한 유언 방식에 의해 유언을 남긴 경우에, 이 유언의 효력은 사망과 동시에 발생하게 되며, 구체적으로는 유언 내용대로 실천·집행하는 문제가 뒤따르게 된다. 이것을 '유언의 집행'이라고 하고, 이를 담당하는 사람은 당연히 '유언 집행자'다.

그렇다면 유언 집행자는 누가 되고, 어떻게 선정되며, 또 그 구체적인 임무는 무엇인가? 유언 집행자는 1인에 한하지 않으며 2인 이상도 있을 수 있는데, 우선 유언자가 유언으로 지정하거나 또는 그 지정을 제3자에게 위탁하여 지정하게 할 수도 있다(제1093조). 위탁을 받은 제3자는 지체 없이 이를 지정하여 상속인에게 알려주어야 한다(제1094조). 지정된 유언 집행자가 없으면 상속인이 집행자가 된다(제1095조).

유언 집행자의 지위는 상속인의 '대리인'이고, 임무는 상속 재산에 관한 재산 목록을 작성하고 상속이 종결될 때까지 재산을 관리하는 것이며, 그 밖에 유언장에서 부탁한 행위 등 집행에 필요한 일체의 행위를 시행할 권리와 의무가 있게 된다(제1101조).

유언 집행자가 그 임무를 수행할 때에 대리인이나 수임인으로서 상속 재산에 대해 '선량한 관리자로서의 주의 의무'를 다해야 하며, 성실하게 집행하여야 함은 당연하다. 지정 또는 선임된 유언 집행자가 임무에 태만하면 법원이 이를 해임할 수 있다(제1105조).

🔍 결론

거실에 걸린 그림을 팔아서 애인에게 주라는 유언의 취지는, 피가소 씨의 명성에 걸맞은 시세대로 팔아 생활비로 쓰도록 하게 하라는 취지일 것이다. 따라서 "팔아서 주라"는 문자에 집착하여 헐값에 파는 행위는 유언 집행자로서의 임무 태만이며, 본처는 불법 행위로 인한 손해 배상 책임을 질 수도 있을 것이다.